高等院校应用型本科会计创新人才培养规划教材
高等教育改革工程应用型本科会计系列特色教材

财务报表分析

Financial Statement Analysis

李冬辉　李春艳 ◎ 主　编
郎磊磊　李　娜 ◎ 副主编

上海财经大学出版社

图书在版编目(CIP)数据

财务报表分析/李冬辉,李春艳主编. —上海:上海财经大学出版社,2018.1
高等院校应用型本科会计创新人才培养规划教材
高等教育改革工程应用型本科会计系列特色教材
ISBN 978-7-5642-2868-2/F·2868

Ⅰ.①财… Ⅱ.①李… ②李… Ⅲ.①会计报表-会计分析-高等学校-教材 Ⅳ.①F231.5

中国版本图书馆 CIP 数据核字(2017)第 287476 号

□ 责任编辑 李嘉毅
□ 封面设计 杨雪婷

CAIWU BAOBIAO FENXI
财 务 报 表 分 析

李冬辉 李春艳 主 编
郎磊磊 李 娜 副主编

上海财经大学出版社出版发行
(上海市中山北一路 369 号 邮编 200083)
网 址:http://www.sufep.com
电子邮箱:webmaster @ sufep.com
全国新华书店经销
江苏句容市排印厂印刷装订
2018 年 1 月第 1 版 2018 年 1 月第 1 次印刷

787mm×1092mm 1/16 16.5 印张 401 千字
印数:0 001—4 000 定价:42.00 元

编 委 会

总　序

随着全球经济的深入发展、我国经济与世界经济的进一步融合、全球经济一体化进程的进一步加快，我国在世界经济中的影响力与日俱增。与此同时，知识经济方兴未艾，会计人才在经济社会发展中的基础性、战略性、关键性作用更加凸显，会计人才的竞争已经成为国家、地区和单位间竞争的焦点之一。为了适应新的社会经济形势，作为为社会培养和输送人才的高等院校来说，更应该以培养创新型会计人才为己任，走在时代前沿，与时俱进，放眼未来，日益进取，加快教学改革，以适应未来发展的需求。

在这种形势下，如何培养合格会计人才、培养符合现代社会经济发展需要的会计人才，是会计界与高等院校会计专业教学的首要任务，而符合创新人才培养的会计系列教材的编写就是保证会计教学质量、培养创新会计人才的具体措施之一。

哈尔滨金融学院是我国第一所银行院校，为全国培养了大量优秀的金融和会计人才。自2010年转为应用型本科院校以来，会计学专业一直是黑龙江省重点精品课程，会计教学是学院的重要组成部分。在加强会计专业建设上，我们结合应用型本科专业的建设特点，组织有经验的教学和实践能力较强的教师，在学院的大力支持下，在上海财经大学出版社的鼎力协助下，组织编写了"高等院校应用型本科会计创新人才培养规划教材"，同时作为"高等教育改革工程应用型本科会计系列特色教材"。本系列教材主要适用于普通高等院校本科，力主创新，以培养创新型会计人才为主要目标，强化会计基本技能、创新能力、实践能力和综合业务能力等方面，做了多方位尝试，具有独特的特色，主要表现在以下几个方面：

(1)本系列教材基于最新会计准则和审计准则，紧跟知识最前沿。

(2)本系列教材在知识内容安排上更加丰富、更加合理。

(3)本系列教材力求由浅入深，每个知识点都用大量例子予以解释说明，并以实际业务为依托，理论与实践相结合、知识与能力相结合、实践与实务相结合。例如，配有相关案例分析，培养学生的自学能力和解决问题能力。

(4)本系列教材均配有大量练习题，便于学生综合性地理解和掌握各个章节的内容，并可以自主练习来巩固所学知识，同时便于教师教学使用。

(5)本系列教材配有课件、教案和教学大纲，便于教师根据自身教学实际情况，参考使用，有利于教师提高教学效果。

本系列教材编委会自2015年开始，陆续编写了《基础会计》《会计学》《中级财务会计》《高级财务会计》《审计理论与实务》《财务管理》《成本会计》《管理会计》《会计信息系统》《会计软件应用》《财经基本技能》《会计模拟实训》《会计制度设计》《纳税模拟实训》《成本与管理会计》《会计报表分析》和《政府与非营利组织会计》(第二版)共17本教材，突出应用型本科创新性人才培养的特色，具有可操作性强、应用性能好、立体化程度高、与实践教学有效结合的特色，并提供相应的习题集、教学课件、教学大纲和教案等丰富的教学资料，便于教师教学和学生自学使用。

本系列教材在编写过程中，由于时间和精力有限，难免存在缺点和谬误，我们恳请同行及广大读者提出批评和建议，以便我们进一步修改和完善，为社会及广大师生服务。

本系列教材编委会

2017年11月

前　言

企业财务报表分析是以企业财务报表及其他相关资料为主要依据，采用一系列专门的分析技术和方法，对企业财务状况和经营成果进行评价和剖析，为企业利益相关者进行决策提供信息来源的一门应用性学科，是在会计、财务管理和经济活动分析基础上形成的一门独立的边缘学科。

本书主要介绍了会计报表分析的各种方法，并通过资产负债表、利润表、现金流量表等主要会计报表，介绍了企业的资本资产结构、偿债能力、盈利能力、营运能力、发展能力、权益变动、利润分配等财务指标和成本费用的分析内容、分析方法；对企业的综合财务状况、经营绩效和企业风险的评价内容及方法进行了阐述。本书的主要特点是：每章配有引导案例和练习题，立足于应用型本科院校财会专业人才培养目标，以学生为本，理论联系实际，学用结合，融教、学、做于一体，着力培养学生分析和解决实际问题的能力。本书可作为应用型本科院校财经类专业学生的教学用书，也可作为有关人员学习会计报表分析知识的参考用书。

本书由哈尔滨金融学院李冬辉和李春艳担任主编，哈尔滨金融学院会计系郎磊磊、哈尔滨金融学院学工处李娜担任副主编。其中，李冬辉编写第二章、第四章和第六章，李春艳编写第三章、第七章和第八章，郎磊磊编写第五章和第九章，李娜编写第一章和第十章。全书由曲远洋总纂和主审。

本书在编写过程中参阅了大量相关文献资料，吸收和借鉴了同行相关的最新成果，在此向相关作者表示深深的感谢和敬意！

由于时间仓促，加之编者水平有限，书中错误或遗漏在所难免，敬请读者批评指正，以便修订时加以完善。

编　者

2017 年 11 月

目 录

第一章　财务分析概论

学习目标

通过本章学习，了解财务分析的含义，财务分析的产生和发展，财务分析的作用和目标，财务分析的原则和要求；掌握财务分析的内容和分类；熟练运用财务报告分析的基本方法；了解财务报告分析的局限性。

引导案例

截至2016年5月，上市公司2015年年报收官。来自沪深交易所2016年5月2日晚间发布的最新统计数据显示，沪市1 094家上市公司已对外披露2015年年报，深市1 766家上市公司披露了2015年年报或年报数据。

2015年深市上市公司实现营业总收入68 139.31亿元，同比增长4.69%，其中，主板、中小板和创业板增长率分别为－1.58%、11.32%和29.03%，板块间业绩分化的现象较为明显。整体而言，2013～2015年，深市上市公司营收规模保持稳步增长态势。以具有可比数据的公司为样本，3年间主板、中小板、创业板公司平均营业总收入分别增长14.54%、47.95%和91.72%，对应的年复合增长率分别为4.63%、13.95%和24.23%。

沪市公司2015年度共实现营业收入22.67万亿元，同比下降3.93%；共实现净利润约2.05万亿元，同比下降2.66%；每股收益0.55元，同比下降11%。与此同时，沪市上市公司产业结构调整不断优化，第三产业总资产比重为88%，远高于第一、第二产业占比。从全年业绩情况看，第三产业净利润为1.58万亿元，同比增长8%；营业收入为7.33万亿元，同比增长4%。净利润与营业收入的同比增长对冲了第一、第二产业同比大幅下滑的影响，对稳定经济运行发挥了积极作用。

2015年，深市上市公司归属母公司股东净利润合计4 249.38亿元，同比增长7.42%，其中，主板、中小板和创业板分别增长－0.35%、12.96%和24.84%。2015年深市89.01%的公司实现盈利，有425家公司净利润增长超过50%，比2014年增加13家。2015年深市有色金属冶炼和压延加工业、黑色金属冶炼和压延加工业整体亏损，非金属矿物制品业、交通运输仓储和邮政业、采矿业利润下滑分别高达57.70%、36.12%和31.02%。业绩下滑甚至亏损的经营压力倒逼企业通过去库存、降杠杆等形式调整应对。

（http://www.360doc.com/content/16/0509/07/31409309_557449996.shtml.）

[**思考**]　想要了解一家企业的运作状况，最简单有效的方法就是看会计报表，因为会计报表中包含着企业的经营状况和风险。如何从大量财务数据中获取需要的信息？什么是会计报

表分析？如何通过会计报表分析做出融资、投资和经营管理决策？

第一节 财务分析的内涵

一、财务分析的产生与发展

一般认为，财务分析最早产生于美国，是美国工业发展的产物。财务分析的初始形态是财务报表分析，产生于19世纪末20世纪初，是由美国银行界倡导的。当时，美国经济发展迅速，企业规模不断扩大，资本日渐集中，股份公司纷纷建立；与此同时，市场环境日趋复杂，企业竞争日益加剧，一些企业破产消亡，经济危机时有发生。在这种情况下，企业贷款需求不断扩大，借贷资本在企业资本中的比重日益提高，而银行贷款不能收回的风险也随之加大。为此，银行家不能再像以往那样只根据企业经营者个人的信用来进行贷款决策，而需要了解企业的经营情况和财务状况，调查和分析企业的信用状况和财务实力，以评价和判断企业的偿付能力及违约风险，从而要求企业提供反映其财务情况的财务报表作为考察、评价企业信用状况的主要依据。因此，当时的财务分析主要是为银行服务的信用分析。

随着实践探索的深入与认识水平的提高，人们逐渐发现财务报表及其提供的数据资料存在一定的局限性，仅仅依据财务报表资料有时难以正确判断企业的真实情况与偿债能力，进而在实践中创造了基于财务报表的比率分析法等多种分析方法。值得指出的是，20世纪20年代后，经过较为认真的研究与总结，银行界的亚历山大、沃勒等发表了有关财务报表分析和信用分析的论著，财务分析从此成为一门独立的学科，且在以后的研究与实践中不断发展成为一门多层次、宽领域、全方位的科学。资本及债务市场的形成与发展使企业筹资的范围日益扩大，非银行债权人和股权投资者日益增多，社会公众也进入了资本市场与债务市场，投资者需要更为广泛、丰富的信息资料，财务报表分析由主要为贷款银行服务扩展到为所有资金提供者服务，财务分析的内容由企业的信用状况、财务风险及偿债能力扩展到筹资结构、利润分配及盈利能力等，从而形成了较为完备的外部财务分析体系。

二、财务分析的含义及体系

财务分析是以企业财务会计报告等会计资料为基础，对企业的财务状况和经营成果进行分析和评价的一种方法。财务分析方法体系是指进行财务分析所采用的各种方法组成的有机整体，是完成财务分析目标的重要方式和手段。没有科学的财务分析方法体系，就无法提供有用的财务分析信息，也就不可能充分发挥财务分析的作用。因此，建立科学的财务分析方法体系是财务分析的重要内容。

(一)财务分析方法体系的构建

财务分析方法体系应由两大部分构成，即定量分析方法和定性分析方法。

1. 定量分析方法

所谓定量分析方法，是指借助于数学模型，从数量上测算、比较和确定企业各项财务指标变动的数额，以及各财务指标变动的影响原因和各因素影响大小的一种分析方法。20世纪30年代，经济学中应用数学已进入一个新的阶段，开始充分应用数学的逻辑性和推理性作为经济分析的工具，如现代经济分析中所采用的数理统计分析、线性规划分析、投入产出分析等。

但定量分析方法并不是将众多的数学计算方法进行简单的罗列，而是按照建立财务分析方法体系的要求合理地选择。既要有财务分析的事前预测分析方法，又要有财务分析的事中控制分析方法，还要有财务分析的事后总结分析方法。在财务分析的循环过程中，需要选择的定量分析方法主要有比较分析法、比率分析法、因素分析法、损益平衡分析法、线性规划分析法、存货（资金）控制分析法、回归分析法、指数分析法、净现值分析法、现金流量分析法等。

2. 定性分析方法

所谓定性分析方法，是指对企业各项财务指标变动的合法性、合理性、可行性、有效性进行科学的论证和说明。这一步骤就是对定量分析的结果，根据国家有关财务制度、法规和政策进行相互联系的研究，考虑各种不可计量的因素加以综合论证，并对定量分析结果进行切合实际的修正。

定性分析方法一般有以下几种：

(1)经验判断法。经验判断法是分析人员在了解过去和现实资料以及定量分析结果的基础上，充分考虑企业内外条件的变化，运用个人的经验和知识做出判断。这种分析方法主要靠个人的经验，做出的判断带有一定的主观性，其缺点十分明显。一般来说，这种方法是在条件限制或时间紧迫的情况下，不得不采取的一种权宜方法。

(2)会议分析法。会议分析法是由分析人员召集熟悉分析对象情况、有经验的有关人员开会，按照预先拟定的分析提纲进行分析、研究、讨论，通常采用企业领导、技术人员、工人共同参与的方式，或者开现场分析会议的方式，充分发扬民主，广泛征求意见，然后对各方面的意见进行整理、归纳、分析来判断未来的情况并得出分析结论。这是一种集思广益的方法，可以防止片面地采取定量分析方法，单纯地依赖于定量计算数据，易于脱离实际的弊病。其主要缺陷是意见无论多么广泛，毕竟都是个人的主观判断。另外，这种分析方法会产生意见不一致的情况，给得出正确的分析结论带来困难。

(3)专家分析法。专家分析法是邀请一组专家开会座谈，在互相交换情报资料，经过充分讨论的条件下，把专家们的意见集中起来，做出综合分析判断，对定量分析结果进行修正。所谓专家，是指对分析对象有较丰富的知识和经验的人员，如技术专家、管理专家、会计专家、审计专家等。这些专家可以是企业内的，也可以是企业外的。专家人数不宜过多，但分析的内容必须集中，或对某一关键问题进行重点分析。这种分析方法也是一种集思广益的分析方法。它与会议分析法有相同的优点，但基础同样是个人的判断，具有一定的主观性。

(4)类比分析法。类比分析法是在分析者掌握与分析对象有关的过去的资料、现在的情况等有关数据及其变化规律的基础上，利用所掌握的这些资料与其分析对象之间的类比性进行推测。这种分析虽然也主要是靠人的经验和认识来进行判断，但它有一定的客观依据，所以能提高分析信息的可靠性。

定量分析是财务分析的基础和重要步骤。这种分析方法有它的科学性，但也有其局限性，特别是在预测分析中，基本上采用“假如式”，以历史条件或过去资料的数学模型在今后继续存在为前提，也就是“假如这样，势必如此”。因此，预测分析的值基本上是近似值，有指导性的作用，但也有一定的误差。预测的结果只能表明事物的发展在一定条件下的结果，只有在起决定作用的各种条件未来不发生变化的情况下才是可靠的。诸如自然条件的变化、生产技术的发展、社会消费习惯的改变、市场情况的变化，以及国际、国内政治、经济形势和企业内部职工、管理人员的素质等的变化都会影响未来的经济活动。因此,在从事财务分析工作时,必须把定量分析与定性分析结合起来,把定量分析的结果与一些不可计量的其他因素结合考虑,进行综合判断,修正误差,使定量分析的结果更趋于实际情况。

(二)财务分析方法体系的原则

设计企业的财务分析方法体系是一项系统工程,要设计出有利于完成财务分析目标的财务分析方法体系必须遵循以下原则:

1. 科学性原则

经营的重心在于管理,管理的关键在于决策,而决策的正确与否,在很大程度上依赖于企业财务分析人员是否提供了真实、可靠、有用的财务分析信息。如果财务分析人员采用的分析方法不科学,提供的财务分析信息就不可能准确、真实、有用,甚至是错误的。在这种错误的信息导向下,决策者不可能制定出正确的、有效的经营决策,经营者也就不可能完成其经营目标。如果投资者、债权人和其他有关人员没有采用科学的财务分析方法进行财务分析,也将不可能获得有用的财务信息,同样会影响他们决策的正确性。因此,各类财务分析人员应该选择科学的财务分析方法,以保证获得有用的财务分析信息。

2. 实用性原则

在建立财务分析方法体系时,应根据企业内外财务分析人员的知识水平、管理水平及财务分析信息使用者的实际需要,选择既科学又实用的分析方法,不宜把复杂的数字符号和数学计算过分地用于财务分析中,那样既不便于操作,也不利于财务分析。在定量分析方法上较多地运用统计方法、函数分析、线性规划、趋势分析等方法,同时还要采用简单而又实用的定性分析方法。

3. 可操作性原则

中小企业财务分析主要是基于加强财务管理的需求,在分析形式和方法上具有较大的灵活性。在分析形式上较多地采用专题式、资料说明式等,不一定要出具完整的财务分析报告。在分析方法的设计上必须针对不同的指标采用不同的定量分析方法。分析方法要有可操作性。近代数学的迅速发展,出现了专门运用数学方法研究企业经营管理和财务分析的应用性科学,在财务分析中,大量运用数学模型有利于推广电子计算机处理财务信息,有利于进一步改进财务分析方法,增强财务分析信息的准确性和有用性。

三、财务分析的内容和分类

(一)财务分析的内容

财务分析的内容主要包括企业经营环境与经营特性分析、企业会计政策及其变动分析、财务报表项目及其结构分析、财务能力分析、企业综合分析与评价等。

1. 企业经营环境与经营特性分析

企业经营环境与经营特性分析主要分析宏观经济发展的形势,分析企业所处行业的发展趋势,分析企业的行业地位、经营战略、主要产品的市场情况,分析企业技术创新能力,分析企业高层管理人员与职工素质等人力资源情况,分析企业创造价值的社会分配结构等。决策者可以把握企业的宏观环境与企业总体情况,更好地联系与解释财务报告分析的结果。

2. 企业会计政策及其变动分析

企业会计政策及其变动分析主要分析企业经营管理者选择不同的会计政策的理由及其对

财务报表项目与财务分析指标的影响，为保证对比分析时分析指标的可比性，必要时可对分析资料进行适当的修正。

3. 财务报表项目及其结构分析

财务报表项目及其结构分析主要是对资产负债表、利润表、现金流量表及其附注的各个项目与结构进行对比分析，分析各种资产、负债、所有者权益、收入、成本、费用、利润、现金流量的变化、变化原因和其对企业经营的影响。每个财务报表项目都具有特定的经济含义，其变化对财务能力、经营特性都可能产生影响，一般可编制多期比较财务报表和多期百分比财务报表进行分析。多期百分比财务报表分析依赖经验丰富的财务分析人员，形成以点带面、点面结合的风格，条理分明，结构严谨，结合企业实际，视野开阔，将财务报表项目用结构百分比表示，并将多个会计期间的财务报表合并，以有利于对财务报表的结构变动进行分析。

4. 财务能力分析

财务能力分析主要分析企业的盈利能力、经营效率、偿债能力(短期、长期)、发展能力等，主要通过定量的财务指标分析进行，是财务报告分析的重要内容。

5. 企业综合分析与评价

企业综合分析与评价主要是将上述分析情况用系统、科学的方法进行综合，使用定量指标与定性指标相结合的分析技术，并可使用综合指数法、综合评分法、雷达图法等方法对企业进行综合分析与评价。其与企业业绩评价密切联系。企业业绩评价可以看成企业综合分析与评价的一种形式，是财务报告分析的重要内容。

(二)财务分析的分类

1. 按照资金运动链分类

财务报告分析按照资金运动链即资金运动环节，可分为筹资活动分析、经营活动分析和投资活动分析。

(1)筹资活动分析

资金筹集是财务管理的六大要素之一，是指企业通过不同渠道，采取各种方式，按照一定程序，筹措企业设立、生产经营所需资金的财务活动。企业可以接受投资者以货币资金、实物、无形资产、股权、特定债权等形式出资。其中，特定债权是指企业依法发行的可转换债券、符合有关规定转作股权的债权等。资金筹集活动分析的核心内容是成本与风险分析，具体又细化为筹资动因、筹资渠道与筹资策略、筹资规模与筹资成本、筹资过程与筹资效果等方面的分析。

(2)经营活动分析

经营活动分析又体现为资产营运分析。资产营运是指企业为了实现企业价值最大化而进行的资产配置和经营运作的活动，主要围绕资产结构，对资金调度、销售合同的财务审核、应收账款、存货采购、对外投资、对外担保与捐赠、代理业务、资产损失或减值准备等进行分析。资产结构分析包括判断其类型，即保守型资产结构、风险型资产结构、中庸型产结构及其相应的成本与风险分析等。一种资产在具体运用中会转换成另一种资产形态或构成企业各项经营成本，而成本费用的水平又直接影响企业的经营绩效。通过财务报告分析，特别是内部报告分析，明确企业成本费用的形成原因、成本费用与利润的数量关系，明晰企业的资金投向、资产与资本营运效果，量化影响计划完成的各项因素等。

(3)投资活动分析

投资活动分析的对象包括交易性金融资产、可供出售金融资产、持有至到期投资、投资性房地产、固定资产、在建工程等。通常情况下,将对内投资划入经营活动分析。投资活动分析主要是指对外投资分析,包括各项投资的成本与收益的比较。例如,投资性房地产在不同核算模式下的信息存在较大的差异,相同的数值可能包含不同的信息。所以,投资活动分析要求对投资类账户实施动态的跟踪分析,提供及时有效的信息。

2. 按照分析主体分类

(1)外部财务报告分析

外部财务报告分析是指企业外部分析主体根据各自的需要对企业财务会计报告进行的分析。这里涉及的财务会计报告主要是资产负债表、利润表、现金流量表和股东权益增减变动表等。外部财务报告分析主要是基于公开的信息,其数据易于获取,但无法取得原始资料,是对生成信息的再分析,往往具有一定的局限性,但可以从纵向与横向角度进行比较分析、趋势分析、时间序列分析等。这类报告基于公开审计验证的信息,往往具有一定的可靠性,能够借助有关数据库进行较为全面的系统研究。

(2)内部财务报告分析

内部财务报告分析是指企业内部分析主体根据各自的需要对企业财务会计报告进行的财务分析。内部财务报告分析所涉及的范围较外部财务报告分析更为广泛,除包括外部财务报告分析的内容外,往往需要结合企业特定环境下的特定信息进行分析,解决企业特定的问题。内部财务报告分析更深入,往往与企业的愿景、目标、战略相联系,这是外部财务报告分析难以达到的。

第二节　财务分析的作用、目标和原则

一、财务分析的作用

财务分析以企业财务会计报告及其他相关资料为主要依据,对企业的财务状况和经营成果进行评价和剖析,反映企业在经营过程中的利弊得失和发展趋势,从而为改进企业财务管理工作和优化经济决策提供重要的财务信息。

(一)财务分析是评价财务状况、衡量经营业绩的重要依据

通过对企业财务报表等核算资料的分析,可以了解企业偿债能力、营运能力、盈利能力和发展能力,便于企业管理当局及其他报表使用人了解企业财务状况和经营成果,并通过分析将影响财务状况和经营成果的主观因素与客观因素、微观因素与宏观因素区分开来,以划清经济责任,合理评价经营者的工作业绩,并据以奖优罚劣,促使经营者不断改进工作。

(二)财务分析是挖掘能力、改进工作、实现理财目标的重要手段

企业理财的根本目的是努力实现企业价值最大化。通过财务指标的设置和分析,能了解企业的盈利能力和资金周转状况,不断挖掘企业改善财务状况、扩大财务成果的内部潜力,充分认识未被利用的人力资源和物质资源,寻找利用不当的部分及原因,发现进一步提高利用率的可能性,以便从各方面揭露矛盾、找出差距,促进企业经营理财活动按照企业价值最大化的目标实现良性运行。

(三)财务分析是合理实施投资决策的重要步骤

投资者及潜在投资者是企业重要的财务报表使用人,他们通过对企业财务报表的分析,可以了解企业偿债能力的强弱、营运能力的大小、获利能力的高低以及发展能力的增减,可以了解投资后的收益水平和风险程度,从而为投资决策提供必需的信息。

二、财务分析的目标

财务报告分析的目标取决于财务会计报告的使用者,主要包括投资者(股东)、债权人(金融机构、企业单位)、企业经营管理者、政府经济管理部门、企业工会组织、注册会计师等。不同分析主体的分析目的不同,所分析的内容与重点也有差异。

投资者的分析主要是为寻求投资机会、获得更高投资收益而进行的投资分析,以及为考核企业经营管理者受托责任的履行情况而进行的企业经营业绩综合分析与评价。其分析的重点是企业的盈利能力、发展能力和业绩综合分析评价。

债权人的分析主要是金融机构或企业为收回贷款和利息或对应收款项等债权按期收回现金而进行的信用分析。信用分析的重点是企业的偿债能力、盈利能力和产生现金的能力。

企业经营管理者为了更好地对企业经营活动进行规划、管理与控制,利用财务会计报告进行企业各种经营特性的分析,包括盈利能力、偿债能力、经营效率、发展能力、社会存在价值等,并要综合分析企业的经营情况。

政府经济管理部门的分析主要是为制定有效的经济政策和公平、恰当地征税而进行经济政策分析与税务分析,其分析的重点是企业发展、社会价值分配等。

企业工会组织的分析主要是为争取职工合理的工资、福利等利益而进行的工会利益分配分析,其主要分析企业社会价值分配、盈利能力等。

注册会计师为客观、公正地进行审计、避免审计错误、提高企业财务会计报告的可信度,也要对企业财务会计报告进行审计分析,其分析的重点是财务报表及其相互之间的稽核关系与各种财务能力、经营特性等。

三、财务分析的原则

财务分析的原则既是财务经济分析工作内在要求的集中反映,也是财务分析所提供的信息的使用者对分析工作具体要求的集中体现。

(一)实事求是原则

实事求是原则就是要从企业的实际财务状况出发进行财务分析。实事求是原则要求财务分析工作人员应具备客观、公正的优秀品质,要敢于面对现实、充分揭露问题,注重让事实说话。坚持实事求是原则并不排除具体问题具体分析和具体情况具体对待,即要求在尊重事实的基础上,充分考虑分析对象的特殊性,善于把分析对象与所处的特殊环境结合起来,全面、深入地分析影响分析对象的各种因素,找出使其发生增减变动的真实原因。

(二)系统性原则

企业社会责任财务评价是对企业的经济责任、法律责任、生态责任和伦理责任等社会责任表现的全面综合评价。设计财务评价指标应注意各种指标之间的相互关联,既要充分考虑各指标之间的内在联系,又不应使各指标之间评价的内容重复,要确保评价的完整性和系统性。

(三)动态性原则

根据企业生态学的系统生存理论,任何一家企业都是动态存在的。为了客观评价企业的社会责任表现,必须考虑企业的生存与发展能力,即从动态的观点对企业社会责任进行财务分析与评价,而不能仅仅依据企业某一时点或某一时期的资料来进行分析评判。

(四)成本效益性原则

组织任何一项财务分析工作都要花费一定的人力、物力和财力。成本效益性原则要求在开展财务分析时,要讲求成本最低、效果最佳。成本效益性原则要求关注每一项分析工作所费成本与其可能取得的效果之间的对比关系,还要求财务分析应注意时效性。对于财务活动中出现的新情况、新问题,要积极配合开展可行性分析,以便及时发现问题、总结经验,为下阶段更有效地开展各项理财活动提出建设性意见。

(五)可比性原则

可比性原则要求企业从社会责任财务评价指标设计到评价结果都能进行横向、纵向比较,具有企业之间的可比性和历史可比性。

(六)可理解性原则

财务分析是财务信息深度加工与转换的过程,目的是为企业管理者和外部利害关系者提供更具使用价值的决策信息。因此,这些信息应该是容易被理解的。如果分析指标复杂烦琐或似是而非,就不易被信息使用者接受,从而就丧失了财务分析应有的功能。可理解性原则要求分析结论简明扼要、通俗易懂,不仅专业人员能够理解,而且能为广大非专业人士所接受。

第三节　财务报告分析的基本方法

一、比较分析法

比较分析法是将多个经济内容相同的指标进行对比,从数量上确定其差异的一种分析方法。它是财务报告分析最基本的方法。它将本期的实际指标与不同的标准值进行对比,揭示客观存在的差异,并进一步分析产生差异的原因。

比较的标准主要有历史标准、先进标准、考核标准、主要竞争对手企业标准等。

历史标准主要是指以前各期实现的数据或历史最好水平。通过与历史标准对比,可以揭示该指标的变化趋势与变化程度。

先进标准主要是指国际、国内或本地区同行业、同类企业的先进水平。通过对比,可以发现与先进水平的差距。

考核标准主要是指考核企业工作的预算、计划、定额等指标。通过对比,可以明确考核指标的完成情况。

主要竞争对手企业标准是指主要竞争对手企业的同期实际指标。通过对比,可以明确与主要竞争对手企业相比本企业的优势和不足。

使用比较分析法时,可根据分析的目的选择其中一种或多种比较标准进行分析,并应注意相互比较的指标之间的可比性。相互比较的指标必须在指标内容与计算的基础、范围、方法、时间跨度等方面保持一致。

使用比较分析法分析问题时，要将绝对数指标与相对数指标相结合、相互补充说明问题。例如，对企业的盈利情况进行分析时，要将利润额这类绝对数指标与利润率这类相对数指标相结合去说明企业的盈利情况。

二、因素分析法

因素分析法是依据分析指标与其影响因素的关系，从数量上确定各因素对分析指标的影响方向和影响程度的一种方法。

(一)连环替代法

它是将分析指标分解为各个可以计量的因素，并根据各个因素之间的依存关系，顺次用各因素的比较值(通常为实际值)替代基准值(通常为标准值或计划值)，据以测定各因素对分析指标的影响。

设某一分析指标 M 是由相互联系的 A、B、C 三个因素相乘得到，报告期(实际)指标和基期(计划)指标分别为：

报告期(实际)指标 $M_1=A_1\times B_1\times C_1$

基期(计划)指标 $M_0=A_0\times B_0\times C_0$

在测定各因素变动对指标 M 的影响程度时，可按如下顺序进行：

基期(计划)指标 $M_0=A_0\times B_0\times C_0$　　①

第一次替代 $=A_1\times B_0\times C_0$　　②

第二次替代 $=A_1\times B_1\times C_0$　　③

第三次替代 $=A_1\times B_1\times C_1$　　④

分析如下：

②－①→A 变动对 M 的影响。

③－②→B 变动对 M 的影响。

④－③→C 变动对 M 的影响。

综合各因素变动，总影响如下：

$\Delta M=M_1-M_0=$④－③＋③－②＋②－①

(二)差额分析法

它是连环替代法的一种简化形式，是利用各因素的比较值与基准值之间的差额来计算各因素对分析指标的影响。

设某一个财务指标与有关因素的关系如下：

实际指标 $P_0=A_0\times B_0\times C_0$

标准指标 $P_s=A_s\times B_s\times C_s$

实际指标与标准指标的总差异为 P_0-P_s，这一总差异同时受 A、B、C 三个因素的影响，它们各自的影响程度可分别由以下式子计算求得：

A 因素变动的影响 $=(A_0-A_s)\times B_s\times C_s$

B 因素变动的影响 $=A_0\times (B_0-B_s)\times C_s$

C 因素变动的影响 $=A_0\times B_0\times (C_0-C_s)$

将以上三个因素各自的影响数相加就应该等于总差异 P_0-P_s。

三、趋势分析法

趋势分析法又称比较分析法、水平分析法，是通过对财务报表中各类相关数据的分析比较，尤其是将一个时期的财务报表与另一个或几个时期的财务报表相比较，以判断企业财务状况和经营业绩的演变趋势及其在同行业中地位的变化等情况。

这种方式是在会计报表比较的基础上发展而来的，是以会计报表中的某个总体指标为100%，计算出其各组成项目占该总体指标的百分比，从而比较各个项目百分比的增减变动，以此来判断有关财务活动的变化趋势。这种方式较前两种更能准确地分析企业财务活动的发展趋势。它既可用于同一企业不同时期财务状况的纵向比较，又可用于不同企业之间的横向比较。这种方法还能消除不同时期(不同企业)之间业务规模差异的影响，有利于分析企业的耗费和盈利水平，但计算较为复杂。

在采用趋势分析法时，必须注意以下问题：(1)用于进行对比的各个时期的指标在计算口径上必须一致；(2)必须剔除偶发性项目的影响，使作为分析的数据能反映正常的经营状况；(3)应用例外原则，对某项有显著变动的指标做重点分析，研究其产生的原因，以便采取对策、趋利避害。

四、比率分析法

比率分析法是通过计算指标之间的比率来分析指标之间关系、揭示经济规律的一种方法。它是财务分析最常用的方法之一，分析的比率可分为相关比率、结构比率、动态比率等。

相关比率是根据经济指标之间的关联关系，将两个性质不同但又彼此相关的指标加以对比而计算出的比率。它有利于研究经济活动的客观联系，认识经济活动的规律性。例如，根据投入与产出之间的依存关系，将利润总额与成本费用总额相比较，计算出成本费用利润率，用以揭示企业的盈利能力。

结构比率是指将某项经济指标的组成部分与该经济指标的总体进行对比，计算出组成部分占总体的比重而形成的比率。它反映某项经济指标的构成情况，揭示经济指标的结构规律。例如，将各项资产数额分别与资产总额相比较，可计算各项资产占总资产的比重，反映企业的资产结构，为进一步分析企业资产结构的合理性、优化企业的资产结构提供依据。

动态比率是将不同时期同类指标的数值进行对比计算出的比率。它反映该分析指标的变化方向和变化速度，揭示经济指标的变化趋势。动态比率包括定基比率和环比比率。

五、量本利分析法

量本利分析是通过成本与业务量的依存关系，揭示随着业务量、成本和收入的变化，利润额如何相应变化的一种分析方法。

量本利分析所考虑的相关因素主要包括固定成本、单位变动成本、销售量、单价、销售收入和营业利润。这些变量之间的相互关系可用下式反映：

$$\text{产品销售利润}=(\text{单价}-\text{单位变动成本}-\text{单位销售税金})\times\text{销售量}-\text{固定成本总额}$$

$$\text{保本点销售量}=\frac{\text{固定成本总额}}{\text{单价}-\text{单位变动成本}-\text{单位销售税金}}$$

通过量本利分析，能获得企业在一定的销售水平下可取得多少利润，或在目标利润条件下成本、售价等因素应达到什么水平等信息。

量本利分析最主要的功能是利用企业的历史资料计算盈亏平衡点的销售量，并以此为基础预测企业完成计划销售量时可实现的利润。

六、图形分析法

图形分析法是将企业的相关财务指标以图形的方法揭示出来，以说明企业财务经济状况变化的一种分析方法。由于该方法可将多项指标多形式地在图形上直观地显示出来，具有直观、形象的特征，因此越来越引起人们的重视。

第四节 财务报告分析的评价标准与基本步骤

一、财务报告分析的评价标准

(一)经验标准

经验标准指的是依据大量且长期的实践经验而形成的标准(适当)的财务比率值。事实上，所有这些经验标准主要是就制造业企业的平均状况而言的，而不是适用于一切领域和一切情况的绝对标准。

(二)历史标准

历史标准对于评价企业自身经营状况和财务状况是否得到改善非常有用。历史标准可以选择本企业历史最好水平，也可以选择企业正常经营条件下的业绩水平，或者可以取以往连续多年的平均水平；另外，在财务分析实践中，还经常与企业上年实际业绩作比较。

(三)行业标准

行业标准可以是行业财务状况的平均水平，也可以是同行业中某一比较先进企业的业绩水平。

控制规模差异的途径之一，就是将财务报表上的项目表达为一定的百分比形式，也即编制共同规模财务报表。例如，将收益表上的项目表达为销售收入的百分比，将资产负债表上的项目表达为资产的百分比。

通过观察和比较两家或两家以上企业同类型的财务报表，可以发现各企业之间财务状况与经营情况的差异。例如，通过两家企业之间同类型收益表的比较，可以发现销售利润率的差异，然后进一步寻找导致销售利润率差异的原因，如毛利率的差异、经营费用率的差异或投资利润对销售收入比率的差异等。

二、财务报告分析的基本步骤

第一步，进行通用财务报告分析。

一是进行单项能力分析，具体分析企业的偿债能力(含财务实力)、营运能力、盈利能力、发展能力等(还可以进行生产性分析、经营性分析等)，得出对各种能力评价的结论。

二是进行基本结构分析，具体就企业的收入和收益结构、成本和费用结构、资产结构、资本(负债)结构进行剖析，发现目前存在的和潜在的问题，提出解决问题的措施。

三是运用杜邦分析法进行综合分析，分析各因素对净资产利润率或权益资本利润率(ROE)的影响程度，找出提高或改善ROE的主要途径和方法。

四是从不同的分析目的和角度对企业进行绩效评价和经济效益评价，运用多种指标体系评分法对各指标进行加权评分，计算该企业的总分；同时，结合企业财务会计报告及其他资料，分析其经营状况和重大事件，得出对企业的总体评价。

第二步，对财务会计报告进行深入分析。我国不少企业存在会计信息不真实、信息质量不高等问题。从提高分析能力的角度出发，在进行财务分析的过程中，应结合现行的会计、财务等规范，发现企业财务会计报告中的不合理之处，以揭示财务分析所面临的风险，进一步评估企业的各种风险。

一是发现企业调度利润的项目，并估算其规模及影响程度。具体而言，分析企业总体利润是否存在虚报或瞒报，发现操纵利润的方法、途径、项目及结构，分析利润调度的绝对额度，计算其对全部利润的影响程度。

二是发现企业资产和负债的不实之处，并估算其影响程度；结合利润操纵情况，揭示资产和负债虚增或隐匿的具体方法、途径和项目，估算其数额，计算其对资产、负债和利润的影响程度。

三是进行关联交易分析，评判关联交易的必要性和公允性。具体就各关联交易项目的必要性、定价的合理性和公开性、信息披露的及时性和完整性等方面进行分析，估算其给关联交易各方带来的利益大小及影响程度，并进一步估算其给其他各方造成的损失及影响程度。

四是在可能的情况下进行相关风险分析。

第三步，在可能的情况下，比较母公司报表与合并财务报表之间的差异，揭示使用综合数据的局限，进而发现企业控制资源的实际能力及对相关项目的影响程度。

第四步，从投资角度出发，对企业的盈利能力和发展能力进行深入分析，挖掘盈利潜力，剔除虚假和不实盈利，评估企业价值，将其与市场价值对照，发现价值低估或高估，得出如下结论并说明依据：

一是是否对该企业进行投资？

二是如得出进行投资的结论，应进行多大规模的投资(控股、20%以上或参股等)？多长时间？以何种方式投资？等等。

三是在可能的情况下，分析和评估企业的核心竞争能力，并以此为基础评估企业价值。

第五节 财务报告分析的局限性

从财务分析的服务对象看，财务分析不仅对企业内部生产经营管理有着重要的作用，而且对企业外部投资决策、贷款决策、赊销决策等有着重要的作用。虽然财务分析对企业起着很重要的作用，但是它本身也存在着一定的局限性。

一、资料来源的局限性

(一)报表数据的时效性问题

财务报表中的数据均是企业过去经济活动的结果和总结，用于预测未来发展趋势，只有参考价值，并非绝对合理。

（二）报表数据的真实性问题

在企业编制其财务报表之前，信息提供者往往对信息使用者所关注的财务状况以及对信息的偏好进行仔细分析与研究，并尽力满足信息使用者对企业财务状况和经营成果信息的期望，其结果极有可能使信息使用者所看到的报表信息与企业的实际状况相去甚远，从而误导信息使用者的决策。

（三）报表数据的可靠性问题

财务报表虽然是按照会计准则编制的，但不一定能准确地反映企业的客观实际。例如，报表数据未按通货膨胀进行调整；某些资产以成本计价，并不代表其现在的真实价值；许多支出在记账时存在灵活性，既可以作为当期费用，也可以作为资本项目在以后年度摊销；很多资产以估计值入账，但未必正确；偶然事件可能歪曲本期的损益，不能反映盈利的正常水平；等等。

（四）报表数据的可比性问题

根据会计准则的规定，不同的企业或同一家企业的不同时期可以根据情况采用不同的会计政策和会计处理方法，使得报表上的数据在企业不同时期和不同企业之间的对比在很多时候失去意义。

（五）报表数据的完整性问题

由于报表本身的原因，其提供的数据是有限的。对报表使用者来说，可能不少需要的信息在报表或附注中根本找不到。

二、财务分析方法的局限性

对于比较分析法，在实际操作时，比较的双方必须具备可比性才有意义。

对于比率分析法，比率分析是针对单个指标进行分析，综合程度较低，在某些情况下无法得出令人满意的结论；比率指标的计算一般是建立在以历史数据为基础的财务报表之上的，这使比率指标提供的信息与决策之间的相关性大打折扣。

对于因素分析法，在计算各因素对综合经济指标的影响额时，主观假定各因素的变化顺序而且规定每次只有一个因素发生变化，这些假定往往与事实不符。

无论何种分析方法，均是对过去经济事项的反映。随着环境的变化，这些比较标准也会发生变化。在分析时，分析者往往只注重数据的比较而忽略经营环境的变化，这样得出的分析结论是不全面的。

三、财务分析指标的局限性

（一）财务指标体系不严密

每一个财务指标只能反映企业财务状况或经营成果的某一方面，每一类指标都过分强调本身所反映的方面，导致整个指标体系不严密。

（二）财务指标所反映的情况具有相对性

在判断某个具体财务指标是好还是坏，或根据一系列指标形成对企业的综合判断时，必须注意财务指标本身所反映情况的相对性。因此，在利用财务指标进行分析时，必须掌握好对财务指标的“信任度”。

(三)财务指标的评价标准不统一

例如,对于流动比率,一般认为指标值为2比较合理,速动比率则为1比较合适。但许多成功企业的流动比率低于2,不同行业的速动比率也有很大差别。例如,采用大量现金销售的企业几乎没有应收账款,速动比率远低于1是很正常的;而一些应收账款较多的企业的速动比率可能大于1。因此,在不同企业之间用财务指标进行评价时没有一个统一的标准,不便于不同行业之间的对比。

(四)财务指标的计算口径不一致

例如,反映企业营运能力的指标的分母的计算可用年末数,也可用平均数,而平均数的计算又有不同的方法,这些都会导致计算结果不一致,不利于评价和比较。

本章小结

本章介绍了财务报告分析的含义,阐述了财务分析的产生和发展,说明了财务分析的作用和目标,论述了财务分析的原则和要求;具体阐述了财务报告分析的内容和分类;介绍了财务报告分析的趋势分析法、比率分析法、因素分析法、比较分析法等基本方法;介绍了财务报告分析的局限性。

练习题

一、单项选择题

1. 财务分析开始于(　　)。

A. 投资者　　B. 银行家　　C. 财务分析师　　D. 企业经理

2. 财务分析的对象是(　　)。

A. 财务报表　　B. 财务会计报告　　C. 财务活动　　D. 财务效率

3. 从企业债权人角度看,财务分析的最直接目的是反映企业的(　　)。

A. 盈利能力　　B. 营运能力　　C. 偿债能力　　D. 增长能力

4. 在各项财务分析标准中,可比性较强的是(　　)。

A. 经验标准　　B. 历史标准　　C. 行业标准　　D. 预算标准

5. 为了评价企业所处的地位与水平,在分析时通常采用的标准是(　　)。

A. 经验标准　　B. 历史标准　　C. 行业标准　　D. 预算标准

6. 会计分析的关键在于(　　)。

A. 揭示会计信息的质量情况　　B. 评价企业会计工作

C. 找出会计核算错误　　D. 分析会计人员素质

7. 进行会计分析的第一步是(　　)。

A. 分析会计政策变化　　B. 分析会计估计变化

C. 阅读财务会计报告　　D. 修正会计报表信息

8. 可以预测企业未来财务状况的分析方法是(　　)。

A. 水平分析　　B. 垂直分析　　C. 趋势分析　　D. 比率分析

9. 对于连环替代法中各因素的替代顺序，传统的排列方法是（　　）。

A. 主要因素在前，次要因素在后

B. 影响大的因素在前，影响小的因素在后

C. 不能明确责任的因素在前，可以明确责任的因素在后

D. 数量指标在前，质量指标在后

二、判断题

1. 财务分析是在企业经济分析的基础上形成的一门综合性、边缘性学科。（　　）
2. 财务活动及其结果都可以直接或间接地通过财务报表体现。（　　）
3. 财务指标分析就是财务比率分析。（　　）
4. 债权人通常不仅关心企业偿债能力比率，而且关心企业盈利能力比率。（　　）
5. 比率分析法能综合反映比率与相关会计报表之间的联系。（　　）

三、简答题

1. 简述不同财务分析主体进行财务分析的目的。
2. 简述会计报表在财务分析中的作用。
3. 财务分析的基本方法有哪些？
4. 财务分析有哪些局限性？

第二章　资产负债表分析

学习目标

本章重点介绍了资产负债表的分析。通过本章学习，了解资产负债表的格式、作用和结构；熟练运用资产负债表资产项目、负债项目和所有者权益项目的分析；掌握资产负债表的横向分析与纵向分析。

引导案例

我国中央银行资产负债表的规模世界第一，资产规模增长速度快。2000～2014 年，中央银行的资产总额由39 395.36亿元增加到338 248.79亿元，增幅为 858.60%。美国、日本和欧洲的这一增幅远低于中国。所以，中国中央银行资产规模的增长远远高于其他国家和地区。据中央银行资产负债表显示，2013 年年底总负债达到 31.73 万亿元，2000～2013 年，中央银行总负债增长了 705.38%。在中央银行的总体负债结构中，发行债券和政府存款两项呈现快速增长趋势。2002～2008 年债券发行增长了44 292.33亿元，增幅为2 977.64%，截至 2013 年年末，发行债券余额为7 762亿元，政府存款由3 100.38亿元增长至28 610.6亿元，增幅为 823%，在中央银行总负债的占比由 8%上升为 9%，逐渐成为中央银行负债资金的重要来源。

(http://www.360doc.com/content/12/0527/07/20425－213966285.shtml.)

［**思考**］　从上述资料中你能体会到我国中央银行资产、负债和所有者权益的情况如何吗？对资产负债表进行分析有什么重要作用？

第一节　资产负债表的作用、格式和结构

资产负债表是反映企业在某一特定日期(如月末、季末、年末)全部资产、负债和所有者权益情况的会计报表，表明权益在某一特定日期所拥有或控制的经济资源、所承担的现时义务和所有者对净资产的要求权，是一张揭示企业在一定时点财务状况的静态报表。资产负债表利用会计平衡原理，将合乎会计原则的资产、负债、股东权益交易科目分为“资产”和“负债及股东权益”两大块，在经过分录、转账、分类账、试算、调整等会计程序后，以特定日期的静态企业情况为基准，浓缩成一张报表。其报表功用除了企业内部纠错、调整经营方向、防止弊端外，也可以让所有阅读者于最短时间内了解企业经营状况。它反映的是企业资产、负债、所有者权益的总体规模和结构。

一、资产负债表的作用

资产负债表是企业最重要的报表之一，是报表使用者借以了解企业财务状况、生产经营能力、偿债能力和资产流动性等并做出相应决策的重要工具。资产负债表的作用主要体现在以下五个方面：

(一)提供企业拥有或控制的经济资源及其分布情况

不同形态的资产对企业的经营活动有不同的影响，通过资产负债表可以提供某一特定日期资产总额及其结构的情况，如流动资产、固定资产、长期投资和无形资产等各有多少，从而可以进一步分析企业的资产质量并对企业未来的经营发展情况进行预测。

(二)反映企业资金来源和构成情况

资产负债表右方提供了企业资金来源，即权益总额及其构成。企业的资金全部来自投资者投入的资本或者全部向债权人借入资本的情况是很少见的，负债和所有者权益一般各占一定的比重，这就是通常所说的资本结构。负债需要按期偿还，所有者权益是永久性资本，两者的比例不同反映了企业偿还长期债务的能力、债权人所冒的风险、企业财务安全程度的不同。

(三)反映企业偿债能力

通过资产负债表，将企业流动资产、速动资产与流动负债联系起来，可以评价企业的短期偿债能力。短期偿债能力对企业的短期债权人尤为重要。通过对企业债务规模、债务结构及与所有者权益的对比分析，可以对企业的长期偿债能力及举债能力做出评价。

(四)反映企业财务状况发展趋势

通过对不同时点资产负债表的比较，可以对企业财务状况的发展趋势做出判断。企业某一特定日期的资产负债表对信息使用者的作用有限。只有把不同时点的资产负债表结合起来，才能把握企业财务状况的发展趋势。同样，将不同企业同一时点的资产负债表进行对比，还可对不同企业的相对财务状况做出评价。

(五)有助于评价企业的资本结构、财务弹性

资本结构主要体现为负债与所有者权益的比值，有时候也表示为长期资金的结构，即非流动负债与所有者权益的对比关系。至于财务弹性，主要是指企业应付各种挑战、适应各种变化和抓住各种机会的能力与变通性。资产负债表展示了企业的财力及其弹性，如果财务弹性强，意味着企业不仅能够利用获利的机会，而且能够通过调整资本结构和财务杠杆的方式获取更大利润，即便遇到巨大的偿债压力，也不至于陷入财务困境。

二、资产负债表的格式

关于资产负债表的格式，目前国际上流行的主要有账户式和报告式两种。我国会计准则规定，资产负债表一律采用账户式。

(一)账户式资产负债表

账户式资产负债表又称横式资产负债表，是根据“资产＝负债＋所有者权益”会计恒等式，按照账户的形式列示各类项目，即资产类项目排列在表的左方，负债和所有者权益类项目排列在表的右方，并使资产负债表的左右两方数额保持平衡。其简化格式如表 2－1 所示。

表 2—1　　资产负债表(账户式)

编制单位：　　年　月　日　　单位:元

资　产	期末余额	期初余额	负债和所有者权益	期末余额	期初余额
流动资产			流动负债		
……			非流动负债		
……			负债合计		
非流动资产			所有者权益		
……			所有者权益合计		
资产总计			负债和所有者权益总计		

(二)报告式资产负债表

报告式资产负债表又称垂直式资产负债表，是根据“资产－负债＝所有者权益”的平衡式，自上而下排列各项目，即资产类列在上方，负债类列在中间，最下方列示所有者权益类。其简化格式如表 2—2 所示。

表 2—2　　资产负债表(报告式)

编制单位：　　年　月　日　　单位:元

项　目	期末余额	期初余额
资产		
流动资产		
非流动资产		
资产总计		
负债和所有者权益		
流动负债		
非流动负债		
负债合计		
所有者权益		
所有者权益合计		
负债和所有者权益总计		

三、资产负债表的结构

资产负债表由表头、正表和补充资料三个部分构成。

(一)表头

表头部分包括资产负债表的名称、编号、编制单位、编表时间和金额单位等内容。由于该表反映企业在某一时点总的财务状况，属于静态报表，因此，一定要注明“×年×月×日”。

(二)正表

正表是资产负债表的主体部分，主要反映资产负债表各项目的内容。资产负债表包括资产、负债和所有者权益三个会计要素。各要素按一定的标准进行分类，并按一定的顺序加以排列。资产项目按照其流动性的强弱(即变现能力的强弱)排列，流动性强的在前，流动性弱的在后；负债项目按照其到期日的远近排列，到期日近的在前，到期日远的在后；所有者权益项目按照其永久性排列，永久性强的在前，永久性弱的在后。

(三)补充资料

补充资料包括附注和附列资料等内容，填列一些不能直接列入资产负债表的项目，如采用的主要会计处理方法、会计处理方法的变更情况、有关重要项目的明细资料等。

第二节 资产类项目的编制与分析

一、资产类项目的编制

(一)流动资产

流动资产是指可以合理预期将在1年或长于1年的一个营业周期内转化为现金或被销售、耗用的资产，主要包括货币资金、交易性金融资产、应收票据、应收账款、预付账款、应收利息、应收股利、其他应收款、存货、1年内到期的非流动资产等。

1. 货币资金

货币资金反映企业库存现金、银行结算户存款、外埠存款、银行汇票存款、银行本票存款、信用卡存款、信用保证金存款等的合计数。这些货币资金构成企业的“血液”，也是现金流量表中“现金”项目的主体。货币资金本身意味着机会成本。企业应当根据自身需求，确定一个最佳货币资金持有量，以合理调度货币资金余缺，避免货币资金过多或过少给企业造成不良后果。

在资产负债表中列示时，本项目应根据“库存现金”“银行存款”“其他货币资金”账户期末余额的合计数填列。

2. 交易性金融资产

交易性金融资产是指企业在公开证券市场中购买的，以公允价值计量且其变动计入当期损益的，主要为交易目的而持有的股票、债券、基金等。对于非金融机构而言，交易性金融资产只能是微不足道的“副业”，而且最好是“辅业”，即辅助现金资产，用于调剂货币资金余缺，在保持流动性的前提下，获取一定的收益，避免资金闲置而给企业带来机会损失。

在资产负债表中列示时，本项目应根据“交易性金融资产”账户的期末余额填列。

3. 应收票据

应收票据是指企业因销售商品、产品和提供劳务等收到的商业汇票，包括银行承兑汇票和商业承兑汇票两种形式。商业汇票是一种载有付款日期、付款地点、付款金额和付款人无条件支付的流通证券，也是一种可以由持票人自由转让给他人的债权凭证。与一般的应收款项相比，应收票据的流动性和安全性更强，更容易在市场上流通转让，供货方比较容易接受。鉴于此，应收票据过去一般不考虑坏账风险，而是按照其原值反映，但其毕竟是一种商业信用，依然存在着风险，因此，根据新准则的规定，应收票据也要根据实际情况计提坏账准备，并按照扣除坏账准备后的净额列示。

在资产负债表中列示时，本项目应根据“应收票据”账户的期末余额减去“坏账准备”账户中有关应收票据计提的坏账准备期末余额后的金额填列。

4. 应收账款

应收账款是指企业因销售商品、产品和提供劳务等而应向购买单位收取的各种款项，如应收的价款、增值税和代垫的运杂费等。在正常情况下，这种账款在1年内能够收回，因此一般归属于流动资产。但在现实经济生活中，企业可能因为信用危机导致应收账款长期被占用而迟迟收不回来。为了体现应收账款的真实价值，应收账款应当估计其坏账损失，按照商业信用金额扣除所计提的坏账准备的净额列示。应收账款分析应与销售额分析、现金流分析联系起来。应收账款的起点是销售，终点是现金。正常的情况是销售增加引起应收账款增加，现金存量和经营现金流也随之增加。如果一家企业应收账款日益增加而销售和现金日益减少，则企业的营销政策可能已出现问题，甚至有虚构收入、操纵利润的嫌疑。

在资产负债表中列示时，本项目应根据“应收账款”和“预收账款”账户所属各明细账户的期末借方余额合计数减去“坏账准备”账户中有关应收账款计提的坏账准备期末余额后的金额填列。若“应收账款”账户所属明细账户期末有贷方余额，应在资产负债表“预收账款”项目填列。

5. 预付账款

预付账款是指企业按照供货合同的规定预付给供应单位的款项，它同样属于流动资产。预付账款作为企业的一笔债权，所对应的通常并不是现金流入，而是为了获得货物或劳务供应，因此其在性质上并不属于货币性资产。预付账款如果较多，通常意味着企业为了稳定货源等而进行了一笔资金预支。预付账款同样存在债权性风险，企业应当根据市场经济环境等考虑计提坏账准备，并按照其价值净额予以列示。

在资产负债表中列示时，本项目应根据“预付账款”和“应付账款”账户所属各明细账户的期末借方余额合计数减去“坏账准备”账户中有关预付账款计提的坏账准备的期末余额后的金额填列。若“预付账款”账户所属各明细账户期末有贷方余额，应在资产负债表“应付账款”项目填列。

6. 应收利息

“应收利息”项目反映企业应收取的债券投资等的利息。

在资产负债表中列示时，本项目应根据“应收利息”账户的期末余额减去“坏账准备”账户中有关应收利息计提的坏账准备期末余额后的金额填列。

7. 应收股利

“应收股利”项目反映企业收取的现金股利和应收取其他单位分配的利润。

在资产负债表中列示时，本项目应根据“应收股利”账户的期末余额减去“坏账准备”账户中有关应收股利计提的坏账准备期末余额后的金额填列。

8. 其他应收款

其他应收款是指除应收票据、应收账款、预付账款、应收利息、应收股利等之外的其他应收或暂付款项，如企业与职工之间的内部往来项目及应收赔款等。本项目按照实际可能收到的相关价值金额反映，也要扣除相应的坏账准备。其他应收款金额如果过大，多属不正常现象，需要警惕企业变相的资金拆借行为，此时应当深入了解相应资金的安全性。

在资产负债表中列示时，本项目应根据“其他应收款”账户的期末余额减去“坏账准备”账户中有关其他应收款计提的坏账准备期末余额后的金额填列。

9. 存货

存货是指企业在生产经营过程中为销售或耗用而储存的各种有形资产，包括各种原材料、包装物、低值易耗品、委托加工材料、产成品、库存商品和委托代销商品等。存货作为一项重要的流动资产，区别于固定资产等非流动资产的最基本特征是企业持有存货的最终目的是出售。在资产负债表中，存货按照成本与可变现净值孰低计价。成本指的是取得存货的历史成本，可变现净值是指在日常活动中，存货估计售价减去至完工(主要是指原材料存货)时估计将要发生的成本、估计的销售费用以及相关税费后的金额。存货的这种计价方式主要是为了避免存货价值虚增，体现了稳健性原则。存货金额的大小应当采用辩证的观点来看，在“适时制”和“零存货”等新的管理理念下，存货意味着较大的成本负担，而且有“积压滞销”之嫌，但也不排除企业在特殊情况下，为了“囤积居奇”或其他战略性目的而持有大批存货。

在资产负债表中列示时，本项目应根据“材料采购”“原材料”“低值易耗品”“库存商品”“周转材料”“委托加工物资”“委托代销商品”“生产成本”等账户的期末余额合计减去“受托代销商品款”“存货跌价准备”账户期末余额后的金额填列。材料采用计划成本核算和库存商品采用计划成本或售价核算的企业，应按加(或减)材料成本差异、商品进销差价后的金额填列，还应当加(超支差异)[或减(节约差异)]材料成本差异。

10. 1 年内到期的非流动资产

“1 年内到期的非流动资产”项目反映企业将于 1 年内到期的非流动资产项目金额。

在资产负债表中列示时，本项目应根据有关账户的期末余额填列。长期待摊费用中在 1 年内(含 1 年)摊销的部分，在资产负债表“1 年内到期的非流动资产”项目填列。

11. 其他流动资产

“其他流动资产”项目反映企业除货币资金、交易性金融资产、应收票据、应收账款、存货等流动资产外的其他流动资产。

在资产负债表中列示时，本项目应根据有关账户的期末余额填列。

12. 流动资产合计

在资产负债表中列示时，本项目金额根据上述流动资产项目的金额相加得到。

(二)非流动资产

非流动资产是指不能在 1 年或者超过 1 年的一个营业周期内变现或者耗用的资产，主要包括可供出售金融资产、持有至到期投资、长期应收款、长期股权投资、投资性房地产、固定资产、在建工程、工程物资、无形资产、长期待摊费用等。

1. 可供出售金融资产

可供出售金融资产主要反映企业持有的，以公允价值计量的可供出售的股票投资、债权投资等金融资产。对于公允价值能够可靠计量的金融资产，企业可以将其直接指定为可供出售金融资产，如在活跃市场上有报价的股票投资、债券投资等。

没有划归交易性金融资产、贷款及应收款项或持有至到期投资的金融资产应作为可供出售金融资产处理。会计实务中，可供出售金融资产通常是持有期限不能确定、持有意图不够明显的非流动资产。

在资产负债表中列示时，本项目应根据“可供出售金融资产”账户的期末余额减去“可供出售金融资产减值准备”账户期末余额后的金额填列。

2. 持有至到期投资

持有至到期投资是指到期日固定、回收金额固定或可确定,并且企业有明确意图和能力持有至到期的非衍生金融资产。可见,被确认为持有至到期投资的项目须具备苛刻的条件,这些条件缺一不可。持有至到期投资属于金融工具范畴,但与按照公允价值计量的交易性金融资产和可供出售金融资产不同,在资产负债表中,持有至到期投资按照摊余成本计量。所谓"摊余成本",是指其初始确认金额扣除已偿还本金再加上或减去相关累计摊销额并扣除已发生的减值损失后的金额。

在资产负债表中列示时,本项目应根据"持有至到期投资"账户的期末余额减去 1 年内到期部分,再减去"持有至到期投资减值准备"账户期末余额后的金额填列。

3. 长期应收款

"长期应收款"项目反映企业融资租赁产生的应收款项、采用递延方式具有融资性质的销售商品和提供劳务等产生的长期应收款项等。对于可能发生的坏账损失,企业应当予以扣除。长期应收款在一般企业中并不多见,在进行财务分析时应仔细探究那些名义上的长期应收款项目是不是在实质上构成对其他单位的变相投资和资金占用。例如,我国很多企业将拨付给下属独立核算的分公司的长期资金列入长期应收款,但并没有明确的回收期限,其在实质上相当于长期股权投资。

在资产负债表中列示时,本项目应根据"长期应收款"账户的期末余额减去相应的"未实现融资收益"账户和"坏账准备"账户所属相关明细账户期末余额后的金额填列。

4. 长期股权投资

长期股权投资反映的内容主要是企业持有的对子公司、合营企业、联营企业的投资。对于企业持有的对被投资单位不具有控制、共同控制或重大影响,并且在活跃市场中没有报价、公允价值不能可靠计量的权益性投资,也被纳入"长期股权投资"项目反映。财务会计上所谓的"投资",是指企业为了获得收益或实现资本增值而向被投资单位投放资金的经济行为。这与一般经济生活中的"投资"不同。长期投资强调的是对外投资,如果投资后,投资企业成为被投资单位的股东,这样的投资一般称为股权投资。在日常会计核算中,长期股权投资是一个比较复杂的问题,反映在资产负债表中,该项目金额的含义也比较混乱。例如,它可能反映的是原始投资额(成本法),也可能反映的是随着被投资单位净资产公允价值的变动而按照持股比例予以调整后的金额(权益法),还可能反映所拥有的被投资方账面净资产的份额(同一控制下企业合并形成的长期股权投资)等。会计报表使用者可以结合附注信息对长期股权投资项目予以分析。

在资产负债表中列示时,本项目应根据"长期股权投资"账户的期末余额减去"长期股权投资减值准备"账户期末余额后的金额填列。

5. 投资性房地产

投资性房地产是指企业为赚取租金或资本增值,或者两者兼有而持有的房地产,包括已出租的土地使用权、持有准备增值后转让的土地使用权和已出租的建筑物等。需要注意的是,房地产开发企业开发的商品房并不是投资性房地产,而是该企业的存货。

在会计核算中,投资性房地产有两种后续计量模式,即成本计量模式和公允价值计量模式。采用公允价值计量模式的,需要同时满足以下两个条件:一是投资性房地产所在地有活跃的房地产交易市场;二是企业能够从房地产交易市场上取得同类或类似房地产的市场价格及其他相关信息，从而能够对投资性房地产的公允价值做出科学合理的估计。该适用条件是比较苛刻的，一般而言，在大中城市城区中的房地产才适宜采用公允价值计量模式，而且一家企业所有的房地产只能选用一种模式计量，不能两种模式同时并用。因此，在资产负债表中，投资性房地产一般是按照成本(减去累计摊销和减值损失)计量的，允许采用公允价值计量投资性房地产，但往往涉及企业损益的变化，需要通过附注信息对此予以合理关注。

6. 固定资产

固定资产是指企业为生产商品、提供劳务、出租或经营管理而持有的，使用寿命超过一个会计年度的有形资产。固定资产是企业经营规模大小的标志，是企业最重要的生产力要素之一，是企业经济效益和竞争力的源泉。在资产负债表中，固定资产按照固定资产原值减去累计折旧和固定资产减值准备后的净额列示。累计折旧的计提有不同的方法，企业通常基于税收方面的考虑而选用不同的折旧方法，对于由此导致的固定资产账面价值的变化，会计报表使用者需要结合附注信息予以分析，必要时可以还原固定资产的原始价值，以便考核企业的经营实力，正确评估固定资产的整体运行情况，对其使用效率和综合竞争力予以全面而公允的评价。

在资产负债表中列示时，本项目应根据“固定资产”账户的期末余额减去“累计折旧”和“固定资产减值准备”账户期末余额后的金额填列。

7. 在建工程

“在建工程”项目反映企业期末各项未完工程的实际支出，包括交付安装的设备价值，未完建筑安装工程已经耗用的材料、物资和费用支出，预付出包工程的价款等的可收回金额。

在资产负债表中列示时，本项目应根据“在建工程”账户的期末余额减去“在建工程减值准备”账户期末余额后的金额填列。

8. 工程物资

“工程物资”项目反映企业尚未使用的各项工程物资的实际成本。

在资产负债表中列示时，本项目应根据“工程物资”账户的期末余额填列。虽然工程物资和原材料在形态上相似，但工程物资还不具备固定资产的形态，不能为企业的生产和管理服务。工程物资是为了构建固定资产而专门购入的，不包括在“存货”项目中。

9. 固定资产清理

“固定资产清理”项目反映企业因出售、毁损、报废等原因转入清理但尚未清理完毕的固定资产的净值，以及固定资产清理过程中发生的清理费用和变价收入等各项金额的差额。

在资产负债表中列示时，本项目应根据“固定资产清理”账户的期末借方余额填列；若“固定资产清理”账户期末为贷方余额，应以“－”号填列。

10. 生产性生物资产

“生产性生物资产”项目反映企业持有的生产性生物资产。

在资产负债表中列示时，本项目应根据“生产性生物资产”账户的期末余额减去“生产性生物资产累计折旧”和“生产性生物资产减值准备”账户期末余额后的金额填列。

11. 油气资产

“油气资产”项目反映企业持有的矿区权益和油气以及相关设施的原价减去累计折耗和累计减值准备后的净额。

在资产负债表中列示时，本项目应根据“油气资产”账户的期末余额减去“累计折耗”账户期末余额和相应减值准备后的金额填列。

12. 无形资产

无形资产是指企业拥有或控制的、没有实物形态的、可辨认的非货币性资产，包括商标权、著作权(版权)、专利权、土地使用权、非专利技术、特许权等。与固定资产类似，无形资产是能够给企业带来较长期的经济利益的资产。随着科技进步和知识创新步伐的加快，无形资产占企业非流动资产的比重会越来越大，并且构成企业价值和核心竞争力的主要来源。

在资产负债表中列示时，本项目应根据“无形资产”账户的期末余额减去“累计摊销”和“无形资产减值准备”账户期末余额后的金额填列。

13. 开发支出

“开发支出”项目可以反映企业开发无形资产过程中能够资本化、形成无形资产成本的支出部分。

在资产负债表中列示时，本项目应根据“研发支出”账户中所属的“资本化支出”明细账户的期末余额填列。

14. 商誉

目前，会计上核算的商誉仅仅是指企业在非同一控制下企业合并中所支付的合并成本大于合并中取得的被购买方可辨认净资产公允价值份额的差额。根据新准则的规定，商誉入账后不要求摊销，而是在期末进行减值测试。

在资产负债表中列示时，本项目应根据“商誉”账户的期末余额减去相应减值准备后的金额填列。

15. 长期待摊费用

“长期待摊费用”项目反映企业已经支付或发生，但应当由本期和以后各期负担的，分摊期限不短于1年的各项费用。会计报表使用者对于较大金额的长期待摊费用应予以重视，观察企业是否将一些费用递延到后期处理以达到粉饰会计报表或有意识地进行平滑收益和盈余管理的目的。

在资产负债表中列示时，本项目应根据“长期待摊费用”账户的期末余额减去将于1年内(含1年)摊销的数额后的金额填列。

16. 递延所得税资产

“递延所得税资产”项目反映企业由于会计与税法之间的差异导致会计根据税法的规定需要在当期缴纳更多所得税(相对于会计利润和账面净资产的增加数而言)，但以后期间相对会少缴纳所得税的金额，即会计上所谓的由于资产(负债)账面价值小于(大于)计税基础所形成的可抵扣暂时性差异而造成的预期未来经济利益。本着权责发生制和配比原则，会计上应在该经济利益形成的当期予以确认和计量，并在报表中列示。

在资产负债表中列示时，本项目应根据“递延所得税资产”账户的期末余额填列。

17. 其他非流动资产

“其他非流动资产”项目反映企业除长期股权投资、固定资产、在建工程、工程物资、无形资产等资产外的其他非流动资产。

在资产负债表中列示时，本项目应根据有关账户的期末余额填列。

18. 非流动资产合计

非流动资产合计根据各非流动资产项目相加得出。

二、资产类项目的分析

(一)货币资金变动情况分析

货币资金包括现金、银行存款和其他货币资金。货币资金是企业流动性最强、最有活力的资产,同时又是获利能力最低,或者说几乎不产生收益的资产,拥有量过多或过少对企业生产经营都会产生不利影响。在企业经营过程中,引起货币资金发生变动的主要原因有以下几种:

1. 销售规模的变动

企业销售产品或提供劳务是取得货币资金的主要途径,当销售规模发生变动时,货币资金数量必然会发生相应的变动,也就是说,当企业的主营业务收入和其他业务收入变化时,货币资金必然变化,两者是直接相关的。

2. 企业信用政策的变动

信用政策又称应收账款政策,是指企业对应收账款的态度,通俗地讲,就是销售实现时,是否允许客户赊销、赊销比率为多少、赊销期限多长等。

例如,一家人在某餐厅吃顿饭本来应该花费 280 元,现在只付了 140 元,剩下的一半费用需要 3 个月后才能支付,餐厅能不能接受呢? 餐厅说:“你付 200 元吧,剩下的 80 元可以半年后再付。”先付 140 元或者先付 200 元以及余款怎么支付等,就是信用政策。

企业的销售规模扩大是企业货币资金增加的先决条件。但是,在销售规模不变的情况下,如果企业改变信用政策,企业的货币资金数量也会发生变化。例如,在销售时,企业提高现销比例,其货币资金可能会增加;反之,当期收到的货币资金就会减少。如果企业的收账政策改变,也会对货币资金数量产生影响。例如,企业奉行较严格的收账政策,收账力度较大,则货币资金数量就会增加。

3. 企业短期内是否有大额支付计划

在生产经营过程中,可能会发生大笔的现金支出,如准备派发现金股利、偿还将要到期的巨额银行借款、集中购货等,企业必须为此提前做好准备,积累大量货币资金,这样就会使货币资金数量较正常状态多。当然,一旦这种需要消失,货币资金数量就会回归正常水平。

企业货币资金的数量与企业的生产经营密切相关,如果阅读报表时发现了该项目的异常变动,就需要关注其变化原因,以减少对企业未来经营的影响等。

(二)应收账款变动情况分析

应收账款是因为企业提供商业信用而产生的。单纯从资金占用角度讲,应收账款的资金占用是一种最不经济的行为,但企业往往可以通过扩大销售来弥补这种损失。所以,应收账款的资金占用又是必要的。对应收账款变动情况的分析,应从以下两个方面进行:

1. 分析企业销售规模变动对应收账款的影响

企业销售产品是形成应收账款的直接原因。在其他条件不变时,应收账款会随着销售规模的增大而增加,在一定比例内,这种变动是正常现象。

例如,建筑工程完工后都会留合同金额 10%左右的余款作为质量保证金,在建筑物启用后满 1 年,如果没有大的质量问题才支付。在一家建筑公司还是个小工程队的时候,一年只有 10 000 元的业务,应收账款为 1 000 元。现在该建筑公司已经成长为一家大工程公司,一年的业务量有 1 000 万元,其应收账款也水涨船高地变为 100 万元。

2. 分析企业信用政策变动对应收账款的影响

货币资金和应收账款是销售收入的两种“回款方式”。东西卖出去了，有可能收到货币资金，也有可能没有收到货币资金，于是就形成企业的应收账款。所以，信用政策对货币资金和应收账款的影响是“此消彼长”的效果。如果企业的信用政策比较严格，应收账款的规模就会小，收到的货币资金就会多，反之则反是。

企业收账政策也将对应收账款产生影响，当企业采取较严格的收账政策时，收到的货币资金较多，应收账款的规模就会小些，反之则会大些。

需要注意的是，过多的应收账款不但增加企业的管理成本和资金成本，而且严重影响企业资金的流动性，一家良性发展的企业应该严格控制应收账款的数量。

(三)存货变动情况分析

存货是企业流动资产中最重要的组成部分，是生产经营活动重要的物质基础。存货资产的变动不仅对流动资产的资金占用有极大的影响，而且对生产经营活动产生重大影响。对存货变动的分析，可以从以下两个方面入手：

1. 存货数量盘存方法的影响

存货数量是影响资产负债表“存货”项目的基本因素。企业存货数量的确定主要有两种方法，即定期盘存法和永续盘存法。

所谓定期盘存法，就是在期末报表日根据账簿记录，对库存存货进行实物盘点，以证实其客观存在，并验证其账面记录的真实性、正确性和完整性的一种方法。通俗地讲，就是到现场点点数，看看账上记的项目是否属实。所以，当企业采用定期盘存法进行存货数量核算时，资产负债表中“存货”项目反映的就是存货的实有数量。

所谓永续盘存法，是对于存货的增加和减少都根据有关凭证在账簿中逐日逐笔进行登记，并随时结算出各种存货的账面留存数额的一种方法。通俗地讲，就是看存货明细账上的进、出数，通过“本期结存＝上期留存＋本期购进－本期发出”的公式计算库存余额。除非在编制资产负债表时对存货进行盘存，否则，资产负债表中“存货”项目所反映的只是存货的账面数量，如果存货有丢失、坏损等，则无法及时考虑到。

上述两种不同的存货数量确认方法会造成资产负债表中“存货”项目的金额差异，这种差异不是由存货数量本身变动引起的，而是由存货数量的会计确认方法不同造成的。我们在阅读企业会计报表时，需要了解企业是否在年度末对存货进行盘点，以确认其存货的真实性。

2. 存货比例的影响

企业存货越多，其资金沉淀就越多，可以流动的资金就越少，资产的使用效率也就越低。就如同家庭理财，家里的月收入基本固定，若买了过多的日用品堆在家里，那么能存到银行生息的钱就没有了。所以，企业的存货比例应该与企业生产规模、产品销售数量呈一定的比例关系，不能太高。

(四)固定资产变动情况分析

固定资产作为企业赖以生存的物质基础，是企业产生效益的源泉，关系到企业的营运与发展。在企业的经营中，当企业达到一定规模后，固定资产不是一个频繁大幅度变动的项目。对固定资产变动的分析，可以从以下两个方面入手：

1. 应充分关注某一会计期间固定资产原值的大额变动

企业投资新项目、翻新厂房、扩大生产线等有可能导致固定资产大幅增加。其中，投资新项目和扩大生产线的固定资产投资引起的直接效应应该是企业的产能增加，所以，当发现固定资产增加后，应相应地核对其“互动效果”，如企业销售收入是否增加、生产效率是否提高等。

2. 会计政策变更对固定资产的影响

引起固定资产变动的另一个重要方面是折旧方法的选择。会计准则和制度允许企业使用的折旧方法有平均年限法、工作量法、双倍余额递减法和年数总和法，后两种方法属于加速折旧法。由于不同的折旧方法各期所提折旧不同，因此，固定资产价值会发生变化。

(五)无形资产变动情况分析

无形资产尽管没有实物形态，但在知识经济时代，对企业生产经营活动的影响也是十分巨大的。

资产负债表中列示的无形资产是指无形资产原值减去无形资产摊销后的摊余价值。所以，只根据资产负债表提供的资料难以分析无形资产的增减变化。

按照我国财务制度的规定，企业的研究开发费一旦产生就应计入当期费用，因而资产负债表中的无形资产不能真实地反映企业拥有的全部无形资产。

无形资产的减少除出售、对外投资等原因外，更主要的是因为其价值摊销造成的，分析时应注意企业是否有利用无形资产摊销调整当期利润的行为。

(六)流动资产质量分析

1. 流动资产长期化分析

理论上的流动资产是指能够在 1 年内变现或耗用的资产。但在实际工作中，资产负债表中不可避免地会出现一些在 1 年内不可能变现甚至积压了 1 年以上的流动资产，如被套牢的短期投资、长期挂账的应收款项、长期滞销积压的存货等。在评价企业资产质量、偿债能力时，此类资产应当剔除。

2. 流动资产实际价值分析

资产负债表中的流动资产是按历史成本计价的，但市场价格处于不断变化的状态，账面上的价值很可能与实际价值不符，因此，在对企业的资产实力和偿债能力进行分析时，应充分考虑资产的实际价值。

3. 流动资产变现能力分析

通常情况下，企业的变现能力与企业流动资产的优良程度成正比，货币资金、短期投资、应收款项比重大，则变现能力强；但要注意分析企业是否将应收款项、存货等流动资产对外抵押、担保，以及货币资金是否存在限定用途而不能任意动用的条款。

第三节　负债类项目的编制与分析

一、负债类项目的编制

(一)流动负债

流动负债是指将在 1 年(含 1 年)或者超过 1 年的一个营业周期内偿还的债务。

1. 短期借款

短期借款是指企业向银行或其他金融机构等借入的期限在 1 年以下(含 1 年)的各种借

款。短期借款相对而言资金成本较低，但其作为流动负债，通常带有强制性的偿还负担，如果资金安排不当，容易造成企业短期的偿债压力。

在资产负债表中列示时，本项目应根据“短期借款”账户的期末余额填列。

2. 交易性金融负债

“交易性金融负债”项目反映企业承担的以公允价值计量且其变动计入当期损益的金融负债。

在资产负债表中列示时，本项目应根据“交易性金融负债”账户的期末余额填列。

3. 应付票据

“应付票据”项目反映企业购买材料、商品和接受劳务供应等而开出承兑的商业汇票，包括银行承兑汇票和商业承兑汇票。

在资产负债表中列示时，本项目应根据“应付票据”账户的期末余额填列。

4. 应付账款

应付账款和应付票据一样，反映企业因购买材料、商品或接受劳务供应等而发生的短期债务。

在资产负债表中列示时，本项目应根据“应付账款”和“预付账款”账户所属各明细账户的期末贷方余额合计数填列。若“应付账款”账户所属明细账户期末有借方余额，则在资产负债表“预付账款”项目填列。

5. 预收账款

预收账款是指企业因销售商品、提供劳务而预先向客户收取的款项。作为一笔流动负债，它意味着后续的商品或服务支出。企业存在大量而稳定的预收账款往往意味着后续期间内较为稳定的收入来源，这对于以后期间的利润具有一定的保障作用，同时可能展示该企业商品或劳务供应的紧俏性和优越感，对市场而言是一个利好消息。

在资产负债表中列示时，本项目应根据“预收账款”和“应收账款”账户所属各明细账户期末贷方余额合计数填列。若“应收账款”账户所属明细账户期末有借方余额，则应在资产负债表“应收账款”项目填列。

6. 应付职工薪酬

“应付职工薪酬”项目反映企业按照规定应当向职工支付的各项报酬，是新准则改革的一项重要内容。会计树立了完整的人工成本概念，使得职工薪酬的内容变得十分丰富，不仅包括传统意义上的工资和职工福利费，诸如社会保险费、住房公积金、工会经费与职工教育经费、非货币性福利、辞退福利、现金结算的股份支付等也被纳入职工薪酬的范畴。

7. 应交税费

“应交税费”项目反映的是企业按照税法规定计算并缴纳的各种税费。除了少数税种，如印花税和耕地占用税等不需要通过该项目反映外，企业应缴而尚未缴纳的其他大部分税款以及教育费附加、矿产资源补偿费等需要通过该项目予以列示。应交税费与应付职工薪酬等其他流动负债一样，都是企业“眼下”需要偿付的义务。

在资产负债表中列示时，本项目应根据“应交税费”账户的期末贷方余额填列。若“应交税费”账户期末为借方余额，则应以“－”号填列。

8. 应付利息

“应付利息”项目反映企业按照规定应当支付的利息，包括分期付息到期还本的长期借款应支付的利息、企业发行的企业债券应支付的利息等。

在资产负债表中列示时，本项目应根据“应付利息”账户的期末余额填列。

9. 应付股利

“应付股利”项目反映企业分配的现金股利或利润。企业分配的股票股利不通过本项目列示。

在资产负债表中列示时，本项目应根据“应付股利”账户的期末余额填列。

10. 其他应付款

“其他应付款”项目反映企业除短期借款、应付票据、应付账款、预收账款、应付利息、应付股利、应付职工薪酬、应交税费外的应付或暂收款项。

在资产负债表中列示时，本项目应根据“其他应付款”账户的期末余额填列。

11. 1年内到期的非流动负债

“1年内到期的非流动负债”项目反映企业非流动负债中将于1年内到期的金额，如将于1年内偿还的长期借款。

在资产负债表中列示时，本项目应根据有关账户的期末余额填列。

12. 其他流动负债

“其他流动负债”项目反映企业除上述各项流动负债外的其他流动负债。

在资产负债表中列示时，本项目应根据有关账户的期末余额填列。

13. 流动负债合计

“流动负债合计”项目是以上流动负债项目的金额合计。

(二)非流动负债

非流动负债是指偿还期在1年或超过1年的一个营业周期以上的负债，包括长期借款、应付债券、长期应付款等。

1. 长期借款

“长期借款”项目反映企业向银行或其他金融机构借入的期限在1年以上(不含1年)的各项借款。长期借款作为我国传统的企业长期资金融通方式，相对于发行股票和债券而言，具有融资成本低、筹资速度快、借款弹性大等优点。企业可以在有利的经营环境下，充分发挥其财务杠杆效应，为股东和企业谋取更大收益；同时，长期借款也给企业带来风险，而且通常限制条件较多，筹资数量有限。如果企业欠有较大金额的长期借款，会计报表使用者应当结合企业的资本结构和发展规划，从正、反两个方面加以考虑，即它可能代表企业与金融机构信任和融洽的关系，并揭示企业经营的胆识和魄力；也可能意味着企业“靠借钱过日子”，并可能由此引发企业较严重的财务危机。

在资产负债表中列示时，本项目应根据“长期借款”明细账户填列。“长期借款”明细账户中将在1年内到期的长期借款不在本项目反映，而是专门在“1年内到期的非流动负债”项目反映。

2. 应付债券

“应付债券”项目反映企业为筹集长期资金而发行的债券的本金和利息。

在资产负债表中列示时，本项目应根据“应付债券”账户的期末余额填列，不包含1年内到期的债券。

3. 长期应付款

"长期应付款"项目反映企业除了长期借款、应付债券外的其他各种长期性的应付款项。在实际业务中，分期付款比较多，如应付融资租赁款项、分期付款购买货物等。如果其偿还期超过 1 年，会计上就称之为长期应付款。

在资产负债表中列示时，本项目应根据"长期应付款"账户的期末余额减去相应的"未确认融资费用"账户期末余额后的金额填列。

4. 专项应付款

专项应付款通常是指企业取得政府作为企业所有者投入的具有专项或特定用途的款项。

在资产负债表中列示时，本项目应根据"专项应付款"账户的期末余额填列。

5. 预计负债

"预计负债"项目反映企业确认的对外提供担保、未决诉讼、产品质量保证、重组义务、亏损性合同等预计负债。

在资产负债表中列示时，本项目应根据"预计负债"账户的期末余额填列。

6. 递延所得税负债

"递延所得税负债"项目反映企业由于会计与税法之间的差异，导致会计根据税法的规定在当期不必缴纳较多所得税(相对于会计利润和账面净资产的增加数而言)，但注定在以后期间需要补缴的所得税金额，即会计上所谓的由于资产(负债)账面价值大于(小于)计税基础所形成的应纳税暂时性差异而可能造成的预期未来经济利益的流出。本着权责发生制和配比原则，会计上应在这种在未来予以"补缴"的义务形成的当期确认计量，并在会计报表上予以列示。

在资产负债表中列示时，本项目应根据"递延所得税负债"账户的期末余额填列。

二、负债类项目的分析

(一)负债总体变动情况分析

负债是指过去的交易、事项形成的现时义务，履行该义务预期会导致经济利益流出企业。根据债务偿还期限长短的不同，负债可以分为流动负债和长期负债。进行负债分析应从如下几个方面考虑：

1. 负债总额大小的分析

如果一家企业资产总额 2/3 以上为负债，那么其财务结构就非常激进，也就是通常所说的"借钱生钱"。一旦企业出现经营失败陷入破产，企业将会资不抵债，对于债权人来说，是非常不安全的，也是不能接受的。

2. 长、短期负债的比例分析

负债是借来的，需要归还。一般情况下，为了不至于"人人逼债上门"，企业在举债时应该考虑长期和短期的搭配，实现每期归还一部分，这样企业的还债压力较小，也不至于影响企业的正常生产经营。

如果在某期，企业的短期负债和已经到期的长期负债金额非常大，就需要考虑其是否有足够的现金来归还到期债务，这一现象会不会影响企业的持续经营等。

3. 随时关注负债给企业带来的财务风险

企业的财务风险源于企业采用负债经营方式。不同类型负债的风险是不同的，在安排企业负债结构时，必须考虑这种风险。任何企业，只要采取负债经营方式，就不可能完全回避风险，但通过合理安排负债结构来降低风险是完全可以做到的。

一般来说，短期负债的风险要大于长期负债，这是因为：

(1)企业使用长期负债筹资时，在已经确定的负债期内(如 3 年期借款就是确定的 3 年内)，其利率通常不会发生变动，所以每个月的利息费用是固定的。这样，使用期较长的资金便于企业做资金规划，且其利息固定，也便于企业制订固定的还款计划。

如果在相同期限内使用短期负债相连接，一方面会出现难以保证及时取得资金的风险；另一方面可能因利率调整而使利息费用发生变动，尤其是在通货膨胀的条件下，可能因当前的短期借款利率超过以往的长期借款利率而使企业利息费用增加。

(2)长期负债的偿还期较长，使企业有充裕的时间为偿还债务积累资金，虽有风险，但相对小些。如果企业以多期短期负债相连接来满足长期资金的需要，可能因频繁的债务周转而发生一时无法偿还的情况，从而出现资金短缺和财务困难，甚至导致企业破产。

(二)短期借款变动情况分析

短期借款发生变化的原因主要有两大类，即生产经营需要和企业筹资政策变动，具体来说可能是以下几种：

1. 企业增加流动资产对资金的需要

企业增加流动资产对资金的需要，特别是临时性占用流动资产需要发生变化时会出现企业增加短期借款。例如，当季节性或临时性扩大产生时，企业可能通过举借短期借款来满足其资金需要；当这种季节性或临时性需要消除时，企业就会偿还这部分短期借款，从而在一定期间内引起短期借款的变动。

2. 为节约利息支出考虑

一般而言，短期借款的利率低于长期借款和长期债券的利率，举借短期借款相对于长期借款来说，可以减少利息支出。企业可能会在某笔长期借款到期偿还后，发现仍然有资金缺口，考虑到节约利息支出，不再重新申请长期借款，改为持续多次申请短期借款，即不断“借新债还旧债”或者“还旧债借新债”。

3. 为调整企业负债结构并引起财务风险变化

企业增加短期借款就可以相对减少对长期负债的需求，使企业负债结构发生变化。但相对于长期负债，短期借款具有风险大、利率低、使用灵活等特点，负债结构变化的同时引起负债成本和财务风险发生变化。

(三)应付账款与应付票据变动情况分析

应付账款及应付票据是在商品交易时产生的，所以，其金额与企业采购付款政策直接相关，引起其变动的原因概括如下：

1. 企业销售规模的变动

当企业销售规模扩大时，会相应增加存货需求，使应付账款及应付票据等债务规模也随之扩大。

2. 充分利用无成本资金

由于应付账款及应付票据是因商业信用而产生的一种无成本或成本极低的资金来源，企业在遵守财务制度、维护企业信誉的条件下对其充分加以利用，可以减少其他方式的筹资数量，节约利息支出，因此，很多企业能赊就赊，不得不付时才付。

一家企业的应付账款必然是另一家企业的应收账款，所以，在上游企业也考虑资金成本的驱动下，企业的应付账款不可能充分多。

3. 企业当前资金的充裕程度

如果企业资金相对充裕，供应商催要货款，一般会尽量满足其要求，所以应付账款和应付票据规模较小；但如果企业资金比较紧张，就有可能会尽量争取延后付款，应付账款和应付票据规模也就相应增大。

(四)长期借款变动情况分析

长期借款作为企业筹集资金的重要渠道之一，每个期间内发生业务的次数不多，一旦变化，就会立刻改变企业的资本结构和财务风险水平，所以需要关注。引起长期借款变动的因素概括如下：

1. 银行信贷政策及资金市场供求状况的改变

如果金融业调整了长期借款的利率，降低到企业完全愿意接受的水平，那么，一直用短期借款“拆东墙补西墙”的企业可能会考虑改变这种状态，转成借一笔长期借款。

2. 为了满足企业对资金的长期需要

当有新的盈利水平较高的项目，一时又没有更好的资金来源的时候，通过担保、抵押等方式借入长期借款是很多企业常常选择的筹资方式。

3. 保持企业权益结构的稳定性

当企业的收益率远远高于资本市场收益率时，企业的股东非常愿意“借鸡生蛋”，因为债权人需要的仅仅是固定的利息，高出利息的企业收益将全部由股东享有，借钱越多，赚得越多，股东分得的超出资本金利息部分的收益就越多。

4. 调整企业负债结构和财务风险

如果企业高层觉得企业欠债太多，财务风险过高时，可能会考虑提前归还部分长期借款，从而出现长期借款项目余额的变化。

第四节　所有者权益项目的编制与分析

所有者权益是指所有者在企业资产中享有的经济利益，其金额为资产减去负债后的余额。所有者权益包括实收资本(或股本)、资本公积、盈余公积和未分配利润等。

一、所有者权益项目的编制

(一)实收资本(或股本)

实收资本即发行资本(又称已发行资本)，指的是股东实际将现金或实物投入企业的资本额，是指投资者按照企业章程或合同、协议的约定，实际投入企业的资本，是企业注册登记的法定资本总额的来源，表明所有者对企业的基本产权关系。实收资本是企业永久性的资金来源，是保证企业持续经营和偿还债务的最基本的物质基础，是企业抵御各种风险的“缓冲器”。实收资本的构成比例或股东的股权比例是确定所有者在企业所有者权益中份额的基础，也是企业进行利润或股利分配的主要依据。

在资产负债表中列示时，本项目应根据“实收资本”(或“股本”)账户的期末余额填列。

(二)资本公积

资本公积在会计核算中被分为两大类:一是资本(股本)溢价,二是其他资本公积。投资者直接投入企业的资金包括两部分:一部分是前述的股本或实收资本;另一部分是企业收到投资者出资超过其在注册资本或股本中所占份额的部分,即所谓的资本溢价或股本溢价,在会计上通过"资本公积"账户核算。例如,甲、乙、丙三人共同出资,到工商局注册了一家有限公司,注册资本为200万元。三方约定:甲出资70万元,乙出资120万元,丙出资50万元。此时,该公司一共有多少资产?答案是240万元。而其注册资本只有200万元,会计上核算实收资本200万元,超过注册资本的那部分就称为资本公积,为40万元。

资本公积除了包括资本溢价外,还包括其他资本公积,其核算内容主要包括权益法核算的长期股权投资,被投资单位发生的除净损益、分配股利、发生其他综合收益以外的其他原因导致的所有者权益变动。

在资产负债表中列示时,本项目根据"资本公积"账户的期末余额填列。

(三)库存股

库存股是指企业持有尚未转让或注销的企业股份金额。

在资产负债表中列示时,本项目应根据"库存股"账户的期末余额填列。

(四)盈余公积

盈余公积和未分配利润合称留存收益,表示企业经营活动中的积累,两者没有本质区别。除了法定盈余公积外,企业还可以根据股东大会或类似权力机构的批准,按规定提取一定比例的盈余公积,以进一步扩大资本积累。

在资产负债表中列示时,本项目应根据"盈余公积"账户的期末贷方余额填列。

(五)未分配利润

未分配利润是利润具体分配后的剩余。确切地说,就是企业期初的累积未分配利润加上本期实现的净利润,减去提取的盈余公积和向投资者分配的利润等后的余额。未分配利润是企业可自由支配的资金来源,可以留待以后年度进行分配,也可以丰补歉,对于稳定或调整企业的利润分配政策有一定意义。

在资产负债表中列示时,本项目应根据"本年利润"和"利润分配"账户的余额计算填列。未弥补的亏损在本项目内以"一"号填列。

(六)所有者权益合计

"所有者权益合计"项目是所有者权益各项目金额之和。

(七)负债和所有者权益总计

"负债和所有者权益总计"项目是所有负债项目和所有者权益项目金额之和。"负债合计"和"所有者权益合计"两个项目之和,根据复式记账原理,还等于"资产总计"项目的金额。

二、所有者权益项目的分析

(一)股本变动情况分析

股本是所有者权益项目的主要构成部分,也是企业资金来源的根本。如果企业对外报表显示本期股本有变动,则其原因主要有如下几个方面:

1. 公司增发新股或配股

从本质上说,这是由投资者追加投资引起的股本变化,如果企业减资则会相反。

2. 资本公积或盈余公积转增股本

这虽然也会引起股本发生变化，但所有者权益总额并未改变。

3. 以送股方式进行利润分配

这会引起股本增加，未分配利润减少，但所有者权益总额并未改变。

(二)未分配利润变动情况分析

未分配利润作为所有者权益的重要项目，来源于利润表历年的积累，每期都在变化。引起未分配利润项目发生变化的原因概括如下：

1. 企业生产经营活动的业绩

这包括本年度的经营活动和以前年度的经营活动，因为未分配利润是企业历年生产经营业绩积累的结果。

2. 企业利润分配政策的执行

企业确认本期分配利润，未分配利润就会减少，相应的股东权益也会减少。如果企业暂时不分配利润，未分配利润就会累计。

(三)净资本对实收资本比率的分析

净资本是指企业自有资本总额扣除所有者实际投资额后的余额，即企业所有者实际投资所带来的资本积累。净资本对实收资本的比率不仅能反映企业对投资资本的利用效果，而且能具体反映企业自有资本的构成情况。其计算公式为：

$$\text{净资本对实收资本的比率}=\frac{\text{净资本额}}{\text{资本金}}\times 100\%$$

如果企业每期的经营效果都很好，而且利润很少流向企业外部，那么该比率一定会呈现不断提高的趋势，企业的净资本额也会不断增长。该比率越高，说明净资本越多。就债权人来说，净资本越多，就越能相对减少利润的外流，从而增大偿还债务的可能性。就企业本身来看，净资本多，即使某期利润减少，也能保证维持适当的分红率，所以，积累净资本和提高净资本对资本金的比率是企业稳定资金、增加盈利和充实资金来源的基础。

(四)公积金对所有者权益比率的分析

企业的公积金包括资本公积和盈余公积，公积金与所有者权益的比率就是指两者之和与所有者权益的比率。其计算公式为：

$$\text{公积金对所有者权益的比率}=\frac{\text{资本公积}+\text{盈余公积}}{\text{所有者权益}}\times 100\%$$

资本公积和盈余公积是无实际融资成本的资金来源，既不像负债那样需要支付利息，也不像实收资本或股本那样需要分配企业的利润，并且可以长期使用。基于公积金的这种特点，它总是作为所有者权益中的一个特殊融资类别来分析。一般而言，在所有者权益中，公积金的比例越大越好，因为无论对债权人还是股东或所有者，公积金比例越大就意味着对实收资本的担保越可靠，债权人越安全。从企业自身来看，公积金的比例越大，说明企业无成本可长期使用的资金越多，尤其是盈余公积的比例越大，说明企业自身的获利能力越强，从而有利于提高企业抵抗风险的能力。从保持资本结构安全性和稳定性的角度来看，盈余公积和资本公积与所有者权益的比率越高越好。

(五)自有资本周转率分析

为反映企业自有资本的利用程度，企业还可以计算自有资本周转率指标。该指标是用以前销售额对自有资本额的比例来表示的，说明企业每 1 元股东投资在 1 年内能创造多少销售额，从而反映自有资本的利用程度。其计算公式为：

$$自有资本周转率=\frac{年销售额}{自有资本额}$$

自有资本周转率越高，表明企业自有资本利用得越充分。如果将企业各年该指标的数值进行比较，就能说明不同年份企业自有资本利用效果的好坏。

第五节　资产负债表的综合分析

一、资产负债表的纵向(垂直)分析

资产负债表纵向分析是通过计算资产负债表中各项目占总资产或权益总额的比重，分析评价企业资产结构和权益结构变动的合理程度。资产负债表纵向分析也称垂直分析。

会计报表纵向分析是以连续几个年度的会计报表数据作为选定的一个基数的百分比的比较。通过分析，主要可以看出企业财务资源的配置结构及其动态趋势。

纵向比较分析的前提是采用百分比形式编制资产负债表和利润表，即以资产负债表中的资产或权益总额、利润表中的主营业务收入的金额为基数，将表中项目以基数的百分比形式列示，从中可以看出企业经济资源的配置结构。

使用纵向分析的方法，可将同一行业中两家或数家规模不同的企业进行比较，显现优劣、异同。纵向分析法更注重报表内部各项目的内在结构分析。

(一)资产负债表纵向分析的基本方法

1. 从静态角度分析

从静态角度分析就是以本期资产负债表为分析对象，分析评价其实际构成情况。

2. 从动态角度分析

从动态角度分析就是将资产负债表的本期实际构成与选定的标准进行对比分析，对比的标准可以是上期实际数、预算数、同行业平均数或可比企业实际数。对比标准的选择视分析目的而定。

(二)资产负债表纵向分析的内容

资产负债表由资产、负债和所有者权益三个部分组成。资产负债表纵向分析就是通过对报表各个组成部分占总资产的比重分析来评价和衡量企业的财务状况。

企业的资产和负债是从两个不同角度反映同一经营活动的两种记录。资产是反映企业可支配资金的多少，通过现金、存货、固定资产等形式反映资金存在的状况；而负债是企业资金取得的途径，反映的是资金筹集的来源，如短期借款、长期借款等。

资产负债表纵向分析包括资产结构分析、负债结构分析等。

1. 资产负债表列示

以某餐厅为例，假设该餐厅持续发展，在 2015 年 12 月 31 日前的一年里运转正常，其资产负债表如表 2－3 所示。

表 2—3　　某餐厅的资产负债表

编制单位：某餐厅　　2015 年 12 月 31 日　　单位：元

资　产	期初数	期末数	负债及所有者权益	期初数	期末数
流动资产			流动负债		
货币资金	82.30	252.70	短期借款	0.00	0.00
应收账款	140.00	210.00	应付账款	0.00	169.00
其他应收款	100.00	350.00	预收账款	50.00	60.00
预付账款		11.00	应付职工薪酬	0.00	70.00
存货	22.00	341.00	应交税费	0.00	25.00
			应付股利	0.00	200.00
			其他应付款	120.00	10.00
流动资产合计	344.30	1 164.70	流动负债合计	170.00	534.00
			长期负债		
			长期负债——高利贷	40.00	40.00
长期股权投资	120.00	120.00	长期负债合计	40.00	40.00
固定资产原值	200.00	260.00	负债合计	210.00	574.00
减：累计折旧	10.00	32.00	所有者权益		
固定资产净值	190.00	228.00	实收资本	400.00	400.00
无形资产	0.00	16.00	资本公积		
			盈余公积		71.04
			未分配利润	44.30	483.66
非流动资产合计	310.00	364.00	所有者权益合计	444.30	954.70
资产总计	654.30	1 528.70	负债和所有者权益总计	654.30	1 528.70

2. 资产结构分析

资产负债表的资产结构是指企业的流动资产、长期投资、固定资产、无形资产及其他资产占资产总额的比重。通过分析不同流动性的资产占总资产的比重，能了解企业的资产结构是否合理。

在分析资产结构时，报表使用者关注的指标主要有流动资产率。其计算公式为：

$$流动资产率=\frac{流动资产额}{资产总额}\times 100\%$$

具体到“某餐厅”2015 年年底报表数，其流动资产率＝1 164.7÷1 528.7×100%＝76.19%。

需要注意如下问题：

(1)一般来说，流动资产占资产总额的比例越高，说明企业的资金流动性、可变现能力越强。但是该指标受行业差异的影响较大。例如，“某餐厅”是服务行业，而且以送餐为主，其总资产中并无大量设备和厂房，所以其流动资产率较高；如果是制造行业，由于大量的机器设备、厂房等是企业发展的必备条件，则其流动资产率一般在30%左右。基于行业的差异性，不同企业在计算出本企业的流动资产率后，可以用该项指标与同行业的其他企业进行比较，或者与该企业的历史各期进行比较，从而确认企业的资本结构是否合理。

具体到"某餐厅"2014年年底的报表数，其流动资产率＝344.30÷654.30×100%＝52.62%。用2015年的比率76.19%与2014年的比率52.62%进行比较分析后，可知该餐厅2015年资产的流动性提高了。

(2)在分析企业资产结构时，还可以用分析流动资产率的方式来分析现金资产的比重、应收账款和存货的比重、生产经营用资产的比重、无形资产的比重、长期股权投资的比重等。

3. 负债结构分析

负债结构主要包括负债总额与所有者权益之间的比例关系，以及负债中长期负债与短期负债的分布情况等。通过分析，可以知道企业的债务情况，了解企业自有资金与债务的比率关系。负债结构分析主要有如下指标：

(1)自有资金负债率

该指标反映的是负债总额(流动负债＋长期负债)与企业资本总额(所有者权益)的比例关系，也称为投资安全系数。其计算公式为：

$$\text{自有资金负债率}=\frac{\text{负债总额}}{\text{所有者权益}}\times 100\%$$

具体到"某餐厅"2015年年底报表数，其自有资金负债率＝574÷954.7×100%＝60.12%。

企业自有资金负债率越高，债权人的保障程度越低。由于债权人不能得到保障，企业想再获得贷款的机会就小。其计算结果可以用于衡量投资者对偿还债务的保障程度和评估债权人向企业投资的安全程度。

(2)长期负债比重

该指标用来核算企业长期负债在总负债中的比重。其计算公式为：

$$\text{长期负债比重}=\frac{\text{长期负债}}{\text{负债总额}}\times 100\%$$

具体到"某餐厅"2015年年底报表数，其长期负债比重＝40÷574×100%＝6.97%。

该比重反映的是企业所有负债中，对外来长期资金的依赖程度。该比重越高，企业对外来长期资金的依赖程度越高；反之，则依赖程度越低。

(3)流动负债比重

该指标用来核算企业流动负债在总负债中的比重。其计算公式为：

$$\text{流动负债比重}=\frac{\text{流动负债}}{\text{负债总额}}\times 100\%$$

具体到"某餐厅"2015年年底报表数，其流动负债比重＝534÷574×100%＝93.03%。

该比重反映的是企业所有负债中，对短期债权人的依赖程度。该比重越高，企业对短期债权人的依赖程度越高；反之，则依赖程度越低。

(三)资产负债表纵向分析的使用方法

确定相关财务报表中各项目占总额的比重或百分比。其计算公式为：

$$\text{某项目的比重}=\frac{\text{该项目金额}}{\text{各项目总金额}}\times 100\%$$

对于同比资产负债表而言，项目总额指的是资产总额。在同比利润表中，项目总额一般使用营业收入项目金额。

通过各项目的比重，分析各项目在企业经营中的重要性。一般项目比重越大，说明其重要性越强，对总体的影响越大。

（四）资产负债表纵向分析的步骤

第一步，计算表中各项目在总体中所占比重。

第二步，通过该比例判断该项目在报表中的重要性。

第三步，将该比例与基期或上一年度的比例数据相对比，观察其变化趋势。

（五）各行业资产和负债结构合理性评价

企业资产和负债的合理结构会因技术水平、市场发育程度等条件的不同而改变。例如，在我国目前资金市场欠发达的情况下，合理的负债经营率往往低于国外同行的水平；再如，我国企业之间遵守合同、按期付款的观念还不强，自有资金负债率低于国外水平是比较合理的。因此，这些指标的合理数值是相对的、可调整的。

各行业之间这些数据的差距也是比较巨大的，在进行企业的财务分析和评价时，应根据不同行业，运用不同的指标数值，才能得出有意义的结论。

我们把资产或负债结构符合或接近行业合理结构的企业称为资产或负债结构比较合理的企业。与合理资产和负债结构相对应的流动资产率、自有资金负债率和负债经营率数值分别称为合理流动资产率、合理自有资金负债率和合理负债经营率。

根据企业与其所在行业合理资产和负债结构数值的偏离程度，可以将企业在报告期的状况划分为以下几种情况：

按流动资产占总资产的比率即流动资产率划分，高于合理流动资产率较多的企业称为业务发展型资产结构企业，低于合理流动资产率较多的企业称为业务萎缩型资产结构企业。

按自有资金负债率划分，高于合理自有资金负债率较多的企业称为投资不安全负债结构企业，低于合理自有资金负债率较多的企业称为潜力待发型负债结构企业。

按负债经营率划分，高于合理负债经营率较多的企业称为不独立经营企业，低于合理负债经营率较多的企业称为独立经营企业。

【例 2—1】 某公司 2015 年 12 月 31 日的资产负债表如表 2—4 所示。

表 2—4　**某公司 2015 年 12 月 31 日资产负债表**　单位：元

资产		负债及所有者权益	
项目	金额	项目	金额
流动资产	201 970	流动负债	97 925
其中：速动资产	68 700	非流动负债	80 000
非流动资产	375 955	负债合计	177 925
其中：固定资产净值	237 000	所有者权益	400 000
无形资产	138 955		
总计	577 925	总计	577 925

要求：对资产负债表进行垂直分析。

解：

表 2－5　　　　资产负债表垂直分析　　　　单位：元

资　产		负债及所有者权益	
项　目	占比(%)	项　目	占比(%)
流动资产	34.95	流动负债	16.95
其中：速动资产	11.89	非流动负债	13.84
非流动资产	65.05	负债合计	30.79
其中：固定资产净值	41.01	所有者权益	69.21
无形资产	24.04		
总　计	100.00	总　计	100.00

二、资产负债表的横向(水平)分析

资产负债表的横向分析是将分析期的资产负债表各项目数值与基期(上年或计划、预算)数进行比较，计算出变动额、变动率以及该项目对资产总额、负债总额和所有者权益总额的影响程度，也称水平分析。

会计报表横向分析是连续几个年度会计报表数据绝对金额及百分比增减的比较，主要可以看出企业财务发展的动态趋势。在实际工作中可以用连续 3～5 年的报表数据进行比较，可以用当年比上一年的增减变动进行环比分析，也可以选定一年为基期进行定基比分析。

会计报表横向比较分析是采用前后期(连续 2 年或多年)对比的方式编制比较会计报表，设置绝对金额与百分比增减两栏，从绝对金额和百分比的变化中揭示有用的信息。

资产负债表的横向分析具体有两种方法，即比较分析法和指数趋势分析法。

横向分析法所进行的对比，一般而言，不是指单指标对比，而是对反映某方面情况的报表的全面、综合对比分析。

变动数量的计算公式如下：

变动数量＝分析期某项指标实际数－前期同项指标实际数

变动率的计算公式如下：

$$\text{变动率}=\frac{\text{变动数量}}{\text{前期实际数量}}\times 100\%$$

公式中的前期，可指上年度，也可指以前某一年度。

(一)资产负债表比较分析法

将资产负债表中的本年年末数与年初数(即上年年末数)比较，分析企业资产、负债和所有者权益在年度内的增减变化情况。

将资产负债表中的本年年末数及本年变动数与同行业同类企业同期的相关数据进行比较，分析企业的特点，发现企业管理上的差距。

资产负债表比较分析除了要计算某项目的变动额和变动率外，还应计算该项目变动对总资产或负债和所有者权益总额的影响程度。其计算公式如下：

$$\text{某项目变动对总资产的影响}=\frac{\text{某项目的变动额}}{\text{基期总资产}}\times 100\%$$

(二)资产负债表趋势分析法

会计报表趋势分析又称指数分析,是横向分析的一种简化形式,只计算趋势百分比,不列示绝对金额增减栏目。

趋势分析法是通过观察连续数期的会计报表,比较各期的有关项目金额,分析某些指标的增减变动情况,在此基础上判断其发展趋势,从而对未来可能出现的结果进行预测的一种分析方法。运用趋势分析法,报表使用者可以了解有关项目变动的基本趋势,判断这种变动趋势有利与否,并对企业的发展做出预测。

趋势分析通常采用编制历年会计报表的方法,即将连续多年的报表(至少是最近3年,或者5年,甚至10年的会计报表)并列在一起加以分析,以观察变化趋势。观察连续数期的会计报表比单看一个报告期的会计报表能了解更多信息和情况,并有利于分析变化的趋势。

运用趋势分析法应计算趋势百分比。趋势百分比有两种,即定比和环比。定比是选定某一年作为基期,然后将其余各年与基期比较,计算出趋势百分比,这样能够明确地反映有关项目与基期相比发生了多大变化。环比是指将项目本年数与前一年数相比较而计算出的趋势百分比。由于它以前一期作为基数,因此更能明确地说明项目的发展变化速度。

(三)资产负债表水平分析评价

1. 资产负债表变动情况的分析评价

企业通过举债或吸收投资人投资来满足对企业资产的资金融通,从而产生了债权人、投资人对企业资产的两种不同要求权,即权益。

资产、权益分别列示在资产负债表的左、右两方,反映企业的基本财务状况,对资产负债表变动情况的分析评价也应当从这两个方面进行。

(1)从投资或资产角度进行分析评价

①分析总资产规模的变动状况以及各类、各项资产的变动状况,揭示资产变动的主要方面,从总体上了解企业经过一定时期经营后资产的变动情况。

②发现变动幅度较大或对总资产变动影响较大的重点类别和重点项目。

③注意分析资产变动的合理性与效率性。

④注意考察资产规模变动与所有者权益总额变动的适应程度,进而评价企业财务结构的稳定性和安全性。

⑤注意分析会计政策变动的影响。

(2)从筹资或权益角度进行分析评价

①分析权益总额的变动状况以及各类、各项筹资的变动状况,揭示权益总额变动的主要方面,从总体上了解企业经过一定时期经营后权益总额的变动情况。

②发现变动幅度较大或对权益总额变动影响较大的重点类别和重点项目,为进一步分析指明方向。

③注意分析评价表外业务的影响。

2. 资产变动的合理性与效率性分析评价

(1)对总资产变动情况进行分析,不仅要考察其增减变动额和变动幅度,而且要对其变动的合理性与效率性进行分析。

(2)对资产变动合理性与效率性的分析评价可借助企业产值、营业收入、利润和经营活动现金净流量等指标。

(3)通过资产变动与产值变动、营业收入变动、利润变动及经营活动现金净流量变动的比较，对资产变动的合理性与效率性做出评价。

3. 资产负债表变动原因的分析评价

前面所做的分析仅限于某项目本身的变动，以及该项目变动对资产负债表中资产、权益总额影响的分析，是同类项目之间相互关系的一种分析。这种分析着重说明发生了哪些变化，但不能解释资产负债表变动的深层次原因。如果从资产负债表左、右两方的对应关系方面进行分析，对资产负债表变动原因的解释则更具说服力。概括起来，引起资产负债表发生变动的原因可归纳为以下几种类型：

(1)负债变动型

负债变动型是指在其他权益项目不变时，由于负债变动引起资产变动。

(2)追加投资变动型

追加投资变动型是指在其他权益项目不变时，由于投资人追加投资或收回投资引起资产变动。

(3)经营变动型

经营变动型是指在其他权益项目不变时，由于企业经营原因引起资产变动。

(4)股利分配变动型

股利分配变动型是指在其他权益项目不变时，由于股利分配原因引起资产变动。

【例 2—2】 2014 年某股份有限公司资产负债表资料如表 2—6 所示，请对报表进行横向分析。

表 2—6　　　　**资产负债表**

2014 年 12 月 31 日

单位：元

项　目	期末余额	年初余额
流动资产：		
货币资金	362 404 316.56	701 741 671.75
交易性金融资产		
应收票据		
应收账款	4 609 851.26	4 256 720.77
预付款项	7 136 384.54	30 550 413.89
应收利息		
应收股利		
其他应收款	28 947 899.34	43 703 322.27
存货	912 241 811.08	638 215 147.94
1 年内到期的非流动资产		
其他流动资产		
流动资产合计	1 315 340 262.78	1 418 467 276.62
非流动资产：		
可供出售金融资产	33 437 762.52	41 578 330.24

续表

项　目	期末余额	年初余额
持有至到期投资		
长期应收款		
长期股权投资	761 634 198.83	738 700 002.76
投资性房地产	176 845 182.27	262 228 524.37
固定资产	14 336 920.72	26 667 313.23
在建工程		
工程物资		
固定资产清理		
无形资产	28 632 389.70	30 087 974.38
开发支出		
商誉		
长期待摊费用		
递延所得税资产	25 737 205.35	51 796 858.71
其他非流动资产		
非流动资产合计	1 040 623 659.39	1 151 059 003.69
资产总计	1 827 048 069.87	1 693 191 914.80
流动负债：		
短期借款		
应付票据		
应付账款	3 497 128.69	5 016 111.07
预收款项	76 532 992.53	46 454 203.00
应付职工薪酬	3 070 324.24	3 385 905.50
应交税费	50 289 637.37	49 071 686.33
应付利息	178 256.94	134 284.93
应付股利	1 786 039.81	1 786 039.81
其他应付款	585 688 036.81	632 879 875.84
1 年内到期的非流动负债	93 340 000.00	
其他流动负债		
流动负债合计	814 382 416.39	738 728 106.48
非流动负债：		
长期借款		96 500 000.00
长期应付款		
预计负债		
递延所得税负债	7 499 877.76	9 153 618.90
其他非流动负债		

续表

项　目	期末余额	年初余额
非流动负债合计	7 499 877.76	105 653 618.90
负债合计	821 882 294.15	844 381 725.38
所有者权益(或股东权益)		
实收资本(或股本)	469 593 364.00	469 593 364.00
资本公积	423 569 157.10	430 055 983.68
减:库存股		
盈余公积	59 609 991.26	196 990 878.50
未分配利润	52 393 263.36	−247 830 036.76
外币报表折算差额		
归属于母公司所有者权益合计	1 005 165 775.72	848 810 189.42
少数股东权益		
所有者权益合计	1 005 165 775.72	848 810 189.42
负债和所有者权益总计	1 827 048 069.87	1 693 191 914.80

解:

表 2—7　　资产负债表横向分析表

2014 年 12 月 31 日　　单位:元

项　目	2014 年	2013 年	变动情况		对总资产的影响(%)
			变动额	变动率(%)	
流动资产:					
货币资金	362 404 316.56	701 741 671.75	−339 337 355.20	−48.36	−14.86
交易性金融资产					
应收票据					
应收账款	4 609 851.26	4 256 720.77	353 130.49	8.29	0.20
预付款项	7 136 384.54	30 550 413.89	−23 414 029.35	−76.64	−1.03
应收利息					
应收股利					
其他应收款	28 947 899.34	43 703 322.27	−14 755 422.93	−33.76	−0.65
存货	912 241 811.08	638 215 147.94	274 026 663.10	42.94	12.00
1 年内到期的非流动资产					
其他流动资产					
流动资产合计	1 315 340 262.78	1 418 467 276.62	−103 127 013.80	−7.27	−4.52
非流动资产:					
可供出售金融资产	33 437 762.52	41 578 330.24	−8 140 567.72	−19.58	−0.36
持有至到期投资					

续表

项　目	2014 年	2013 年	变动情况		对总资产的影响（%）
			变动额	变动率（%）	
长期应收款					
长期股权投资	52 652 491.59	97 066 040.97	−44 413 549.38	−45.76	−1.95
投资性房地产	367 041 939.04	458 892 286.19	−91 850 347.15	−20.02	−4.02
固定资产	75 445 364.66	104 911 161.57	−29 465 796.91	−28.09	−1.29
在建工程					
工程物资					
固定资产清理					
无形资产	28 632 389.70	112 585 549.84	−83 953 160.14	−74.57	−3.68
开发支出					
商誉					
长期待摊费用	111 617.54	8 431 064.45	−8 139 446.91	−98.68	−0.36
递延所得税资产	15 479 767.27	41 484 641.18	−26 004 873.91	−62.69	−1.14
其他非流动资产					
非流动资产合计	572 801 332.32	864 949 074.44	−292 147 742.10	−33.78	−12.79
资产总计	1 888 141 595.10	2 283 416 351.06	−395 274 756.00	−17.31	−17.31
流动负债：					
短期借款		75 000 000.00	−75 000 000.00	−1.00	−3.28
应付票据					
应付账款	169 687 725.97	92 301 941.89	77 385 784.08	83.84	3.39
预收款项	434 428 888.21	722 615 327.08	−288 186 438.90	−39.88	−12.62
应付职工薪酬	5 715 754.48	8 393 771.20	−2 678 016.72	−31.90	−0.12
应交税费	101 539 468.59	85 346 872.50	16 192 596.09	18.97	0.71
应付利息	178 256.94	440 097.43	−261 840.49	−59.50	−0.01
应付股利	1 786 039.81	1 786 039.81	0.00	0.00	0.00
其他应付款	74 320 398.06	121 405 299.80	−47 084 901.74	−38.78	−2.06
1 年内到期的非流动负债	93 340 000.00		93 340 000.00		4.09
其他流动负债					
流动负债合计	880 996 532.06	1 107 289 349.71	−226 292 817.70	−20.44	−9.91
非流动负债合计					
长期借款		221 500 000.00	−221 500 000.00	−1.00	−0.70
长期应付款		62 000 000.00	−62 000 000.00	−1.00	−2.72
预计负债					
递延所得税负债	7 499 877.76	9 153 618.90	−1 653 741.14	−18.07	−0.70
其他非流动负债	14 001 533.98		14 001 533.98		613.18
非流动负债合计	21 501 411.74	292 653 618.90	−271 152 207.20	−92.65	−11.87

续表

项 目	2014 年	2013 年	变动情况		对总资产的影响(%)
			变动额	变动率(%)	
负债合计	902 497 943.80	1 399 942 968.61	−497 445 024.80	−35.53	−21.79
所有者权益(或股东权益)					
实收资本(或股本)	469 593 364.00	469 593 364.00	0.00	0.00	0.00
资本公积	314 704 209.29	330 003 134.76	−15 298 925.47	−4.64	−0.67
减:库存股					
盈余公积	86 217 520.36	212 430 339.50	−126 212 819.10	−59.41	−5.53
未分配利润	125 302 709.63	−140 990 764.14	266 293 473.80	−188.87	11.66
外币报表折算差额					
归属于母公司所有者权益合计	995 817 803.28	871 036 074.12	124 781 729.20	14.33	5.46
少数股东权益	−10 174 151.98	12 437 308.33	−22 611 460.31	−181.8	−0.99
所有者权益合计	985 643 651.30	883 473 382.45	102 170 268.90	11.56	4.47
负债和所有者权益总计	1 888 141 595.10	2 283 416 351.06	−395 274 756.00	−17.31	−17.31

本章小结

资产负债表是反映企业在某一特定日期财务状况的会计报表,是企业最基本也是最重要的会计报表之一。对资产负债表进行深入分析有助于正确评价企业的财务状况以做出相应的决策。本章阐述了资产负债表的含义、作用、格式和结构,重点介绍了如何对资产负债表中的各个资产、负债和所有者权益项目进行分析。

练习题

一、单项选择题

1. 下列对账户式资产负债表的表述中,不正确的是( )。

A. 将资产负债表中的三个项目由上而下依次排列

B. 将资产项目列在报表的左方

C. 资产负债表左右两方平衡,且满足会计恒等式

D. 我国现行的企业资产负债表采用账户式格式

2. 下列信息中,不由资产负债表提供的是( )。

A. 企业资产状况　　B. 企业债务情况

C. 企业债权人信息　　D. 企业自有资金

3. 在资产负债表中,为了保证生产和销售的连续性而投资的资产项目是( )。

A. 货币资金　　B. 存货　　C. 长期股权投资　　D. 固定资产

4. 下列各项中,反映内部筹资结果的是( )。

A. 长期负债　　B. 资本　　C. 长期股权投资　　D. 留存收益

5. 按照我国现行会计准则的规定，确定发出存货成本时不可以采用的方法是(　　)。

A. 先进先出法　　B. 后进先出法　　C. 加权平均法　　D. 个别计价法

6. 下列关于“存货”的各种表述中，错误的是(　　)。

A. 存货对企业生产经营活动的变化具有特殊的敏感性，必须使存货数量与企业经营活动保持平衡

B. 若企业存货过少，会影响生产，导致企业错失销售良机

C. 在传统的工业企业和商业企业中，存货往往占流动资产总额的一半左右

D. 根据《企业会计准则第1号——存货》，个别计价法不再作为可供企业选择的存货计价方法之一

7. 下列有关资产负债表项目的表述中，错误的是(　　)。

A. 企业持有投资性房地产的目的是赚取租金或资本增值，或两者兼而有之

B. 为生产商品、提供劳务或者经营管理而持有的房地产属于固定资产

C. 对于无法预见为企业带来经济利益期限的无形资产不应摊销

D. 企业应当根据与固定资产有关的造价合理选择固定资产折旧方法

8. 下列有关流动负债项目的表述中，错误的是(　　)。

A. 企业的应付票据如果到期不能支付，不仅会影响企业的信誉和以后资金的募集，而且会招致银行的罚款

B. 应付账款属于企业的一种短期资金来源，信用期一般在30～60天，一般不用支付利息

C. 对企业来说，预收账款越多越好

D. 职工退休后，货币性收入和非货币性福利由社保机构统一管理，不计入企业应付职工薪酬

9. 下列关于“资产负债表结构分析”的表述中，不正确的是(　　)。

A. 资产负债表结构分析主要用于对报表结构的解析，以反映企业经营利润的状况

B. 资产负债表结构分析通常采用的方法是将企业的资产负债表转化为结构百分比形式

C. 通过资产负债表的结构分析，可以揭示企业资产运营和资金筹集情况

D. 资产负债表的结构分析应结合报表中各项目的绝对数额

10. 企业资本结构发生变动的原因是(　　)。

A. 发行新股　　B. 资本公积转股

C. 盈余公积转股　　D. 以未分配利润送股

二、多项选择题

1. 对应收账款的分析应从以下几个方面进行(　　)。

A. 应收账款的规模　　B. 应收账款的质量

C. 坏账准备政策的影响　　D. 应收账款拖欠的时间

2. 分析存货项目时应主要关注(　　)。

A. 存货的规模

B. 存货发出的计价方法

C. 存货的期末计价及存货跌价准备的计提

D. 分析存货的具体项目构成

3. 下列关于实收资本(或股本)、资本公积和留存收益的表述中,正确的有(　　)。

A. 实收资本(或股本)体现了企业所有者对企业的基本产权关系

B. 资本公积不直接表明所有者对企业的基本产权关系

C. 留存收益来源于企业生产经营活动实现的利润,资本公积的来源是资本溢价等

D. 实收资本(或股本)的构成比例是确定所有者参与企业财务经营决策的基础

4. 引起材料存货变动的原因有(　　)。

A. 期初结存量　　B. 本期购入量

C. 本期耗用量　　D. 生产周期

5. 在物价上涨的情况下,使存货期末余额从高到低排列的计价方法有(　　)。

A. 后进先出法　　B. 加权平均法

C. 移动加权平均法　　D. 先进先出法

三、判断题

1. 资产负债表是反映企业在一定会计期间的经营成果的会计报表。(　　)

2. 资产负债表描述了企业经营战略与财务战略之间的平衡关系。(　　)

3. 对企业而言,已贴现的商业汇票是一种"或有负债",若已贴现的商业汇票数额过大,可能会对企业的财务状况产生较大影响。(　　)

4. 持有一定量的短期借款表明企业具有良好的商业信用,获得了金融机构的有力支持。(　　)

5. 从投资者的经济利益出发,企业应尽可能多计提盈余公积。(　　)

四、简答题

1. 什么是资本结构?它有哪些类型?

2. 资产负债表对报表使用者的作用有哪些?

3. 对资产负债表进行结构分析有哪些意义?

4. 如何进行资产负债表结构分析?

五、业务题

1. 华天公司2016年11月的试算平衡表如表2—8所示。

表2—8　**试算平衡表**

2016年11月30日　　单位:元

会计科目	本期发生额		期末余额	
	借方	贷方	借方	贷方
库存现金	200	280	450	
银行存款	214 500	256 000	61 200	
应收账款	40 000	35 000	23 500	
坏账准备		1 175		1 500

续表

会计科目	本期发生额		期末余额	
	借方	贷方	借方	贷方
原材料	55 000	37 000	43 000	
库存商品	88 055	35 000	58 000	
材料成本差异	1 000	2 000		2 000
存货跌价准备				1 000
固定资产	180 000		479 000	
累计折旧		3 000		4 000
固定资产清理		5 000		5 000
短期借款		20 000		20 000
应付账款	23 800	48 000		22 000
预收账款	5 500	14 000		5 000
长期借款		100 000		100 000
实收资本				450 000
盈余公积		1 600		4 650
本年利润	40 000	90 000		50 000
主营业务收入	90 000	90 000		
主营业务成本	35 000	35 000		
管理费用	4 000	4 000		
财务费用	1 000	1 000		
合　计	778 055	778 055	665 150	665 150

补充资料：

①长期借款期末将于1年内到期归还的长期借款数额为50 000元。

②应收账款有关明细账期末余额情况：应收账款——A公司，贷方余额6 500元；应收账款——B公司，借方余额30 000元。

③应付账款有关明细账期末余额情况：应付账款——C公司，贷方余额29 500元；应付账款——D公司，借方余额7 500元。

④预收账款有关明细账期末余额情况：预收账款——E公司，贷方余额5 000元。

要求：根据上述资料，计算华天公司2016年11月30日资产负债表中下列报表项目的期末数。

(1)货币资金(　　)元　　(2)应付账款(　　)元

(3)应收账款(　　)元　　(4)预收款项(　　)元

(5)预付款项(　　)元　　(6)流动负债合计(　　)元

(7)存货(　　)元　　(8)长期借款(　　)元

(9)流动资产合计(　　)元　　(10)负债合计(　　)元

(11)固定资产(　　)元　　　　　　(12)所有者权益合计(　　)元

(13)非流动资产合计(　　)元　　　　(14)负债及所有者权益合计( )元

(15)资产合计(　　)元

2. 某企业资产负债表如表2—9所示。

表2—9　　某企业资产负债表　　单位:元

资　产	期初余额	期末余额	负债及股东权益	期初余额	期末余额
货币资产	40 000	50 000	短期借款	37 600	55 000
短期投资	28 000	20 000	应付账款	13 600	15 500
应收款项	15 500	25 000	应交款项	7 400	9 530
存货	97 000	85 000	其他流动负债	4 487	3 300
其他流动资产	37 910	48 510	流动负债合计	63 087	83 330
流动资产合计	218 410	228 510	长期借款	38 400	42 000
长期投资	42 200	51 000	应付债券	181 000	181 000
固定资产净值	631 000	658 500	长期负债合计	219 400	223 000
无形资产	91 000	94 000	负债合计	282 487	306 330
			股本	500 000	500 000
			资本公积	107 000	102 640
			盈余公积	82 423	85 320
			未分配利润	10 700	37 720
			股东权益合计	700 123	725 680
总　计	982 610	1 032 010	总　计	982 610	1 032 010

要求:

(1)运用横向分析法分析资产负债表的变动情况并做出评价。

(2)运用纵向分析法分析资产负债表的结构变动情况并做出评价。

(3)对资产负债表的变动原因进行分析。

第三章　利润表分析

学习目标

了解企业利润表的基本结构，理解利润表的用途，掌握利润表的初步分析，了解利润表的局限性。

引导案例

海信集团有限公司成立于1969年，是特大型电子信息产业集团公司。海信集团有限公司坚持“技术立企、稳健经营”的发展战略，以优化产业结构为基础、技术创新为动力、资本营运为杠杆，持续健康发展。进入21世纪，海信集团有限公司形成了多媒体、家电、通信、IT智能系统、现代家居和服务等产业板块。2012年，海信集团有限公司实现销售收入810亿元，在中国电子信息百强企业中名列第六。海信集团有限公司的核心价值观是诚实、正直、务实、向上。海信智能战略围绕多媒体、家电、通信、信息系统、房地产、新兴服务业六大产业核心，以智能化为引擎加速前进。

海信集团有限公司营业利润水平分析表

项　目	2010年	2009年	增加额	增减率
一、营业收入	21 263 700 581	18 406 554 796	2 857 145 785	0. 155 2
营业成本	17 576 155 578	14 904 567 047	2 671 588 531	0. 179 2
二、营业毛利	3 687 545 003	3 501 987 749	185 557 254	−0. 024 0
税金及附加	65 641 834	51 485 157	14 156 677	0. 275 0
销售费用	2 260 127 770	2 511 134 259	−251 006 489	−0. 100 0
管理费用	369 691 035	365 560 268	4 130 767	0. 011 3
财务费用	51 772 484	34 124 058	17 648 426	0. 517 2
资产减值损失	53 125 084	74 881 682	−21 756 598	−0. 290 5
加：公允价值变动净收益	0	0		
投资收益	18 341 213	4 298 003	14 043 210	3. 267 4
三、营业利润	905 528 008	469 100 329	436 427 679	0. 930 4

（http://max.book118.com/html/2016/0525/43926228.shtm.）

［思考］ 你知道什么是利润表的水平分析吗？这种分析有什么意义？

第一节 利润表概述

一、利润表的含义和作用

（一）利润表的含义

利润表是反映企业一定会计期间（如月度、季度、半年度或年度）生产经营成果的会计报表。企业一定会计期间的经营成果既可能表现为盈利，也可能表现为亏损，因此，利润表也被称为损益表。它全面揭示了企业在某一特定时期实现的各种收入，发生的各种费用、成本或支出，以及企业实现的利润或发生的亏损情况。

利润表是根据“收入－费用＝利润”的基本关系来编制的，具体内容取决于收入、费用、利润等会计要素及其内容。利润表项目是收入、费用和利润要素内容的具体体现。从反映企业经营资金运动的角度看，它是一种反映企业经营资金动态表现的报表，主要提供有关企业经营成果方面的信息，属于动态会计报表。

（二）利润表的作用

1. 可据以解释、评价和预测企业的经营成果和获利能力

经营成果通常是指以营业收入、其他收入抵扣成本、费用、税金等的差额所表示的收益信息。经营成果是一个绝对值指标，可以反映企业财富增长的规模。获利能力是一个相对值指标，是指企业运用一定的经济资源（如人力、物力）获取经营成果的能力，这里，经济资源可以因报表用户的不同需要而有所区别，可以是资产总额、净资产，也可以是资产的耗费（成本或费用），还可以是投入的人力（如职工人数）。衡量获利能力的指标包括资产收益率、净资产（税后）收益率、成本收益率以及人均实现收益等。经营成果的信息直接由利润表反映，而获利能力的信息除利润表外，还要借助于其他会计报表、注释和附表才能得到。

通过比较和分析同一企业在不同时期，或不同企业在同一时期的资产收益率、成本收益率等指标，能够揭示企业利用经济资源的效率；通过比较和分析收益信息，可以了解某一企业收益增长的规模和趋势。根据利润表所提供的经营成果信息，股东、债权人和管理部门可以解释、评价和预测企业的获利能力，据以对是否投资或追加投资、投向何处、投资多少等做出决策。

2. 可据以解释、评价和预测企业的偿债能力

偿债能力是指企业以资产清偿债务的能力。利润表本身并不提供偿债能力的信息。企业的偿债能力不仅取决于资产的流动性和资本结构，而且取决于获利能力。企业在个别年份获利能力不足，不一定影响偿债能力，但若一家企业长期丧失获利能力，则其资产的流动性必然由好转坏，资本结构也将逐渐由优变劣，陷入资不抵债的困境。因而一家数年收益很少、获利能力不强甚至亏损的企业，通常偿债能力不会很强。

债权人和管理部门通过分析和比较收益表的有关信息，可以间接地解释、评价和预测企业的偿债能力，尤其是长期偿债能力，并揭示偿债能力的变化趋势，进而做出各种信贷决策和改进企业管理工作的决策，如维持、扩大或收缩现有信贷规模应提出何种信贷条件等。管理部门

则可据以找出企业偿债能力不强的原因，努力增强企业的偿债能力。

3. 可据以做出经营决策

比较和分析利润表中各种构成要素可知悉各项收入、成本、费用与收益之间的消长趋势，发现各方面工作中存在的问题，揭露缺点，找出差距，改善经营管理，努力增收节支，杜绝损失的发生，做出合理的经营决策。

4. 可据以评价和考核管理人员的绩效

比较前后期利润表中各项收入、费用、成本及收益的增减变动情况，并查考其增减变动的原因，可以较为客观地评价各职能部门、各生产经营单位的绩效，以及这些部门和人员的绩效与企业经营成果的关系，以便评判各部门管理人员的功过得失，及时做出采购、生产销售、筹资和人事等方面的调整，使各项活动趋于合理。

利润表上述重要作用的发挥与利润表所列示信息的质量直接相关。利润表信息的质量取决于企业在收入确认、费用确认以及其他利润表项目确定时所采用的方法。由于会计程序和方法的可选择性，企业可能会选用对其有利的程序和方法，从而导致收益偏高或偏低。例如，在折旧费用、坏账损失和已售商品成本等方面都可以按多种会计方法计算，产生多种选择，影响会计信息的可比性和可靠性。另外，利润表中的信息表述的是各类业务收入、费用、成本等的合计数以及非重复发生的非常项目，这也会削弱利润表的重要作用。

二、利润表的格式和内容

(一)利润表的格式

一般来说，利润总额的计算方法有两种：一种是以企业一定时期的收入总和减去全部费用、支出总和，即“收入－费用＝利润”；另一种是将企业的收入和费用进行分类，尽可能相互配比，以计算不同业务所取得的利润，再将各种利润加总得出利润总额，即“利润＝营业利润＋投资收益＋营业外收支净额”。

计算利润的方法有两种，相应的利润表格式也有两种，即单步式利润表和多步式利润表。按照第一种方法计算利润的利润表格式称为单步式利润表，按照第二种方法计算利润的利润表格式称为多步式利润表。

1. 单步式利润表

单步式利润表不按企业利润的构成内容，而是将本期所有收入加在一起，然后将所有费用加在一起，两者相减通过一次计算得出当期损益。它实际是将“收入－费用＝利润”这一会计等式表格化，由于它仅有一个相减的步骤，因此称为“单步式利润表”。单步式利润表格式如表3—1所示。

表3—1　　单步式利润表

编制单位：　　　　年　　月　　　　单位：元

项　目	本月数	本年累计数
一、收入		
营业收入		
公允价值变动损益(损失以“－”号填列)		

续表

项 目	本月数	本年累计数
投资收益(损失以"－"号填列)		
营业外收入		
收入合计		
二、支出		
营业成本		
税金及附加		
销售费用		
管理费用		
财务费用		
资产减值损失		
营业外支出		
所得税费用		
支出合计		
三、净利润		

从表中可以得到以下计算关系：

收入合计＝营业收入＋公允价值变动损益＋投资收益＋营业外收入

支出合计＝营业成本＋税金及附加＋销售费用＋管理费用＋财务费用＋资产减值损失＋营业外支出＋所得税费用

净利润＝收入合计－支出合计

单步式利润表的优点是能清晰地反映企业一定时期的总收入、总成本费用和净利润，表式简单、易于理解，避免了项目分类上的困难。但单步式利润表提供的资料过少，不能准确反映不同层次利润形成的过程及各种收入与成本费用之间的关系，不利于前后对应项目的比较，不便于对经营成果的深入分析。

2. 多步式利润表

多步式利润表是按照企业利润的构成内容分层次、分步骤地逐步、逐项计算编制而成的报表。它根据经营活动的主次和经营与非经营活动对企业利润的贡献情况排列编制。我国企业的利润表一般采用多步式，其步骤如下：

营业利润＝主营业务利润＋其他业务利润－管理费用－财务费用－销售费用

利润总额＝营业利润＋投资收益＋补贴收入±营业外收支净额

或＝营业利润＋投资收益＋补贴收入＋营业外收入－营业外支出

净利润＝利润总额－所得税

表 3－2 是一张典型的企业多步式利润表。

表 3－2　　多步式利润表

编制单位：　　年　月　　单位：元

项　目	本月数	本年累计数
一、营业收入		
减：营业成本		
税金及附加		
销售费用		
管理费用		
财务费用		
资产减值损失		
加：公允价值变动损益（损失以“－”号填列）		
投资收益（损失以“－”号填列）		
其中：对联营企业和合营企业的投资收益		
二、营业利润（亏损以“－”号填列）		
加：营业外收入		
减：营业外支出		
其中：非流动资产处置损失		
三、利润总额（亏损总额以“－”号填列）		
减：所得税费用		
四、净利润（净亏损以“－”号填列）		
五、其他综合收益税后净额		
（一）以后不能重分类进损益的其他综合收益		
重新计量设定收益计划净负债或净资产的变动		
权益法下在被投资单位不能重分类进损益的其他综合收益中享有的份额		
（二）以后将重分类进损益的其他综合收益		
权益法下在被投资单位以后将重分类进损益的其他综合收益中享有的份额		
可供出售金融资产变动损益		
持有至到期投资重分类为可供出售金融资产		
现金流经套期损益的有效部分		
外币财务报表折算差额		
……		
六、综合收益总额		
七、每股收益		

续表

项 目	本月数	本年累计数
(一)基本每股收益		
(二)稀释每股收益		

多步式利润表对项目进行了详细分类,分步骤反映了利润总额的形成情况,层次清楚,便于企业前后各期报表及不同企业间报表的对比,有利于分析企业的盈利水平、评估企业的管理绩效,并据以找出利润增加或减少的原因,使企业经营者能采取相应措施,提高企业经济效益。

(二)利润表的内容

利润表是反映企业在一定会计期间的经营成果的会计报表,主要反映以下几个方面的内容:(1)营业收入,由主营业务收入和其他业务收入组成;(2)营业利润,由营业收入减去营业成本(主营业务成本和其他业务成本)、税金及附加、销售费用、管理费用、财务费用、资产减值损失,加上公允价值变动收益(减去公允价值变动损失)和投资收益(减去投资损失)组成;(3)利润总额,由营业利润加上营业外收入减去营业外支出组成;(4)净利润,由利润总额减去所得税费用组成;(5)其他综合收益税后净额,根据《企业会计准则》的规定未在损益中确认的各项利得和损失扣除所得税影响后的净额;(6)综合收益总额,反映企业净利润与其他综合收益的合计金额;(7)每股收益,普通股或潜在普通股已公开交易的企业,以及正处于公开发行普通股或潜在普通股过程中的企业,应当在利润表中列示,包括基本每股收益和稀释每股收益两个指标。

三、利润表的结构

根据我国《企业会计准则》的规定,我国企业的利润表采用多步式结构,由表头、表身和补充资料三部分组成。

(一)表头

表头主要填制报表名称、编制单位、计量单位、报表编号及报表编制的期间。利润表的编制日期一般填写"某年某月"或"某个会计年度",因此,利润表是反映企业某一期间的损益的动态报表。

(二)表身

表身是利润表的主体部分,列示其具体项目,主要反映收入、成本费用和利润各项目的具体内容及其相互关系,揭示了企业经营成果的形成过程。我国利润表栏目一般设有"本月数"和"本年累计数"两栏。"本月数"栏反映表中各项目的本月实际发生数,"本年累计数"栏反映各项目自年初起至本月的累计实际发生数。为了使报表使用者通过比较不同时期利润的实现情况,判断企业经营成果的发展趋势,企业需要提供比较利润表。

(三)补充资料

影响本期财务报表金额或未来经营活动,以及有助于报表使用者准确分析企业经营成果的事项等,而在本期利润表中无法或不便于表达的,均列于财务报表的补充资料进行揭示。

第二节 利润表项目的编制与分析

一、利润表分析的目的

第一,能了解企业利润的构成及主要来源。

第二,能了解成本支出数额及成本支出的构成。

第三,能了解企业收益水平。

第四,可正确评价企业各方面的经营业绩。

第五,可及时、准确地发现企业经营管理中存在的问题。

第六,可为投资者、债权人的投资与信贷决策提供正确的信息。

二、利润表主要项目的分析

(一)收入分析

这里的收入类项目,是指所有体现企业经济利益流入,从而导致企业利润增加的项目,包括营业收入、投资收益、公允价值变动损益和营业外收入。

1. 营业收入

营业收入是指企业在从事销售商品、提供劳务和让渡资产使用权等日常经营业务过程中所形成的经济利益的总流入,分为主营业务收入和其他业务收入两个部分。

在对企业的营业收入进行分析时,应从以下几个方面入手:

(1)企业营业收入的品种构成

企业大多从事多种商品或劳务的经营活动。在从事多品种经营的条件下,企业不同品种的商品或劳务的营业收入构成对信息使用者有着十分重要的意义。占总收入比重大的商品或劳务是企业过去业绩的主要增长点。此外,信息使用者还可以通过对体现企业过去主要业绩的商品或劳务的发展趋势的分析,判断企业的发展前景。

(2)企业营业收入的地区构成

在企业为不同地区提供产品或劳务的情况下,企业在不同地区的商品或劳务的营业收入构成对信息使用者具有重要价值。占总收入比重大的地区是企业过去业绩的主要地区增长点。从消费者的心理与行为表现来看,不同地区的消费者对不同品牌的商品具有不同偏好。不同地区的市场潜力在很大程度上制约着企业的发展。

(3)与关联方交易的收入在总收入中的比重

在企业形成集团化经营的条件下,集团内各个企业之间就有可能发生关联方交易。由于关联方之间的联系密切,关联方之间有可能为“包装”某家企业的业绩而人为地制造一些业务。当然,关联方之间的交易也有企业之间正常交易的成分。信息使用者必须关注以关联方销售为主体形成的营业收入在交易价格、交易实现时间等方面的非市场化因素。

(4)部门或地区行政手段对企业业务收入的影响

在我国社会主义市场经济的发展过程中,部门或地区行政手段对企业营业收入的影响不容忽视。在企业处于稳定的发展阶段,或企业所处的行业已经发展成熟的条件下,部门或地区行政手段的影响应当逐步淡化。

2. 投资收益

投资收益是企业对外投资的结果，一般基于以下两个目的：一是利用企业自身的闲置资金取得暂时性收益；二是出于自身战略发展的要求，希望投资控制一些有利于企业长远发展的资源。

对外投资不是企业经常性的行为，企业投资收益一般不具有可持续性。因此，分析投资收益的质量，主要是分析投资收益有无相应的现金流量支撑并关注忽高忽低的非正常现象。

投资收益扣除投资损失后的净收益是企业利润总额的构成项目。投资收益包括对外投资分得的利润、股利和债券利息，投资到期收回或者中途转让取得款项大于账面价值的差额，以及按照权益法记账的股票投资、其他投资在被投资单位增加的净资产中所拥有的数额等。投资损失包括对外投资到期收回或者中途转让取得款项少于账面价值的差额，以及按照权益法记账的股票投资、其他投资在被投资单位减少的净资产中所分担的数额等。

企业的投资收益和投资损失一般在“投资收益”账户进行核算，并分设“股票投资收益”“债券投资收益”“其他投资收益”三个明细账户，贷方登记投资收益，借方登记投资损失。在企业损益表中，投资净收益单独在“投资收益”项目列示。如果投资损失大于投资收益，发生投资净损失，在“投资收益”项目应以“一”号表示。

3. 公允价值变动损益

公允价值变动损益就是因为公允价值的变动而引发的损失或者收益。对于一些公允价值变动频繁、企业以获取差价为目的而持有的资产，不再对其期末价值按照成本与市价孰低的原则处理，而是按照期末公允价值调整账面价值，两者之间的差额计入公允价值变动损益。以此方法计量的主要资产包括以公允价值计量且其变动计入当期损益的金融资产和金融负债，以及以公允价值模式计量的投资性房地产等。

应当注意的是，当这些会计项目在日后出售时，应当将其前期出现的公允价值变动损益转入投资收益，即将未实现的价值变动转为已实现部分。

分析该项目时，关键注意企业获取的相关资产的公允价值是否合理，是否将不适合使用公允价值计量的资产和负债划分为此类；企业在出售相关资产和偿付相关负债后，前期发生的公允价值变动损益是否计入投资损益。

4. 营业外收入

营业外收入是指企业在经营业务以外取得的收入，主要包括固定资产盘盈、处理固定资产净收益、罚款收入、出售无形资产收益、因债权人原因确实无法支付的应付款项、教育费附加返还款、非货币性交易中发生的非货币性交易收益（与关联方交易除外）、企业合并损益。

营业外收入具备两个特征：一是意外发生，企业无力控制；二是偶然发生，不重复出现。

处理营业外收入时应注意：(1)在会计核算上，应当严格区分营业外收入与营业收入的界限；(2)为了总括反映和监督企业营业外收入情况，企业应设置“营业外收入”账户；(3)该账户的贷方登记企业发生的营业外收入额，借方登记期末转入“本年利润”账户的数额，经结转后该账户期末无余额。

这部分收入数额较大并不是坏事，它能使企业净利润增加，因而增强企业利润分配的能力。如果企业收入中的技术转让收入保持一个较大的数额和持续增长，则反映企业的研究与开发工作做得较好，而这正是将来企业发展所必需的。

(二)成本费用分析

1. 营业成本

营业成本是指与营业收入相关的、已经确定了归属期和归属对象的成本，又分为主营业务成本和其他业务成本。它们是与主营业务收入和其他业务收入相对应的一组概念，包括直接材料、直接人工和制造费用。

从企业利润的形成过程来看，企业的营业收入减去营业成本后的余额为毛利，企业必须有毛利，才有可能形成营业利润。因此，追求一定规模的毛利和较高的毛利率是企业的普遍心态，也是企业信息使用者的普遍心理期望。

影响企业营业成本高低的，既有企业不可控的因素，也有企业可控制的因素，因此，对营业成本降低和提高的质量评价，应结合多种因素进行。

2. 销售费用

销售费用是指企业在销售产品、自制半成品和提供劳务等过程中发生的各项费用，包括由企业负担的包装费、运输费、广告费、装卸费、保险费、委托代销手续费、展览费、租赁费(不含融资租赁费)和销售服务费、销售部门人员工资、职工福利费、差旅费、折旧费、修理费、物料消耗、低值易耗品摊销以及其他经费等。与销售有关的差旅费应计入销售费用。

从销售费用的基本构成来看，有的与企业的业务活动规模有关，有的与企业从事销售活动人员的待遇有关，也有的与企业的发展、开拓市场、扩大企业品牌的知名度等有关。从企业管理层对上述各项费用的有效控制来看，尽管管理层对广告费、营销人员的工资和福利费等可以采取控制或降低其规模等措施，但是，这种措施对企业的长期发展不利，或影响某些员工的积极性。因此，在企业业务发展的条件下，企业的销售费用不应当降低，片面追求在一定时期的费用降低有可能对企业的长期发展不利。

3. 管理费用

管理费用是指企业行政管理部门为组织和管理生产经营活动而发生的各项费用。管理费用属于期间费用，在发生的当期就计入当期损益。

尽管管理层可以对管理费用中的业务招待费、租赁费、咨询费等采取控制或降低其规模等措施，但这种措施对企业的长期发展不利，或影响有关人员的积极性。

4. 财务费用

财务费用是指企业在生产经营过程中为筹集资金而发生的各项费用，包括利息支出、汇兑损失、相关的手续费和其他财务费用。其中，经营期间发生的利息支出构成了企业财务费用的主体。

企业贷款利息水平的高低主要取决于三个因素，即贷款规模、贷款利息和贷款期限。贷款期限对企业财务费用的影响主要体现在利率因素上，利率水平主要受一定时期资本市场上利率水平影响。

5. 营业外支出

营业外支出是指不属于企业生产经营费用，与企业生产经营活动没有直接的关系，但应从企业实现的利润总额中扣除的支出，包括固定资产盘亏、报废、毁损、出售的净损失，非季节性和非修理性期间的停工损失，职工子弟学校经费和技工学校经费，非常损失，公益救济性的捐赠，赔偿金，违约金等。

应根据营业外支出的明细表以及有关具体核算资料，按照有关文件的规定，分析营业外支出的合法性和合理性。

6. 所得税费用

所得税费用是指企业经营利润应缴纳的所得税。企业当期所得税费用可以分为两个部分：一是当期应缴纳的部分，即按照税法计算的应缴所得税；二是在当期发生但应在以后期间缴纳的部分，即递延所得税。

应结合资产负债表的递延所得税资产、递延所得税负债和应交税费项目分析本项目的质量，应关注企业对于资产负债计税基础的确定是否公允；同时，应注意如果存在非同一控制的企业合并，则递延所得税应调整商誉，对于可供出售金融资产公允价值变动导致的递延所得税应计入所有者权益，对于这种情况下账面价值与计税基础不同导致的递延所得税不能计入所得税费用。

(三)利润分析

1. 营业利润

营业利润是指企业在销售商品、提供劳务等日常活动中所产生的利润。其内容为主营业务利润和其他业务利润扣除期间费用后的余额。其中，主营业务利润等于主营业务收入减去主营业务成本和主营业务应负担的流转税，通常也称为毛利；其他业务利润等于其他业务收入减去其他业务支出后的差额。

当营业利润额较大时，在分析中应注意：因为营业利润中包括了其他业务利润，所以当企业多元化经营、多种经营业务开展得较好时，其他业务利润会弥补主营业务利润的缺陷；如果其他业务利润长期高于主营业务利润，企业应考虑结构调整问题。当营业利润额较小时，应着重分析主营业务利润的大小、多种经营的发展情况和期间费用的多少。

2. 利润总额

利润总额是指企业在一定时期内实现的盈亏总额，反映企业最终的财务成果，根据会计“损益表”中“利润总额”项的本年累计数填列。

由于利润总额中包括了许多非经常性项目的净收益，因此其稳定性最差。但是，不管利润的形成原因如何，利润增加了所有者权益，可以用于对投资者进行分配。因此，利润总额总是多多益善。

3. 净利润

净利润(收益)是指在利润总额中按规定缴纳了所得税后企业的利润留成，一般也称为税后利润或净收入。

净利润是企业经营的最终成果。净利润多，企业的经营效益就好；净利润少，企业的经营效益就差。净利润是衡量企业经营效益的主要指标。在正常情况下，所得税费用是相对稳定的，因此，只要利润总额较大，净利润就会较高。在分析时，要注意盈利的质量，即盈利是否具有可持续性。

【例 3－1】 根据某公司利润表得出以下资料(如表 3－3 所示)。

表 3—3　　　　2014 年利润表趋势、结构分析表

项　目	增(减)(%)	结构(%)	
		上年	本年
一、营业收入	12.89	100.00	100.00
减:营业成本	14.10	98.51	99.90
税金及附加	6.13	1.85	1.72
销售费用	6.78	6.38	5.96
管理费用	7.83	4.35	4.11
财务费用	176.24	−0.28	0.32
资产减值损失	46.66	0.32	0.52
加:公允价值变动收益	−127.70	−0.29	−0.11
投资收益	−20.95	4.40	
二、营业利润	−54.56	5.60	3.17
加:营业外收入	72.71	0.14	0.44
减:营业外支出	−54.56	5.60	0.14
三、利润总额	72.71	0.14	3.16
减:所得税	53.20	0.07	0.44
少数股东权益	38.61	0.03	0.14
四、净利润	−42.69	5.66	0.02

要求:进行利润表总体状况的初步分析、利润表主要项目的分析和利润表的总体评价。

解:

(1)该公司 2014 年主营业务收入比上年增长了 12.89%,营业利润比上年下降了 54.56%。利润总额比同期增长了 72.71%,公司的利润增长较快。

(2)该公司 2014 年营业收入同比增长了 12.89%,说明公司的销售情况良好。但公司的营业成本占营业收入的比重比上年有所增加,且幅度大于营业收入的增长幅度,说明毛利率在下降。当年资产减值损失增长较快,且对外投资出现了亏损,对营业利润产生了不利影响。在收入增长的前提下,营业税费和销售费用的增加实属正常,销售费用的增加可能说明公司加大了市场开拓的力度,但也可能是费用控制不当引起的。管理费用总额及其占营业收入的比重有所下降,说明公司在扩大销售的同时管理成本进一步降低。

由于公司营业外收入比上年增长 72.71%,且增幅大大超过营业外支出,因此对利润总额的增长起到了积极的推动作用。不过应注意此项目不具备长久性和稳定性,不应成为利润的主要来源。

(3)从公司利润表揭示的信息可以看出,公司业绩上升的主要原因是销售收入的规模增长较快;另外,期间费用的下降也是公司利润增长的又一源泉。不过,资产减值损失和投资收益的大幅下降对利润的增长起到了抑制作用,对此应予以关注。

三、利润表的水平分析

利润表的水平分析是将表内不同时期的项目进行对比，既可以了解企业目前的利润情况，也可以分析其发展趋势。若利润表中的主要项目出现异动，突然大幅度上下波动，各项目之间出现背离，或者出现恶化趋势，就表明企业的某些方面发生了重大变化，为判断企业的发展趋势提供了线索。其具体操作过程与资产负债表的水平分析相同。

四、利润表的垂直分析

利润表的垂直分析是将表内每个项目都与一个关键项目的主营业务收入相比，用于发现有显著问题的项目，揭示进一步分析的方向。例如，将企业的主营业务利润与主营业务收入相比较，可以了解企业的毛利率，进而了解企业的产品或劳务的技术含量和市场竞争力；将主营业务利润与其他业务利润相比较，可以了解企业的主营业务是否突出，并借以对企业未来获利能力的稳定性做出相应的判断；将营业利润、投资收益、补贴收入、营业外收入、营业外支出与利润总额相比较，可以对企业获利能力的稳定性及可靠性做出基础判断。利润表中的所有项目用营业收入的百分比表示，具体操作过程与资产负债表的垂直分析相同。

本章小结

利润表是反映企业一定会计期间经营成果的会计报表。企业编制利润表的目的是通过如实反映企业实现的收入、发生的费用、应当计入当期利润的利得和损失及其他综合收益等金额及其结构情况，帮助使用者分析企业的盈利能力。本章阐述了利润表的含义、作用、格式、内容及结构，重点介绍了如何对收入类、成本费用类、利润类项目进行分析。

练习题

一、单项选择题

1. 反映企业全部财务成果的指标是（　　）。

A. 主营业务利润　B. 营业利润　C. 利润总额　D. 净利润

2. 企业经营的盈利状况最终取决于（　　）。

A. 主营业务利润　B. 营业利润　C. 利润总额　D. 投资收益

3. 企业提取法定盈余公积金是在（　　）。

A. 提取法定公益金之后　B. 弥补企业以前年度亏损之后

C. 支付各项税收的滞纳金和罚款之后　D. 支付普通股股利之前

4. 如果企业本年销售收入的增长快于销售成本的增长，那么企业本年营业利润（　　）。

A. 一定大于零　B. 一定大于上年营业利润

C. 一定大于上年利润总额　D. 不一定大于上年营业利润

5. 企业收入从狭义上是指（　　）。

A. 主营业务收入　B. 营业收入　C. 投资收入　D. 营业外收入

6. 与利润分析无关的资料是(　　)。

A. 利润分配表　　B. 应交增值税明细表

C. 分部报表　　D. 营业外收支明细表

7. 影响产品价格的最主要因素是(　　)。

A. 销售利润　　B. 销售税金　　C. 产品成本　　D. 财务费用

8. 在各种产品的利润率不变的情况下,提高利润率低的产品在全部产品中所占的比重,则全部产品的平均利润率(　　)。

A. 提高　　B. 降低　　C. 不变　　D. 无法确定

9. 销售品种构成变动会引起产品销售利润变动,主要是因为各种产品的(　　)。

A. 价格不同　　B. 单位成本不同　　C. 单位利润不同　　D. 利润率高低不同

二、多项选择题

1. 影响主营业务利润的基本因素有(　　)。

A. 销售量　　B. 单价　　C. 期间费用　　D. 销售品种构成

2. 企业的收入从广义上讲应包括(　　)。

A. 主营业务收入　　B. 其他业务收入　　C. 股利收入　　D. 利息收入

3. 销售净收入是指从销售收入中扣除(　　)。

A. 销售退回　　B. 现金折扣　　C. 数量折扣　　D. 商业折扣

4. 下列项目中,属于期间费用的有(　　)。

A. 营业税费　　B. 制造费用　　C. 财务费用　　D. 销售费用

5. 投资收入分析应包括的内容有(　　)。

A. 利息收入分析　　B. 租金收入分析

C. 资产使用费收入分析　　D. 处理固定资产的收入分析

三、判断题

1. 营业利润是企业营业收入与营业成本费用及税金之间的差额。它既包括产品销售利润,又包括其他业务利润,并在两者之和的基础上减去管理费用和财务费用。(　　)

2. 利润表附表反映了会计政策变动对利润的影响。(　　)

3. 企业的利润取决于收入和费用、直接计入当期利润的利得和损失金额的计量。(　　)

4. 销售成本变动对利润有着直接影响,销售成本降低多少,利润就会增加多少。(　　)

5. 企业成本总额的增加不一定意味着利润的下降和企业管理水平的下降。(　　)

四、简答题

1. 什么是利润表?利润表的主要项目有哪些?

2. 利润表的主要作用是什么?

3. 如何对利润表进行分析?

五、业务题

1. 华日公司 2014 年度有关利润的资料如表 3—4 所示。

表 3—4　　　　华日公司 2014 年度简化利润表　　　　单位:元

项　目	计划数	实际数
产品销售利润	962 112	1 070 740
其他销售利润	38 000	32 000
投资净收益	70 000	75 000
营业外净收支	—33 944	—28 514
利润总额	1 036 168	149 226

要求:根据上述资料,运用水平分析法对该公司 2014 年度利润的完成情况进行分析。

2. 欣欣公司 2014 年度利润表如表 3—5 所示。

表 3—5　　　　欣欣公司 2014 年度利润表　　　　单位:元

项　目	2014 年度数	2013 年度数
产品销售收入	1 938 270	2 205 333
减:产品销售成本	1 083 493	1 451 109
产品销售税金及附加	79 469	92 624
产品销售利润	775 308	661 600
加:其他销售利润	5 488	4 320
减:管理费用	188 980	170 500
财务费用	69 500	58 000
营业利润	522 316	437 420
加:投资净收益	42 500	30 000
营业外收入	60 000	80 000
减:营业外支出	29 000	22 000
利润总额	595 816	525 420
减:所得税	196 619	173 389
净利润	399 197	352 031

要求:根据上述资料,运用垂直分析法对该公司利润表进行分析。

六、综合分析题

华能公司是一家上市公司,主要生产小型及微型电脑,其市场目标主要定位于小规模公司和个人使用。该公司生产的产品质量优良、价格合理,在市场上颇受欢迎,销路很好,从而该公司迅速发展壮大起来。公司当前正在做 2015 年度的财务分析,资料如表 3—6 至表 3—9 所示。

表 3—6　　华能公司 2015 年度利润表　　单位：千元

项　目	2015 年度	2014 年度
一、产品销售收入	1 296 900	1 153 450
减：产品销售成本	1 070 955	968 091
产品销售税金及附加	14 396	6 805
二、产品销售利润	211 549	178 554
加：其他销售利润	—5 318	—2 192
减：存货跌价损失	2 095	
销售费用	2 723	1 961
管理费用	124 502	108 309
财务费用	—24 122	105 541
三、营业利润	101 033	—39 449
加：投资净收益	23 604	68 976
营业外收入	80	
减：营业外支出	3 113	1 961
四、利润总额	121 604	27 566
减：所得税	23 344	4 268
五、净利润	98 260	23 298

表 3—7　　华能公司投资收益表　　单位：千元

项　目	2015 年数据	2014 年数据
长期股权投资收益	26 274	21 176
长期股权投资差额摊销	—2 400	—2 200
长期股权转让收益		50 000
短期投资跌价损失	—270	
投资收益合计	23 604	68 976

表 3—8　　华能公司财务费用表　　单位：千元

项　目	2015 年数据	2014 年数据
利息支出	970	128 676
减：利息收入	26 854	25 320
汇兑损失	3 108	2 809
减：汇兑收益	1 480	756
其他	134	132
财务费用	—24 122	105 541

表 3—9 **华能公司管理费用明细表** 单位:千元

项 目	2015 年数据	2014 年数据
工资及福利费	64 540	64 320
劳动保险费	4 340	4 308
业务招待费	8 988	4 211
工会经费	1 150	1 048
折旧费	1 540	1 540
技术开发费	38 600	27 856
其他	5 344	5 026
管理费用	124 502	108 309

请运用资料中提供的信息,做好以下几项分析工作:

(1)运用水平分析法编制利润增减变动分析表。

(2)对公司 2015 年利润比上期增减变动的情况进行分析评价。

(3)运用垂直分析法编制利润结构分析表。

(4)对公司 2015 年利润结构变动情况进行分析评价。

第四章　现金流量表分析

学习目标

本章重点介绍了现金流量表的分析。通过本章的学习，掌握企业现金流量表中的经营活动、筹资活动、投资活动产生现金流量的编制方法，掌握按现金流量的项目分析及现金流量表的综合分析。

引导案例

广夏（银川）实业股份有限公司（以下简称“银广夏”）于1994年6月上市，曾因其骄人的业绩和诱人的前景而被称为“中国第一蓝筹股”。2000年其短期借款比上一年度增加了5.86亿元，但货币资金仅仅增加了2.27亿元，扣除其中投资等活动使现金减少的2.56亿元，公司的经营活动现金流入仅1亿多元，而同期的销售净利润多达4.18亿元。按照一般理解，经营现金流入应该大于4.18亿元。也就是说，银广夏的利润根本没有现金流作为保证。因利润增加而应增加的现金到哪里去了呢？结果是应收账款增加了4.4亿元，比上一年度增加了96.5%。2002年5月中国证监会对银广夏的行政处罚决定书认定该公司在1998～2001年期间累计虚增利润77 156.70万元。没有现金流保证的收入与利润增长即使没有虚假的话，也是存在着极大风险的。

（http://baike.baidu.com/item/%E9%93%B6%E5%B9%BF%E5%8E%A6%E4%BA%8B%E4%bb%B6/8714347? fr:aladdin.）

［**思考**］　从案例中你能体会到现金流管理对企业的重要性吗？

在市场经济条件下，企业现金流量在很大程度上决定着企业的生存和发展能力，从而在很大程度上决定着企业的盈利能力。这是因为如果企业的现金流量不足，现金周转不畅，现金调配不灵，就会影响企业的盈利能力，甚至会影响企业的生存和发展。常见的盈利能力评价指标基本上是利用以权责发生制为基础的会计数据来进行计算，从而给予评价的，如总资产报酬率、净资产收益率和成本费用利润率等指标。但值得注意的是，它们并不能反映企业伴随有现金流入的盈利状况，也就是说，它们只能评价企业盈利能力的“数”量，却不能评价企业盈利能力的“质”量。因此，需要对现金流量表进行分析来弥补这一不足。

第一节　现金流量表的结构及作用

一、现金流量表概述

现金流量表是以现金为基础编制的财务状况变动表。现金流量表以现金的流入和流出来反映企业在一定期间内的经营活动、投资活动和筹资活动的动态情况，反映企业现金流入和流出的全貌，表明企业获得现金和现金等价物（除特别说明外，以下所称的现金均包括现金等价物）的能力。

现金是指企业库存现金以及可以随时用于支付的存款，包括库存现金、银行存款和其他货币资金等。不能随时用于支付的存款不属于现金。

现金等价物是指企业持有的期限短、流动性强、易于转换为已知金额现金、价值变动风险很小的投资。期限短，一般是指从购买日起3个月内到期。现金等价物通常包括3个月内到期的债券投资等。权益性投资变现的金额通常不确定，因而不属于现金等价物。企业应当根据具体情况确定现金等价物的范围，一经确定，不得随意变更。

企业的现金流量分为以下三大类：

（一）经营活动产生的现金流量

经营活动是指企业投资活动和筹资活动以外的所有交易事项。经营活动产生的现金流量主要包括销售商品或提供劳务、购买商品、接受劳务、支付工资和缴纳税款等流入和流出的现金和现金等价物。

（二）投资活动产生的现金流量

投资活动是指企业长期资产的构建和不包括在现金等价物范围内的投资及其处置活动。投资活动产生的现金流量主要包括构建固定资产、处置子公司及其他营业单位等流入和流出的现金及现金等价物。

（三）筹资活动产生的现金流量

筹资活动是指导致企业资本及负债规模或构成发生变化的活动。筹资活动产生的现金流量主要包括吸收投资、发行股票、分配利润、发行债券、偿还债务等流入和流出的现金及现金等价物。偿还应付账款、应付票据等应付款项属于经营活动，不属于筹资活动。

二、现金流量表的结构

现金流量表采用报告式结构，分类反映经营活动产生的现金流量、投资活动产生的现金流量和筹资活动产生的现金流量，最后汇总反映企业某一期间现金及现金等价物净增加额。

依据财政部《企业会计制度》的规定，现金流量表包括以下两个部分：

（一）表头

现金流量表的表头主要表明报表的名称、编号、编制年度、编制单位的名称及货币单位等。企业的制表人、会计主管和单位负责人应在报表上签名、盖章。

（二）基本内容

现金流量表的基本内容共包括5个项目。其中，前三个项目为企业的经营活动、投资活动和筹资活动产生的现金流量。在这三个项目中,分别按照各项活动引起的现金流入、流出的原因划分为若干小项目,如“销售商品、提供劳务收到的现金”“购买商品、接受劳务支付的现金”等,并将各个小项目的“现金流入小计”减去“现金流出小计”,得出该项活动所产生的现金流量净额。第四项为汇率变动对现金的影响,反映企业持有的外币现金由于汇率变动而产生的对折算为人民币金额的影响数。第五项是现金及现金等价物净增加额,等于前四项的金额之和,其应当与补充资料第三部分“现金及现金等价物净增加情况”的数据相等。

现金流量表的具体格式与内容如表4-1所示。

表4-1　现金流量表

编制单位:　　　　　　年　月　　　　　　单位:元

项　目	本期金额	上期金额
一、经营活动产生的现金流量:		
销售商品、提供劳务收到的现金		
收到的税费返还		
收到的其他与经营活动有关的现金		
现金流入小计		
购买商品、接受劳务支付的现金		
支付给职工以及为职工支付的现金		
支付的各项税费		
支付的其他与经营活动有关的现金		
现金流出小计		
经营活动产生的现金流量净额		
二、投资活动产生的现金流量:		
收回投资所收到的现金		
取得投资收益所收到的现金		
处置固定资产、无形资产和其他长期资产所收回的现金净额		
处置子公司及其他营业单位收到的现金净额		
收到的其他与投资活动有关的现金		
现金流入小计		
购建固定资产、无形资产和其他长期资产所支付的现金		
投资所支付的现金		
取得子公司及其他营业单位支付的现金净额		
支付的其他与投资活动有关的现金		
现金流出小计		
投资活动产生的现金流量净额		

续表

项　目	本期金额	上期金额
三、筹资活动产生的现金流量：		
吸收投资所收到的现金		
借款所收到的现金		
收到的其他与筹资活动有关的现金		
现金流入小计		
偿还债务所支付的现金		
分配股利、利润或偿付利息所支付的现金		
支付的其他与筹资活动有关的现金		
现金流出小计		
筹资活动产生的现金流量净额		
四、汇率变动对现金及现金等价物的影响		
五、现金及现金等价物净增加额		
加：期初现金及现金等价物余额		
六、期末现金及现金等价物余额		

三、现金流量表补充资料

现金流量表补充资料分为三个部分：第一部分是“将净利润调节为经营活动现金流量”，第二部分是“不涉及现金收支的重大投资和筹资活动”，第三部分是“现金及现金等价物净增加情况”。现金流量表补充资料的具体内容如表4－2所示。

表4－2　　**现金流量表补充资料**

编制单位：　　年　月　　单位：元

项　目	本期金额	上期金额
1. 将净利润调节为经营活动现金流量：		
净利润		
加：资产减值准备		
固定资产折旧		
无形资产摊销		
长期待摊费用摊销		
处置固定资产、无形资产和其他长期资产的损失(减：收益)		
固定资产报废损失(减：收益)		
公允价值变动损失(减：收益)		

续表

项　目	本期金额	上期金额
财务费用(减:收益)		
投资损失(减:收益)		
递延所得税资产减少(减:增加)		
递延所得税负债增加(减:减少)		
存货的减少(减:增加)		
经营性应收项目的减少(减:增加)		
经营性应付项目的增加(减:减少)		
其他		
经营活动产生的现金流量净额		
2. 不涉及现金收支的重大投资和筹资活动:		
债务转为资本		
1年内到期的可转换公司债券		
融资租入固定资产		
3. 现金及现金等价物净增加情况:		
现金的期末余额		
减:现金的期初余额		
加:现金等价物的期末余额		
减:现金等价物的期初余额		
现金及现金等价物净增加额		

(一)将净利润调节为经营活动现金流量

“净利润”项目应与利润表中“净利润”项目的金额对应相等。

“资产减值准备”项目反映企业本期计提的坏账准备、存货跌价准备、投资性房地产减值准备、长期股权投资减值准备、持有至到期投资减值准备、固定资产减值准备、在建工程减值准备、工程物资减值准备、生物性资产减值准备、无形资产减值准备、商誉减值准备等。企业计提的各项资产减值准备包括在利润表中,属于利润的减除项目,但没有发生现金流出,所以,在净利润调节为经营活动现金流量时,需要加回。本项目可根据“资产减值准备”账户的记录分析填列。

“固定资产折旧”“油气资产折耗”“生产性生物资产折旧”项目分别反映企业本期计提的固定资产折旧、油气资产折耗、生产性生物资产折旧,属于导致净利润减少却不涉及现金流入或流出的费用。

“无形资产摊销”和“长期待摊费用摊销”项目分别反映企业本期计提的无形资产摊销、长期待摊费用摊销数额,属于导致净利润减少(或增加)却不涉及现金流入或流出的费用。

“处置固定资产、无形资产和其他长期资产的损失”项目反映企业本期处置固定资产、无形资产和其他长期资产发生的损失。

“固定资产报废损失”项目反映企业本期固定资产盘亏发生的损失。

“公允价值变动损失”项目反映企业持有的采用公允价值计量且其变动计入当期损益的投资性房地产、金融资产、金融负债等的公允价值变动损益。

“财务费用”项目反映企业本期发生的财务费用中应属于投资活动或筹资活动的部分，根据“财务费用”账户发生额分析填列。

“投资损失”项目反映企业本期投资所发生的损失减去收益后的净损失。

“递延所得税资产减少”项目反映企业资产负债表“递延所得税资产”项目的期初余额与期末余额的差额。

“递延所得税负债增加”项目反映企业资产负债表“递延所得税负债”项目的期初余额与期末余额的差额，属于本期所得税费用与应缴所得税的差额。

“存货的减少”项目反映企业资产负债表“存货”项目的期初余额与期末余额的差额。

“经营性应收项目的减少”项目反映企业本期经营性应收项目（包括应收票据、应收账款、预付账款、长期应收款和其他应收款中与经营活动有关的部分及应收的增值税销项税额等）的期初余额与期末余额的差额。

“经营性应付项目的增加”项目反映企业本期经营性应付项目（包括应付票据、应付账款、预收款项、应付职工薪酬、应交税费、应付利息、应付股利、长期应付款、其他应付款中与经营活动有关的部分及应付的增值税进项税额等）的期初余额与期末余额的差额。

（二）不涉及现金收支的重大投资和筹资活动

不涉及现金收支的重大投资和筹资活动反映企业一定期间内影响资产或负债但不形成该期现金收支的所有投资和筹资活动的信息。这些投资和筹资活动虽然不涉及当期现金收支，但对以后各期的现金流量有重大影响。

（三）现金及现金等价物净增加情况

现金及现金等价物净增加情况通过现金的期末、期初差额来检验以直接法编制的现金流量净额是否正确。

四、现金流量表的作用

（一）现金流量表能够说明企业一定期间内现金流入和流出的原因

现金流量表将现金流量划分为经营活动所产生的现金流量、投资活动所产生的现金流量和筹资活动所产生的现金流量，并按照流入现金和流出现金的项目分别反映。例如，企业当期从银行借入 100 万元，偿还银行利息 2 万元，在现金流量表的筹资活动产生的现金流量中分别反映“借款收到的现金 100 万元”和“偿付利息支付的现金 2 万元”。因此，通过现金流量表能够清晰地反映企业现金流入和流出的原因，即现金从哪里来，又用到哪里去。这些信息是资产负债表和利润表所不能提供的。

（二）现金流量表能够说明企业的偿债能力和支付股利的能力

投资者投入资金、债权人提供企业短期或长期使用的资金，目的主要是获利。通常情况下，报表阅读者比较关注企业的获利情况，并且往往以获得利润的多少作为衡量标准，企业获利多少在一定程度上表明了企业的现金支付能力。但是，企业一定期间内获得的利润并不代表企业真正具有偿债或支付能力。在某些情况下，虽然有些企业利润表上反映的经营业绩很可观，但财务困难，不能偿还到期债务；还有些企业虽然利润表上反映的经营成果并不可观，但却有足够的偿付能力。产生这种情况的原因有很多，其中，会计核算采用的权责发生制、配比原则等所含的估计因素是主要原因之一。现金流量表完全以现金的收支为基础，消除了会计核算中由于会计估计等所产生的获利能力和支付能力。通过现金流量表能够了解企业现金流入的构成，分析企业偿债和支付股利的能力，增强投资者的投资信心和债权人收回债权的信心。通过现金流量表，投资者和债权人可以了解企业获取现金的能力和现金偿付的能力，从而使有限的社会资源流向最能产生效益的地方。

（三）现金流量表可以用来分析企业未来获取现金的能力

现金流量表反映企业一定期间内的现金流入和流出的整体情况，说明企业现金从哪里来、用到哪里去。现金流量表中的经营活动产生的现金流量代表企业运用其经济资源创造现金流量的能力，投资活动产生的现金流量代表企业运用资金产生现金流量的能力，筹资活动产生的现金流量代表企业筹资获得现金流量的能力。通过现金流量表及其他财务信息，可以分析企业未来获取或支付现金的能力。例如，企业通过银行借款筹得资金，在本期现金流量表中反映为现金流入，但却意味着未来偿还借款时要流出现金。又如，本期应收未收的款项，在本期现金流量表中虽然没有反映为现金的流入，但意味着未来会有现金流入。

（四）现金流量表可以用来分析企业投资和理财活动对经营成果及财务状况的影响

资产负债表能够提供企业一定日期的财务状况，它所提供的是静态的财务信息，并不能反映财务状况变动的原因，也不能表明这些资产、负债给企业带来了多少现金，又用去了多少现金。利润表虽然反映企业一定期间的经营成果，提供动态的财务信息，但只能反映利润的构成，不能反映经营活动、投资活动和筹资活动给企业带来了多少现金，又支付了多少现金，而且利润表不能反映投资和筹资活动的全部事项。现金流量表提供一定时期现金流入和流出的动态财务信息，表明企业在报告期内由经营活动、投资活动和筹资活动获得了多少现金，企业获得的这些现金又是如何运用的，能够说明资产、负债、净资产变动的原因，对资产负债表和利润表起到补充说明的作用。现金流量表是连接资产负债表和利润表的“桥梁”。

（五）现金流量表能够提供不涉及现金的投资和筹资活动的信息

现金流量表除了反映企业与现金有关的投资和筹资活动外，还通过补充资料（附注）提供了不涉及现金的投资和筹资活动方面的信息，使会计报表使用者能够全面了解和分析企业的投资和筹资活动。

（六）编制现金流量表便于与国际惯例相协调

目前，世界上许多国家要求企业编制现金流量表，如美国、英国、澳大利亚、加拿大等。我国企业编制现金流量表后，将对开展跨国经营、境外筹资、加强国际经济合作起到积极的作用。

五、现金流量表分析的局限性

（一）报表信息的有效性

报表中所反映的数据是企业过去会计事项的结果，根据这些历史数据计算得到的各种分析结果对于预测企业未来的现金流动只有参考价值，并非完全有效。

（二）报表信息的可比性

可比性一般是指不同企业，尤其是同一行业的不同企业之间应使用相类似的会计核算方法，将不同企业的现金流量表编制建立在相同的会计核算方法上，便于报表使用者比较分析企业在不同时期，以及企业之间的偿债能力和现金流动状况的强弱和优劣。对于同一家企业来说，虽然一致性会计原则的运用使其有可能进行不同期间的比较，但如果企业的会计环境和基本交易性质发生变化，则同一家企业不同时期财务信息的可比性便大大减弱。对于不同企业来说，它们之间的可比性比单一企业更难达到。由于不同企业使用不同的会计处理方法，如存货的计价、折旧的计提、收入的确认以及支出资本化与费用的处理等，为运用各种分析方法对各家企业的现金状况进行比较带来了一定的困难。

（三）报表信息的可靠性

可靠性是指提供的财务信息应做到不偏不倚，以客观的事实为依据，而不受主观意志的左右，力求财务信息准确、可靠。事实上，编制现金流量表所采用的各种资料的可靠性往往受多方面的影响，使得报表分析同样显得不够可靠。因此，投资者绝不能完全依赖于报表分析的结果，而应与其他有关方面的资料相结合进行综合评价。

第二节　经营活动产生现金流量项目的编制与分析

经营活动是指企业投资活动和筹资活动以外的所有交易和事项，包括销售商品、提供劳务、经营性租赁、购买货物、接受劳务、制造产品、广告宣传、推销产品、缴纳税款等。经营活动产生的现金流量是企业通过运用所拥有的资产自身创造的现金流量，主要是与企业净利润有关的现金流量。但企业一定期间内实现的净利润并不一定都构成经营活动产生的现金流量，如处置固定资产净收益或净损失构成净利润的一部分，但不属于经营活动产生的现金流量，处置固定资产净收益或净损失也不是实际的现金流入或流出。通过现金流量表中反映的经营活动产生的现金流入和流出说明企业经营活动对现金流入和流出净额的影响程度。需要说明的是，由于行业特点的不同，对各类企业经营活动性质的确认可能会存在一定的差异，企业在编制现金流量表时，应根据自己的实际情况，对现金流量进行合理的归类。

一、经营活动产生现金流量项目的编制

（一）销售商品、提供劳务收到的现金

“销售商品、提供劳务收到的现金”项目反映企业本年销售商品、提供劳务收到的现金，以及前期销售商品、提供劳务本期收到的现金（包括应向购买者收取的增值税销项税额）和本期预收的款项，减去本年销售本期退回商品和前期销售本期退回商品支付的现金。本项目包括所有的经营活动，企业销售材料和代购代销业务收到的现金也在本项目反映；不包括经营性租赁、随销售收入和劳务收入一起收到的增值税销项税额。

销售商品、提供劳务收到的现金＝当期销售商品、提供劳务收到的现金＋当期收回前期的应收账款和应收票据＋当期预收的款项－当期销售退回支付的现金＋当期收回前期核销的坏账损失

【例 4－1】 ABC 股份有限公司 2016 年的有关资料如下：

(1)主营业务收入 900 000 元，主营业务成本 800 000 元（其中，外购项目成本 600 000 元）。

(2)“应收账款”账户年初余额（含应收增值税税款，增值税税率为 17%，下同）93 600 元，

年末余额 163 800 元。

(3)本年发生坏账 46 800 元(含增值税),以前年度确认的坏账(不含增值税)50 000 元本年收回。

(4)预收账款(货款)年初数 9 000 元,年末数 2 000 元。

(5)应收票据年初数(含增值税)35 100 元,年末数(含增值税)1 170 元,本年有 23 400 元到期票据未收款转为应收账款。

(6)收到债务人抵偿应收账款 80 000 元及增值税 13 600 元的存货。

(7)外购存款年初数 500 000 元,年末数 37 000 元。

(8)外购存货 60 000 元(计税价格为 65 000 元)、固定资产 90 000 元和银行存款 240 000 元进行长期股权投资。

(9)应付账款年初数(含增值税)58 500 元(其中,购买固定资产的应付货款及税款 11 700 元),年末数(含增值税)163 800 元(其中,购买固定资产的应付货款及税款为 0)。

(10)"应交税费——应交增值税"账户年初数余额为 0,本年外购存货进项税额 33 490 元,销项税额 164 050 元(其中,直接外销业务的销项税额 153 000 元)。

(11)发放工资、奖金和补贴 2 500 000 元,其中,支付给在建工程人员 100 000 元、支付给专设销售机构人员 20 000 元。

(12)支付离退休人员费用 600 000 元。

(13)支付职工困难补助 8 000 元,住房困难补助 20 000 元。

(14)支付职工养老保险 400 000 元,失业保险 80 000 元。

(15)支付职工住房公积金 60 000 元。

(16)购买职工住房(所有权)支付 7 000 000 元。

(17)用出包方式建造老干部活动中心,支付工程款 90 000 元,该中心于当年交付使用。

(18)为建造职工图书室备料开支 50 000 元,工程尚未完工。

以上费用均用现金或银行存款支付。

解:

销售商品、提供劳务收到的现金=900 000-(163 800-93 600)-46 800+50 000
-(9 000-2 000)+(35 100-1 170)-(80 000
-13 600)+153 000=946 530(元)

(二)收到的税费返还

"收到的税费返还"项目反映企业收到返还的所得税、增值税、消费税、关税和教育费附加等各种税费返还款。本项目可以根据"库存现金""银行存款""税金及附加""营业外收入"等账户的记录分析填列。

收到的税费返还=应收补贴款期初数-应收补贴款期末数+补贴收入+所得税本期贷方发生额累计数

(三)收到的其他与经营活动有关的现金

收到的其他与经营活动有关的现金反映企业经营活动过程中产生的各种不能列入前述项目的现金流入,如罚款收入、经营租赁固定资产收到的现金、流动资产损失中由个人赔偿的现金收入、除税费返还外的其他政府补助收入等。其他与经营活动有关的现金若价值较大,应单列项目反映。本项目可以根据"库存现金""银行存款""管理费用""销售费用"等账户的记录分析填列。

(四)购买商品、接受劳务支付的现金

购买商品、接受劳务支付的现金是指企业为购买商品、接受劳务而支付的现金，如支付购电费、燃料费、水费、材料费、修理费、运输费等。因购买商品或接受劳务而同时支付的、能够抵扣增值税销项税额的进项税额，在“支付的增值税款”项目反映。如果购买商品或接受劳务时，其中所含的增值税进项税额不能抵扣增值税销项税额，则在本项目反映。

购买商品、接受劳务支付的现金＝当期购买商品、接受劳务支付的现金＋当期支付前期的应付账款＋当期支付前期的应付票据＋当期预付的账款－当期因购货退回收到的现金

【例4－2】　承接【例4－1】的资料。

购买商品、接受劳务支付的现金＝600 000＋(37 000－500 000)＋60 000－[163 800－(58 500－11 700)]＋33 490＝113 490(元)

(五)支付给职工以及为职工支付的现金

支付给职工以及为职工支付的现金是指企业以现金方式支付给职工的工资和为职工支付的其他现金。支付给职工的工资包括工资、奖金以及各种补贴等；为职工支付的其他现金，如企业为职工缴纳的养老、失业等社会保险基金，为职工缴纳的商业保险金等。

支付给职工以及为职工支付的现金＝应付工资、应付福利费本期借方发生额累计＋管理费用中的统筹保险＋成本及制造费用明细表中的“劳动保护费”

【例4－3】　承接【例4－1】的资料。

支付给职工以及为职工支付的现金＝2 500 000－100 000＋8 000＋20 000＋400 000＋80 000＋60 000＝2 968 000(元)

(六)支付的各项税费

本项目反映企业按规定支付的各项税费，包括本期发生并支付的税费以及本期支付前期发生的税费和预缴的税金，如支付的增值税、所得税、印花税、房产税、土地增值税、车船税和教育费附加等，不包括本期退回的增值税、所得税。本期退回的增值税、所得税等在“收到的税费返还”项目反映。本项目可以根据“应交税费”“库存现金”“银行存款”等账户分析填列。

(七)支付的其他与经营活动有关的现金

本项目中企业发生的属于筹资或投资活动有关现金以外的现金支出，如罚款支出、支付的差旅费、业务招待费、保险费、经营租赁支付的现金等，若金额较大，应单列项目反映。本项目可以根据有关账户的记录分析填列。

二、经营活动产生现金流量的分析

经营活动是企业经济活动的主体，也是企业获取持续现金流的基本途径，其现金流直接体现了企业的经营状况和财务成果。

(一)经营活动现金流量项目分析

将销售商品、提供劳务收到的现金与购进商品、接受劳务付出的现金进行比较，可以掌握企业大体的供销状况。在企业经营正常、购销平衡的情况下，前者大于后者，说明企业的销售利润多，销售回款良好，创现能力强。当企业经营不正常、购销不平衡时，前者明显大于后者，那么企业有可能在本会计期内因产品提价而使收入增加，如果没有提价，企业可能在“吃库存”，这时应结合资产负债表看存货的进出情况，若库存正常，就要看是否本期收回大量的前期应收账款；如果后者明显大于前者，有可能说明企业处于库存积压状态。

将销售商品、提供劳务收到的现金与经营活动流入的现金总额比较，可以大致说明企业产品销售现款占经营活动流入的现金的比重。该比重大，说明企业主营业务突出，营销状况良好。

将本期经营活动现金净流量与上期比较，增长率越高，说明企业成长性越好。

（二）经营活动现金流量的真实性分析

对现金流量表经营活动现金流量真实性的分析包括以下两个步骤：

第一步，对比企业半年度现金流量表和年度现金流量表的经营活动现金流量，考察经营活动现金流量的均衡性，初步确认企业经营活动现金流量的真实性。

第二步，重点分析现金流量表有关明细项目，进一步明确经营活动现金流量的真实性。现金流量表对经营活动各个项目进行了很好的细化，通过分析各个项目现金流量的变化，可以帮助我们识别企业的经营活动现金流量是否真实。

如果企业在某期末存在大额预收账款，又缺乏相关的销售或建造合同，则有可能是没有及时将收入记入相应账户，其主营业务现金流入缺乏真实性。

（三）经营活动现金流量质量分析

经营活动现金流量的质量是指企业的现金流量能够按照企业的预定目标运转的质量，也就是经营活动现金流量对企业真实经营状况的客观反映程度，以及对企业财务状况与经营成果的改善，对持续经营能力的增强所具有的推动作用。

经营活动产生的现金流量小于零，一般意味着经营过程的现金流转存在问题，经营中“入不敷出”。如果是由于经营活动初期为了开拓市场，企业有可能投入较多资金，从而导致经营活动现金流量小于零，应该认为这是企业在发展过程中的正常状态。但是，如果企业在正常生产经营期间仍然出现这种状态，则应当认为企业经营活动现金流量的质量不高。

经营活动产生的现金净流量等于零，意味着企业通过正常的商品购、产、销所带来的现金流入量恰恰能够支付因上述经营活动而引起的货币流出，此时，企业的经营活动现金流量处于“收支平衡”状态。企业正常经营活动不需要额外补充流动资金，企业的经营活动也不能为投资活动以及融资活动贡献现金。

经营活动产生的现金流量大于零但不足以补偿当期的非现金消耗性成本的情形与上述第二种状态只有量的差别，没有质的差别。

在经营活动产生的现金流量大于零并恰能补偿当期的非现金消耗性成本的状态下，企业经营活动现金流量方面的压力已经缓解。如果这种状态持续，则企业经营活动产生的现金流量从长期来看，刚好能够维持企业经营活动的货币“简单在生产”，但不能为企业扩大投资等发展提供货币支持。

在经营活动产生的现金流量大于零并在补偿当期的非现金消耗性成本后仍有剩余的状态下，企业经营活动产生的现金流量处于良好的运转状态。如果这种状态持续，则企业经营活动产生的现金流量将对企业经营活动的稳定与发展、投资规模的扩大起到重要的促进作用。

第三节　筹资活动产生现金流量项目的编制与分析

筹资活动是指导致企业资本及借款规模和构成发生变化的活动，包括吸收权益性资本、资本溢价、发行债券、借入资金、支付股利、偿还债务等。通过现金流量表中筹资活动产生的现金流量，可以分析企业的筹资能力，以及筹资产生的现金流量对企业现金流量净额的影响。

一、筹资活动产生现金流量项目的编制

(一)吸收投资所收到的现金

本项目反映企业以发行股票、债券等方式筹集资金实际收到的款项净额(发行收入减去支付的佣金等发行费用后的净额)。以发行股票等方式筹集资金而由企业直接支付的审计、咨询等费用不在本项目反映，而在“支付的其他与筹资活动有关的现金”项目反映；由金融企业直接支付的手续费、宣传费、咨询费、印刷费等费用从发行股票、债券取得的现金收入中扣除，以净额列示。本项目可以根据“实收资本(或股本)”“资本公积”“库存现金”“银行存款”等账户的记录分析填列。

(二)借款收到的现金

本项目反映企业取得各种短期、长期借款而收到的现金。本项目可以根据“短期借款”“长期借款”“交易性金融资产”“应付债券”“库存现金”“银行存款”等账户的记录分析填列。

(三)收到的其他与筹资活动有关的现金

本项目反映企业除上述各项目外，收到的其他与筹资活动有关的现金。其他与筹资活动有关的现金若价值较大，应单列项目反映。本项目可以根据有关账户的记录分析填列。

(四)偿还债务所支付的现金

本项目反映企业以现金偿还债务的本金，包括归还金融企业的借款本金、偿付企业到期债券的本金等。企业偿还的借款利息、债券利息在“分配股利、利润或偿付利息支付的现金”项目反映，不在本项目反映。本项目可以根据“短期借款”“长期借款”“交易性金融资产”“应付债券”“库存现金”“银行存款”等账户的记录分析填列。

(五)分配股利、利润或偿付利息所支付的现金

本项目反映企业实际支付的现金股利、支付给其他投资单位的利润或用现金支付的借款利息、债券利息。不同用途借款的利息的开支渠道不同，如在建工程、财务费用等均在本项目反映。本项目可以根据“应付股利”“应付利息”“利润分配”“财务费用”“在建工程”“制造费用”“研发支出”“库存现金”“银行存款”等账户的记录分析填列。

分配股利、利润或偿付利息所支付的现金＝应付股利借方发生额＋长期借款、在建工程、应付债券利息支出－预提费用中“计提利息”贷方余额－票据贴现利息支出

(六)支付的其他与筹资活动有关的现金

其他与筹资活动有关的现金如发生筹资费用所支付的现金、融资租赁所支付的现金、减少注册资本所支付的现金(收购本公司股票、退还联营单位的联营投资)等。其他与筹资活动有关的现金若价值较大，应单列项目反映。本项目可以根据有关账户的记录分析填列。

二、筹资活动产生现金流量的分析

一般而言，筹资活动的现金流量净额往往表现为正数，即现金净流入额，因为它代表了企业筹措资金的能力和商业信用。

(一)筹资活动现金流量项目分析

吸收投资所收到的现金来源有两个渠道，即发行股票和发行债券。前者是投资人投入的，

属于所有者权益，代表了企业外延式扩大再生产。后者是债权人投入的，属于负债，在一定程度上代表了企业商业信用的优劣。

借款所收到的现金是企业从金融机构借入的资金，其数额的大小在一定程度上代表了企业所具有的商业信用程度。

(二)筹资活动现金流量质量分析

当筹资活动现金流量大于零时，企业通过银行及资本市场的筹资能力较强，但应密切关注资金的使用效果，防止未来无法支付到期的负债本息而陷入债务危机。

当筹资活动现金流量小于零时，意味着企业在吸收权益性投资、发行债券以及借款等方面所收到的现金之和小于企业偿还债务、支付筹资费用、分配股利或利润、偿还利息、融资租赁所支付的现金以及减少注册资本等方面所支付的现金之和。此时，应重点关注企业是否已面临偿债压力而又缺乏新的筹资能力，是否已无新的投资发展机会。

第四节　投资活动产生现金流量项目的编制与分析

投资活动是指企业长期资产的购建以及不包括在现金等价物范围内的投资及其处置活动，包括取得或收回权益性证券的投资，购买或收回债券投资，购建和处置固定资产、无形资产、其他长期资产等。作为现金等价物的投资属于现金自身的增减变动，如购买还有 1 个月到期的债券等，属于现金内部各项目之间的转换，不会影响现金流量净额的变动。通过现金流量表中反映的投资活动产生的现金流量，可以分析企业通过投资获取现金流量的能力，以及投资产生的现金流量对企业现金流量净额的影响程度。

一般而言，投资活动的现金流量净额往往表现为负数，即表现为现金净流出额，它代表企业对于劳动资料的更新改造程度和扩大再生产能力。应对投资活动现金流量的详细情况进行各个项目分析。

一、投资活动产生现金流量的编制

(一)收回投资所收到的现金

收回投资所收到的现金反映企业出售、转让或到期收回除现金等价物以外的交易性金融资产、长期股权投资而收到的现金，以及收回长期债权投资本金而收到的现金，不包括长期债权投资收回的利息，以及收回的非现金资产。

(二)取得投资收益所收到的现金

取得投资收益所收到的现金反映企业除现金等价物外的对其他企业的长期股权投资等分回的现金股利和利息，以及从子公司、联营企业和合营企业分回利润收到的现金，包括在现金等价物范围内的债权性投资，其利息收入在本项目反映，不包括股票利息。

(三)处置固定资产、无形资产和其他长期资产所收回的现金净额

处置固定资产、无形资产和其他长期资产收回的现金净额反映企业出售、报废固定资产、无形资产和其他长期资产所取得的现金(包括因资产毁损而收到的保险赔偿收入)，减去为处置这些资产而支付的有关费用后的净额。由于自然灾害所造成的固定资产等长期资产损失而收到的保险赔偿收入，也在本项目反映。

(四)收到的其他与投资活动有关的现金

收到的其他与投资活动有关的现金,如收回融资租赁设备本金等。

(五)购建固定资产、无形资产和其他长期资产所支付的现金

购建固定资产、无形资产和其他长期资产所支付的现金反映企业购买、建造固定资产,取得无形资产和其他长期资产支付的现金,包括购买机器设备所支付的现金及增值税、建造工程支付的现金、支付在建工程人员的工资等现金支出,不包括为购建固定资产、无形资产和其他长期资产而发生的借款利息资本化部分,以及融资租入固定资产所支付的租赁费。为购建固定资产、无形资产和其他长期资产而发生的借款利息资本化部分在“分配股利、利润或偿付利息支付的现金”项目反映,融资租入固定资产支付的租赁费在“支付其他与筹资活动有关的现金”项目反映。本项目可以根据“固定资产”“在建工程”“工程物资”“无形资产”“库存现金”“银行存款”等账户的记录分析填列。

(六)投资所支付的现金

投资所支付的现金反映企业进行权益性投资和债权性投资所支付的现金,包括企业取得的除现金等价物以外的交易性金融资产、持有至到期投资、可供出售金融资产而支付的现金,以及支付的佣金、手续费等交易费用。企业购买债券的价款中含有债券利息,溢价或折价购入的,均按实际支付的金额反映。

企业购买股票和债券时,实际支付的价款中包含的已宣告但尚未领取的现金股利或已到付息期但尚未领取的债券利息,应在“支付其他与投资活动有关的现金”项目反映;收回购买股票和债券时支付的已宣告但尚未领取的现金股利或已到付息期但尚未领取的债券利息,应在“收到其他与投资活动有关的现金”项目反映。

本项目可以根据“交易性金融资产”“持有至到期投资”“可供出售金融资产”“投资性房地产”“长期股权投资”“库存现金”“银行存款”等账户的记录分析填列。

(七)支付的其他与投资活动有关的现金

其他与投资活动有关的现金,如投资未按期到位的罚款等。

二、投资活动产生现金流量的分析

(一)投资活动现金流量重大项目分析

“收回投资所收到的现金”项目一般没有数额或金额较小;如果金额较大,属于企业重大资产转移行为,此时应与会计报表附注的相关披露信息相联系,衡量投资的账面价值与收回现金的差额,考察其合理性。

取得投资收益所收到的现金与利润表的投资收益配比,企业能够及时取得投资收益所收到的现金,反映了企业对外投资的质量。一般而言,前者占后者的比重越大越好,但也要关注企业生产经营战略,有时为了控制被投资企业,没有投资收益也是正常的。

处置固定资产、无形资产和其他长期资产不是企业经常的行为,因此,“处置固定资产、无形资产和其他长期资产所收回的现金净额”项目一般金额不大;如果金额较大,属于企业重大资产转移行为,此时应与会计报表附注的相关披露信息相联系,考察其合理性。

(二)投资活动现金流量质量分析

投资活动产生的现金净流量小于零,意味着企业在购建固定资产、无形资产和其他长期资产、权益性投资以及债权性投资等方面所支付的现金之和大于企业在收回投资、分得股利或利润、取得债券利息收入、处置固定资产、无形资产和其他长期资产等方面而收到的现金净额之和。如果投资活动产生的净现金流量为负数，则表明企业可能扩大了生产或参与了资本市场运作；反之，则说明企业资本运作收效显著，取得投资回报或变现部分投资等。这通常是正常现象，但需关注投资支出的合理性和投资收益的实现状况。

投资活动产生的现金净流量大于等于零，意味着企业在投资活动方面的现金流入量大于流出量。这通常是非正常现象，需关注长期资产处置或变现、投资收益的实现，以及投资支出过少的可能原因。这种情况的发生，或者是由于企业在本会计期间投资回收活动的规模大于投资支出的规模，或者是由于企业在经营活动与筹资活动方面急需资金而不得不处理手中的长期资产以求变现等原因所引起。因此，必须对投资活动现金流量的变动原因进行具体分析。

第五节　现金流量项目组合分析

一、现金流量表结构分析

现金流量表结构分析即现金流量表的结构百分比分析，就是在现金流量表有关数据的基础上，进一步明确现金收入、现金支出和结余的构成。通过这些分析，可以了解企业财务状况的形成、变动原因等。

(一)纵向结构分析

现金流量表的纵向结构分析是指同一时期现金流量表中不同项目之间的比较与分析，以揭示各项数据在企业现金流量中的相对意义。其步骤为：一是计算现金流入总额、现金流出总额和现金余额；二是计算各现金流入和流出项目占总现金流入额和流出额的比例；三是分析各类现金流入和流出小计占现金流入和流出总额的比例；四是计算企业各项业务，包括经营活动、投资活动、筹资活动现金收支净流量占全部现金余额的比例；五是按比例大小或比例变动大小，找出重要项目进行重点分析，了解现金流量的形成、变动过程及其变动原因。

1. 现金流量总结构分析

现金流量总结构分析可以分为现金流入、现金流出及现金净流量结构分析。

(1)现金流入纵向结构分析

现金流入构成是反映企业经营活动现金流入量、投资活动现金流入量和筹资活动现金流入量分别占总现金流入量的比重，以及各项业务活动现金流入中具体项目的构成情况，从而明确企业的现金究竟来自何方，要增加现金流入主要应在哪些方面采取措施等。一般来说，经营活动现金流入占总现金流入比重大的企业，经营状况较好，财务风险较低，现金流入结构合理，企业的财务状况稳定。当投资活动现金净流量为较大的负数时，一方面说明企业加大投资，未来收益有可能增长，具有一定成长性；另一方面，任何投资都具有一定风险性，从而导致较大的投资风险。从现金流量表内容分类中可以得出以下三类现金流入结构分析模式：

$$\text{经营活动产生的现金流入占总现金流入的比重}=\frac{\text{经营活动产生的现金流入}}{\text{总现金流入}}\times 100\%$$

$$\text{投资活动产生的现金流入占总现金流入的比重}=\frac{\text{投资活动产生的现金流入}}{\text{总现金流入}}\times 100\%$$

$$\text{筹资活动产生的现金流入占总现金流入的比重}=\frac{\text{筹资活动产生的现金流入}}{\text{总现金流入}}\times 100\%$$

这三类模式是以总现金流入的数据作为基数(即为100%),然后将经营活动、投资活动和筹资活动以这个关键项目的百分比形式表示和纵向排列。

表4—3是ABC公司2016年的现金流量表。

表4—3　现金流量表

编制单位:ABC公司　2016年12月　单位:元

项　目	行　次	金　额
一、经营活动产生的现金流量		
销售商品、提供劳务收到的现金	1	2 685 474
收到其他与经营活动有关的现金	3	459 000
现金流入小计	9	3 144 474
购买商品、接受劳务支付的现金	10	2 454 800
支付给职工以及为职工支付的现金	12	80 000
支付的各项税费	13	561 234
支付的其他与经营活动有关的现金	18	36 000
现金流出小计	20	3 132 034
经营活动产生的现金流量净额	21	12 440
二、投资活动产生的现金流量		
收回投资所收到的现金	22	16 500
取得投资收益所收到的现金	23	8 050
处置固定资产所收回的现金净额	25	1 500
现金流入小计	29	26 050
购建固定资产所支付的现金	30	229 800
投资所支付的现金	31	20 000
现金流出小计	36	249 800
投资活动产生的现金流量净额	37	—223 750
三、筹资活动产生的现金流量		
吸收投资所收到的现金	38	50 000
借款所收到的现金	40	300 000
收到的其他与筹资活动有关的现金	43	10 000
现金流入小计	44	360 000
偿还债务所支付的现金	45	42 400
分配股利、利润或偿付利息所支付的现金	46	50 500

续表

项　目	行　次	金　额
现金流出小计	53	92 900
筹资活动产生的现金流量净额	54	267 100
四、汇率变动对现金及现金等价物的影响		
五、现金及现金等价物净增加额	56	55 790

根据 ABC 公司 2016 年现金流量表编制的现金流入结构分析表如表 4—4 所示。

表 4—4　现金流入纵向结构百分比分析　单位:元

项　目	金　额	总体结构百分比
经营活动现金流入	3 144 474	89.07%
销售商品、提供劳务收到的现金	2 685 474	
收到其他与经营活动有关的现金	459 000	
投资活动现金流入	26 050	0.73%
收回投资所收到的现金	16 500	
取得投资收益所收到的现金	8 050	
处置固定资产所收回的现金净额	1 500	
筹资活动现金流入	360 000	10.20%
吸收投资所收到的现金	50 000	
借款所收到的现金	300 000	
收到的其他与筹资活动有关的现金	10 000	
现金流入合计	3 530 524	100.00%

该公司经营活动现金流入占现金流入总量的 89.07%,是其现金流入的主要来源。其中,主营业务收入占 85.4%,比较正常。该公司投资活动现金流入占现金流入总量的 0.73%,说明其投资活动获取的现金较少。其中,收回投资占 63.34%,取得投资收益占 30.90%,说明其投资现金流入大部分为回收资金而非获利。该公司筹资活动占现金流入总量的 10.20%,其中主要来自于借款融资。综上所述,维持该公司运行、支撑该公司发展所需要的大部分现金是在经营过程中产生的,这无疑是公司财务状况良好的一个标志。而收回投资、分得股利取得的现金,以及银行借款、发行债券、接受外部投资取得的现金对公司的运行起到了辅助性或补充性的融资作用。

(2)现金流出纵向结构分析

现金流出构成是反映企业经营活动的现金流出量、投资活动的现金流出量和筹资活动的现金流出量分别占现金总流出量的比重,具体反映企业的现金用于哪些方面。在一家企业的现金流出中,其经营活动的现金流出,如购买商品、接受劳动等活动支出的现金往往占较大的比重,投资活动和筹资活动的现金流出则因企业的财务政策不同而存在很大的差异。一般来说，在企业正常经营活动中，其经营活动的现金流出具有一定的稳定性，各期变化幅度不会太大，但投资和筹资活动的现金流出稳定性较差，甚至具有相当的偶发性。随着交付投资款、偿还到期债务、支付股利等活动的发生，当期该类活动的现金流出便会剧增。

在不同企业，不同时期分析企业现金流出的结构时，应结合具体情况具体分析。

$$\text{经营活动产生的现金流出占总现金流出的比重}=\frac{\text{经营活动产生的现金流出}}{\text{总现金流出}}\times 100\%$$

$$\text{投资活动产生的现金流出占总现金流出的比重}=\frac{\text{投资活动产生的现金流出}}{\text{总现金流出}}\times 100\%$$

$$\text{筹资活动产生的现金流出占总现金流出的比重}=\frac{\text{筹资活动产生的现金流出}}{\text{总现金流出}}\times 100\%$$

以上三类分析模式是以总现金流出的数据作为基数(即为100%)，然后将经营活动、投资活动和筹资活动以这个关键项目的百分比形式表示和纵向排列。

根据ABC公司2016年现金流量表编制的现金流出结构分析如表4－5所示。

表4－5　　现金流出纵向结构百分比分析　　单位：元

项　目	金　额	部分结构百分比	总体结构百分比
经营活动现金支出	3 132 034	100.00%	90.14%
购买商品、接受劳务支付的现金	2 454 800	78.38%	
支付给职工以及为职工支付的现金	80 000	2.55%	
支付的各项税费	561 234	17.92%	
支付的其他与经营活动有关的现金	36 000	1.15%	
投资活动现金流出	249 800	100.00%	7.19%
购建固定资产所支付的现金	229 800	91.99%	
投资所支付的现金	20 000	8.01%	
筹资活动现金流出	92 900	100.00%	2.67%
偿还债务所支付的现金	42 400	45.64%	
分配股利、利润或偿付利息所支付的现金	50 500	54.36%	
现金流出合计	3 474 734		100.00%

与现金流入结构分析类似，在ABC公司本期的现金流出量中，经营活动所付现金占90.14%，投资活动所付现金占7.19%，筹资活动所付现金占2.67%。将此现金流出量与现金流入量相结合，可以发现该公司的现金流入与流出主要来自经营活动；公司进行固定资产投资、支付投资者利润等现金需要主要来源于外部筹资，特别是举债筹资。从总体上看，该公司的运行是健康的，发展是稳定的。但应当特别注意公司以举债筹资扩大投资所带来的财务风险及其偿还能力。

(3)现金净流量纵向结构分析

它是反映企业经营活动、投资活动及筹资活动的现金净流量占企业全部净现金流量的百分比，以及企业本年度创造的现金及现金等价物净增加额中，以上三类活动的贡献程度。通过分析，可以明确本期的现金净流量主要由哪类活动产生，以此说明现金净流量形成的原因是否合理。

当企业的现金净增加额为正数时，如主要是由经营活动产生的现金流量净额引起的，则反映企业收现能力强，坏账风险小，其营销能力一般不错；如主要是由投资活动或处置非流动资产引起的，则反映企业生产能力正在衰退，从而处置资产以缓解资金压力，但也可能是企业在调整资产结构，应结合其他资料进行判断；如主要是由筹资活动引起的，则意味着企业在未来将负担更多股息或利息，除非该企业在未来产生更大的现金流量，否则将承受更大的财务风险。

当企业现金净增加额为负数、经营活动产生的现金流量净额为正数且数额较大时，一般是由于企业扩大投资或购置生产设备等所致，反映企业并非经营状况不佳，反而是未来可能有更大的现金流入。

通过以上分析，还可以进一步推断出企业生命周期所处阶段。总量相同的现金流量在经营活动、投资活动、筹资活动之间分布不同意味着不同的财务状况。此三类活动的不同组合具体如表 4－6 所示。

表 4－6　　组合分析表

现金流量方向			结果
经营活动	投资活动	筹资活动	
正	正	正	筹资、经营和投资能力强，效益好，财务风险小 需要警惕资金浪费，把握好投资机会
正	正	负	可能表明企业已步入成熟期，经营和投资活动都已经产生现金回报，并有能力偿还债务或向投资者支付报酬，财务风险小
正	负	正	可能表明企业仅仅依靠经济活动产生的现金流量不足以满足企业扩张的需求，需要另外筹集资金，反映企业处在业务成熟及迅速发展时期
正	负	负	表明企业依靠经营活动能产生足够的现金流量来回报投资者，同时满足企业扩张的需求
负	正	正	表明企业目前正常经营活动已出现问题，主营业务活动需要调整，需通过筹集资金来满足日常经营活动及企业产业调整的资金需求
负	负	正	表明企业需依靠筹集资金来满足产业调整或扩张的需求，弥补经营活动的现金不足，或处于初创阶段，或处于衰退期
负	正	负	可能表明企业需要依靠处置固定资产、无形资产和其他长期资产所收回的现金来弥补经营活动的现金短缺及偿还债务的资金需求，处于衰退期
负	负	负	表明企业只能依靠前期积累来维持日常经营活动、偿还债务，往往发生在盲目扩张后，财务风险较大

$$\text{经营活动产生的现金净流量比重}=\frac{\text{经营活动产生的现金净流量}}{\text{现金流量净额合计}}\times 100\%$$

$$\text{投资活动产生的现金净流量比重}=\frac{\text{投资活动产生的现金净流量}}{\text{现金流量净额合计}}\times 100\%$$

$$\text{筹资活动产生的现金净流量比重}=\frac{\text{筹资活动产生的现金净流量}}{\text{现金流量净额合计}}\times 100\%$$

根据前例，现金净流量结构如表 4－7 所示。

表 4—7　　现金净流量结构分析表

项　目	金额(元)	构成比率(%)
经营活动产生的现金流量净额	12 440	22.30
投资活动产生的现金流量净额	—223 750	—401.06
筹资活动产生的现金流量净额	267 100	478.76
现金净流量	55 790	100.00

在 ABC 公司本期的现金净流量结构中，投资活动引起现金净流量减少了 223 750 元，而经营活动只增加现金净流量 12 440 元，其余的现金缺口则是通过筹资活动得以弥补。筹资活动引起现金净流量增加 267 100 元，用于投资活动后尚有剩余。

该公司经营活动现金净流量为正数，投资活动现金净流量为负数，筹资活动现金净流量为正数，说明其正处于成长发展期。这时，销售呈现上升趋势，为了扩大市场份额，企业仍需要大量追加投资，但仅靠经营活动现金流量净额无法满足所需投资，因此，通过外部筹资作为必要补充，但这意味着在未来将负担更多股息或利息，承受更大的财务风险。

2. 现金流量内部结构分析

(1)现金流入的结构分析

现金流入的结构反映的是企业各项目业务活动的现金流入比重，即分别以经营活动产生的现金流入量、投资活动产生的现金流入量、筹资活动产生的现金流入量为关键项目，并以此项目的数据作为基数(即为 100%)，然后将各类中的现金流入项目都以这个关键项目的百分比形式表示。通过现金流入构成分析，可以明确企业的现金来源。

$$\text{经营活动产生的现金流入结构百分比}=\frac{\text{经营活动产生的现金流入各项目}}{\text{经营活动现金流入小计}}\times 100\%$$

$$\text{投资活动产生的现金流入结构百分比}=\frac{\text{投资活动产生的现金流入各项目}}{\text{投资活动现金流入小计}}\times 100\%$$

$$\text{筹资活动产生的现金流入结构百分比}=\frac{\text{筹资活动产生的现金流入各项目}}{\text{筹资活动现金流入小计}}\times 100\%$$

表 4—8 反映的是 ABC 公司现金流入结构分析。

表 4—8　　现金流入结构分析　　单位:元

项　目	金　额	部分结构百分比
经营活动现金流入	3 144 474	100.00%
销售商品、提供劳务收到的现金	2 685 474	85.40%
收到其他与经营活动有关的现金	459 000	14.60%
投资活动现金流入	26 050	100.00%
收回投资所收到的现金	16 500	63.34%
取得投资收益所收到的现金	8 050	30.90%
处置固定资产所收回的现金净额	1 500	5.76%
筹资活动现金流入	360 000	100.00%

续表

项　目	金　额	部分结构百分比
吸收投资所收到的现金	50 000	13.89%
借款所收到的现金	300 000	83.33%
收到的其他与筹资活动有关的现金	10 000	2.78%
现金流入合计	3 530 524	

从表4－8可以看出，在ABC公司实现的经营活动现金流入中，2016年“销售商品、提供劳务”占经营活动现金流入的85.40%，经营活动现金流入比重合理。该比率可以告诉我们企业经营活动现金流入的主要来源，可以判断经营活动能否为企业创造更多现金收入；同时，也是对其合理性进行分析的基础。2016年公司“收回投资”占全部投资活动现金流入的比重为63.34%。该比率可以告诉我们企业投资活动现金流入的主要来源，也是对其合理性、真实性进行分析判断的基础。2016年公司筹资活动现金流入主要来自于借款。

(2)现金流出的结构分析

现金流出的结构反映的是企业各项目业务活动的现金流出比重，即分别以经营活动产生的现金流出量、投资活动产生的现金流出量、筹资活动产生的现金流出量为关键项目，并以此项目的数据作为基数(即为100%)，然后将各类中的现金流出项目以这个关键项目的百分比形式表示。通过现金流出构成分析，可以明确企业的现金流分别用于三项活动的哪些具体方面。

$$\text{经营活动产生的现金流出结构百分比}=\frac{\text{经营活动产生的现金流出各项目}}{\text{经营活动现金流出小计}}\times 100\%$$

$$\text{投资活动产生的现金流出结构百分比}=\frac{\text{投资活动产生的现金流出各项目}}{\text{投资活动现金流出小计}}\times 100\%$$

$$\text{筹资活动产生的现金流出结构百分比}=\frac{\text{筹资活动产生的现金流出各项目}}{\text{筹资活动现金流出小计}}\times 100\%$$

表4－9反映的是ABC公司现金流出结构分析。

表4－9　　**现金流出结构分析**　　单位：元

项　目	金　额	部分结构百分比
经营活动现金流出	3 132 034	100.00%
购买商品、接受劳务支付的现金	2 454 800	78.38%
支付给职工以及为职工支付的现金	80 000	2.55%
支付的各项税费	561 234	17.92%
支付的其他与经营活动有关的现金	36 000	1.15%
投资活动现金流出	249 800	100.00%
购建固定资产所支付的现金	229 800	91.99%
投资所支付的现金	20 000	8.01%
筹资活动现金流出	92 900	100.00%

续表

项　目	金　额	部分结构百分比
偿还债务所支付的现金	42 400	45.64%
分配股利、利润或偿付利息所支付的现金	50 500	54.36%
现金流出合计	3 474 734	

从表4—9可以看出，ABC公司经营活动流出的现金中，“购买商品、接受劳务支付的现金”支出占主要地位，通过计算经营活动中各项明细所占流出量的比例，可以了解企业经营活动现金流出的主要途径，找出减少经营活动现金流出的途径，以便提高企业的盈利水平，并有效利用现金。公司投资活动的现金流出主要用于购建长期资产，占投资活动现金流出的91.99%。通过计算投资活动中各项明细所占流出量的比例，可以了解企业的投资活动现金流出的主要途径，以评价资金的使用风险，找到以最少的投入换取最大回报的途径。公司筹资活动现金流出主要用来偿还债务和分配股利、利润，分别占45.64%和54.36%。通过计算筹资活动中各项明细所占流出量的比例，可以了解企业的筹资活动现金流出的主要途径，以便进一步分析如何有效安排企业的资金使用节奏，防止财务危机的发生。

（二）横向结构分析

现金流量表的横向结构分析是指用金额、百分比的形式，对现金流量表内每个项目的本期或多期金额与其基期的金额进行比较分析，编制出横向结构百分比现金流量表，从而揭示差距，观察和分析企业现金流量的变化趋势；同时，对这些变化做进一步分析，找出其变化的原因，判断这种变化是有利的还是不利的，并力求对这种趋势是否会延续做出判断。

表4—10为ABC公司2015年、2016年的横向结构百分比现金流量表。

表4—10　　ABC公司横向结构百分比现金流量表　　单位：元

项　目	2015年金额	2016年金额	增加百分比
一、经营活动产生的现金流量			
销售商品、提供劳务收到的现金	2 495 050	2 685 474	7.63%
其他与经营活动有关的现金	420 966	459 000	9.03%
现金流入小计	2 916 016	3 144 474	7.83%
购买商品、接受劳务支付的现金	2 256 096	2 454 800	8.81%
支付给职工以及为职工支付的现金	76 000	80 000	5.26%
支付的各项税费	525 500	561 234	6.80%
支付的其他与经营活动有关的现金	34 400	36 000	4.65%
现金流出小计	2 891 996	3 132 034	8.30%
经营活动产生的现金流量净额	24 020	12 440	−48.20%
二、投资活动产生的现金流量			
收回投资所收到的现金	15 660	16 500	5.36%
取得投资收益所收到的现金	7 780	8 050	3.47%

续表

项 目	2015 年金额	2016 年金额	增加百分比
处置固定资产所收回的现金净额	1 730	1 500	－13.29％
现金流入小计	25 170	26 050	3.50％
购建固定资产所支付的现金	135 022	229 800	70.19％
投资所支付的现金	18 000	20 000	11.11％
现金流出小计	153 022	249 800	63.24％
投资活动产生的现金流量净额	－127 852	－223 750	－75.0％
三、筹资活动产生的现金流量			
吸收投资所收到的现金	46 000	50 000	8.70％
借款所收到的现金	180 000	300 000	66.67％
收到的其他与筹资活动有关的现金	6 000	10 000	66.67％
现金流入小计	232 000	360 000	55.17％
偿还债务所支付的现金	41 000	42 400	3.41％
分配股利、利润或偿付利息所支付的现金	44 700	50 500	12.98％
现金流出小计	85 700	92 900	8.40％
筹资活动产生的现金流量净额	146 300	267 100	82.57％
四、汇率变动对现金及现金等价物的影响	0	0	0
五、现金及现金等价物净增加额	42 468	55 790	31.37％

从表 4—10 的计算结果可以看出：

(1)该公司 2016 年度经营活动产生的现金流入、流出量均比上年有所增加，但流出量的增长幅度要略大于流入量的增长幅度，致使经营活动现金流量净额降低了 48.2％。应进一步查明现金流出增长相对过快的原因，及时对各项开支加以严格控制，加快应收账款的回收速度，以防止经营活动现金流量净额的进一步下降。

(2)该公司 2016 年度投资活动产生的现金流出量的增长幅度明显高于流入量的增长幅度，投资活动产生的现金流量净额呈现负增长趋势，说明投资规模有了新的扩张。其中，购建固定资产支出增长较为明显，说明该公司本期注重基本建设投资，故可预测市场前景好，刺激了公司的投资欲望，因而有可能带来新的利润增长机会，但应保证投资期限与筹资期限的相互匹配，否则有可能造成财务风险的增加。

(3)该公司 2016 年度筹资活动产生的现金流入量有大幅增加，这主要是投资活动对现金大量需求的结果。其中，大部分资金通过举债筹集，因此，应关注公司的偿债能力，下期应适当扩展新的筹资渠道，以降低财务风险。本期筹资活动产生的现金流出量变化幅度不大，主要是因为偿还债务以及支付利息等项支出与其相关的筹资活动相比，具有一定的滞后性。

二、现金流量表财务比率分析

有较强偿债能力的企业才能筹集到更多资金，从而为投资人带来更多利润。运用现金流量表分析企业的偿债能力，可以从以下两个方面进行分析：

(一)现金流量表偿债能力分析

关于企业的偿债能力，资产负债表曾详细介绍过流动比率，但企业有些项目，如呆滞的存货、收不回的应收账款等，虽具有流动资产的性质，但却不能再转变成流动资产，不再具有偿债能力。因此，仅用流动比率是不足以全面分析企业偿债能力的。现金流量表主要通过以下3个常用指标来分析企业的偿债能力：

1. 现金流动负债比率

现金(包括现金等价物)是衡量企业资产流动性的基本标准。企业持有现金的重要目的之一是偿债和支付，现金流动负债比率是衡量企业偿还短期债务能力的一个重要指标。其公式如下：

$$现金流动负债比率=\frac{现金及现金等价物余额}{流动负债期末合计}\times 100\%$$

其中，现金及现金等价物余额可以通过现金流量表中的“现金期末余额”和“现金等价物期末余额”加计求得，这两个项目可在现金流量表的补充资料里查找。

2. 现金负债总额比率

该比率主要用于衡量企业用经营活动产生的现金净额偿还全部债务的能力。其公式如下：

$$现金负债总额比率=\frac{经营活动产生的现金流量净额}{全部债务}\times 100\%$$

公式中的“全部负债”包括流动负债和长期负债。必须指出，企业可根据自身情况选择一些确实需要偿还的债务项目列入“全部负债”中。这一比率越高，说明企业举借债务的能力越强。

无论是现金到期债务比率还是现金负债总额比率，都有一个前提条件，即经营活动产生的现金净流量大于0；如果小于或等于0，就谈不上用经营活动产生的现金净流量还债，自然这两个比率也失去了意义。

不论是长期负债还是短期负债，都是企业需要用现金支付的债务，所以，仅仅考虑流动负债是不全面的，还需要衡量企业的所有债务偿还能力，即现金债务总额比。

【例4—4】 ABC公司经营活动的现金净流量为3 811万元，债务总额为27 075万元，则：

现金负债总额比率＝3 811÷27 075×100％＝14.08％

该公司最大的付息能力是14.08％，即利息高达14.08％时，企业仍能按时付息。只要能按时付息，就能借新债还旧债，维持现有的债务规模。如果市场利率是10％，那么该公司最大的负债能力是3 811÷10％＝38 110(万元)。仅从付息能力看，公司还可借债11 035万元(38 110－27 075)。可见，该公司的举债能力较强。如果该比率低于银行贷款利率，情况就不妙了。

3. 现金到期债务比率

该比率的基本原理是企业的债务在很大程度上要由经营活动产生的现金净流量进行偿还，借新债还旧债既难以操作又有风险，而投资活动无法保证总是有现金的净流入。这一比率突出了经营活动对企业的重要性。其公式如下：

$$现金到期债务比率=\frac{经营活动现金净额}{本期到期债务}\times 100\%$$

式中，本期到期债务是指即将到期的长期债务和应付票据，不包括短期借款和应付账款。通常，企业到期的长期负债和本期应付票据是不能延期的，到期必须如数偿还，对这一指标，可根据其大小直接判断企业的即期偿债能力，可以帮助报表使用者对企业即将到期且不能展期的债务的偿还能力进行衡量。一般认为，该比率应当大于1。该比率越高，表示企业资金流动性越强，企业到期偿还债务的能力就越强。

(二)现金流量表盈利能力分析

利用现金流量表分析企业的盈利能力，就是把经营活动产生的现金净流量与净利润、企业总资本等进行比较，从而揭示企业保持现有经营水平、创造未来利润的能力。

1. 销售现金比率

销售现金比率即经营活动现金净流量与同期销售收入总额的比率，能准确反映企业每实现100元收入所收到的净现金是多少。

$$\text{销售现金比率}=\frac{\text{经营活动现金净流量}}{\text{销售收入总额}}\times 100\%$$

【例4—5】 ABC公司经营活动现金净流量为572.40万元，销售收入总额为3 749.40万元，则：

销售现金比率=572.40÷3 749.40×100%=15.27%

可以看出，该公司在2016年每实现100元收入并付完所有该付的款项后，自己能收进口袋里的是15.27元。

2. 总资产净现率

该比率是经营活动现金净流量与企业平均总资产的比值，用来衡量每100元资产本年度通过经营带来多少“纯粹”的现金。

$$\text{总资产净现率}=\frac{\text{经营活动现金净流量}}{\text{平均资产总额}}\times 100\%$$

【例4—6】 ABC公司2016年经营活动现金净流量为572.40万元，资产总额为1 528.70万元，平均资产总额为1 091.50万元，则：

总资产净现率=572.40÷1 091.50×100%=52.44%

可以看出，2016年该公司每100元资产中，最终能带来的“纯粹”现金有52.44元，说明公司的盈利能力非常强。

3. 盈利现金比率

该比率是经营活动现金净流量与本企业本年净利润的比值，用来衡量企业每获得的100元利润中，有多少是从经营活动获得的可以随时使用的“真真切切”的现金。

$$\text{盈利现金比率}=\frac{\text{经营活动现金净流量}}{\text{净利润}}\times 100\%$$

【例4—7】 ABC公司2016年经营活动现金净流量为572.40万元，净利润为710.40万元，则：

盈利现金比率=572.40÷710.40×100%=80.57%

可以看出，该公司每实现100元利润，有80.57元现金净收入来源于公司日常的经营，这部分可以支配的净收入占净利润的比率较高。

本章小结

现金流量表是反映企业在一定会计期间现金流量信息的会计报表。本章分别介绍了经营活动产生现金流量项目的编制和分析,筹资活动产生现金流量项目的编制和分析,投资活动产生现金流量项目的编制和分析,以及现金流量项目组合分析。现金流量项目组合分析包括现金流量表结构分析和现金流量表财务比率分析。

练习题

一、单项选择题

1. 下列各项中,能使经营现金流量减少的是(　　)。

A. 无形资产摊销　　B. 出售长期资产利得

C. 存货增加　　D. 应收账款减少

2. 在企业处于高速成长阶段,投资活动现金流量往往是(　　)。

A. 流入量大于流出量　　B. 流出量大于流入量

C. 流入量等于流出量　　D. 不一定

3. 根据《企业会计准则——现金流量表》的规定,支付的现金股利归属于(　　)。

A. 经营活动　　B. 筹资活动　　C. 投资活动　　D. 销售活动

4. 企业采用间接法确定经营活动现金流量时,应该在净利润的基础上(　　)。

A. 加上投资收益　　B. 减去预提费用的增加

C. 减去固定资产折旧　　D. 加上投资损失

5. 下列财务活动中,不属于企业筹资活动的是(　　)。

A. 发行债券　　B. 分配股利

C. 吸收权益性投资　　D. 购建固定资产

二、多项选择题

1. 现金流量表中现金所包括的具体内容有(　　)。

A. 库存现金　　B. 银行存款　　C. 短期证券　　D. 发行债券

2. 下列各项中,属于筹资活动现金流量的有(　　)。

A. 短期借款增加　　B. 资本净增加

C. 增加长期投资　　D. 偿还长期债券

3. 从净利润调整为经营活动现金流量,应调增的项目有(　　)。

A. 流动负债减少　　B. 财务费用

C. 不减少现金费用　　D. 非流动资产增加

4. 下列活动中,属于经营活动产生的现金流量的有(　　)。

A. 销售商品收到的现金　　B. 分配股利支出的现金

C. 提供劳务收到的现金　　D. 出售设备收到的现金

5. 从经营活动现金流量调整为净利润，应调减的项目有(　　)。

A. 流动负债减少　　B. 投资损失

C. 不减少现金费用　　D. 非现金流动资产减少

三、判断题

1. 固定资产折旧的变动不影响当期现金流量的变动。(　　)
2. 经营活动产生的现金流量大于0，说明企业盈利。(　　)
3. 企业分配股利必然引起现金流出量的增加。(　　)
4. 利息支出将对筹资活动现金流量和投资活动现金流量产生影响。(　　)
5. 企业支付所得税将引起筹资活动现金流量的增加。(　　)

四、简答题

1. 什么是现金流量？现金流量表中的"现金"具体包括什么？
2. 现金流量表包括哪几个部分？三大活动现金流量具体包括哪些科目？
3. 分析不同现金流量组合的内涵，说明什么组合较为理想？
4. 现金流量表的结果分析包括哪几个方面？
5. 如何评价企业的筹资活动现金流入状况？是否越多越好？

五、业务题

1. 某企业本期销售产品一批，开出的增值税专用发票上注明的销售价款为100万元，增值税销项税额为17万元，以银行存款收讫；应收票据期初余额为20万元，期末余额为5万元；应收账款期初余额为30万元，期末余额为10万元；另外，本期因商品质量问题发生退货，支付银行存款4万元；本期购买原材料，收到的增值税专用发票上注明的材料价款为80万元，增值税进项税额为13.6万元，款项已通过银行转账支付；本期支付应付票据9万元；购买工程用物资15万元，货款已通过银行转账支付。

要求：

(1)计算本期销售商品、提供劳务收到的现金。

(2)计算本期购买商品、接受劳务支付的现金。

2. 某公司2012年发生管理费用2 500万元，其中，以现金支付退休工人统筹退休金200万元、行政管理人员工资800万元、经营租赁费10万元、无形资产摊销200万元，计提固定资产折旧400万元，其余均以现金支付。假定不考虑其他因素。

要求：计算该公司2012年现金流量表中"支付其他与经营活动有关的现金"项目的金额。

3. 某企业流动负债总额为1 602万元，债务总额为1 722万元，销售收入总额为11 248.2万元，资产总额年初为1 962.9万元、年末为4 586.1万元，期末现金资产为1 701.3万元，期末现金净额为1 717.2万元，企业平均资产总额为3 274.5万元。

要求：计算现金流动负债比率、现金债务总额比率、销售现金比率、总资产净现率。

4. 某公司2012年现金流量表有关资料如表4—11所示。

表 4—11　　　　　　　　　　　　某公司 2012 年现金流量表相关资料

项　目	现金流量（万元）	现金流入结构（%）	现金流出结构（%）	现金净流量结构（%）
一、现金流入				
经营活动现金流入	52 140			
投资活动现金流入	1 410			
筹资活动现金流入	51 450			
现金流入合计	105 000			
二、现金流出	45 120			
经营活动现金流出	13 700			
投资活动现金流出	30 180			
筹资活动现金流出	89 000			
现金流出合计				
三、现金净流量				
经营活动现金净流量	7 020			
投资活动现金净流量	—12 290			
筹资活动现金净流量	21 270			
现金净流量合计	16 000			

要求：计算填列现金流量表中的现金流入结构、现金流出结构和现金净流量结构，并对计算结果进行分析。

第五章　所有者权益变动表及会计报表附注分析

学习目标

本章重点介绍了所有者权益变动表和会计报表附注的性质、作用以及分析方法。通过本章的学习，了解和掌握两个方面的内容：一是所有者权益变动表的分析，包括所有者权益变动表的性质和作用、格式与内容，所有者权益变动表的阅读以及重点项目的分析方法，并能够通过本表与资产负债表、利润表相关内容的钩稽关系，对企业的资本结构、财务状况和盈利能力做出分析评价；二是会计报表附注的分析方法，包括了解会计报表附注的内容和作用，掌握会计报表附注的分析方法，准确解读企业的财务信息。

引导案例

甬成功2000年年报显示，公司实现主营业务收入20 365万元、利润总额6 216万元、净资产约2.5亿元，但在“重要诉讼、仲裁事项”中披露，1996年为外单位提供借款和信用证担保，担保金额为430万美元，因借款人逾期未归还，借款人和本公司均被贷款人告上法庭。这已在之后几年的年报和中报“(七)其他重大合同或事件”中披露，对外提供担保或反担保金额1.2亿元(其中，为控股子公司提供的担保或反担保金额达9 000万元)，占其净资产的近50%。这些贷款的担保期限都在1年以内，也就是说，如果子公司在2001年无法按时偿还贷款，上市公司就有可能用一半的净资产向银行还债，投资者要特别小心。

可见，所有者权益变动表和会计报表附注反映的信息对报表使用者有很重要的作用，学会分析所有者权益变动表和会计报表附注，对报表使用者来说有着很重要的意义。

(http://money.163.com/editor/010212/010212－35461.html.)

[**思考**]　怎样对所有者权益变动表和会计报表附注进行分析？

第一节　所有者权益变动表及其分析

企业会计报表体系包括资产负债表、利润表、现金流量表、所有者权益(或股东权益，下同)变动表和附注。所有者权益变动表为主要报表之一，其地位和作用的重要性得到了体现。

一、所有者权益变动表的含义、性质和作用

(一)所有者权益变动表的含义与性质

所有者权益变动表是反映企业在一定期间内构成所有者权益的各组成部分的增减变动情况的报表,属于年度会计报表,反映三个方面的内容:一是因资本业务而导致所有者权益总额发生变动的项目,即所有者投入资本和向所有者分配利润;二是所有者权益项目内部的变动,如提取盈余公积;三是综合收益导致的所有者权益的变动。综合收益由两部分构成,即直接计入所有者权益的利得和损失以及净利润。

所有者权益是企业资产扣除负债后由所有者享有的剩余权益,是企业自有资本的来源,它的数量多少、内部结构变动等都会对企业的财务状况和经营发展趋势带来影响。这张报表已成为报表使用者十分关注的主要报表之一。

(二)所有者权益变动表的作用

1. 有利于揭示企业抵御财务风险的能力,为报表使用者提供企业盈利能力方面的信息

所有者权益是企业的自有资本,也是企业生产经营、承担债务责任、抵御财务风险的物质基础。所有者权益的增减变动直接决定着企业经济实力的强弱变化,即企业承担债务的责任、抵御财务风险的能力变化。而所有者权益的增减主要源于企业利润的增长,所以,该表间接地反映了企业的盈利能力,从而为报表使用者提供企业盈利能力方面的信息。

2. 有利于对企业的保值增值情况做出正确判断,揭示所有者权益增减变动的原因

所有者权益变动表反映企业自有资本的质量,揭示所有者权益变动的原因,为报表使用者正确地评价企业的经营管理工作提供信息。所有者权益的增减变动有多种原因,该表全面记录了影响所有者权益变动的各个因素的年初余额和年末余额。通过每个项目年末和年初余额的对比以及各项目构成比例的变化,揭示所有者权益变动的原因及过程,从而为报表使用者判断企业自有资本的质量、正确评价企业的经营管理工作提供信息。

3. 有利于了解企业净利润的分配去向以及评价利润分配政策

所有者权益变动表反映企业股利分配政策及现金支付能力,为投资者的投资决策提供全面信息。该表既有资产负债表中的项目内容(所有者权益),又有利润表中的项目内容(净利润),还包括利润分配的内容。同时,向所有者支付多少利润取决于企业的股利分配情况,不仅向投资人或潜在投资人提供了有关股利分配政策和现金支付能力方面的信息,而且通过这一过程将新企业会计准则的“四大”主要报表有机地联系在一起,为报表使用者全面评价企业的财务状况、经营成果和发展能力提供了全面信息。

(三)所有者权益变动表分析的目的

第一,通过对所有者权益变动表的分析,可以清晰地体现会计期间所有者权益各个项目的变动规模与结构,了解变动趋势,反映企业净资产的实力,提供保值增值的重要信息。

第二,通过对所有者权益变动表的分析,可以进一步从收益角度报告更全面、更有用的财务业绩信息,以满足报表使用者投资、信贷及其他经济决策的需要。

第三,通过对所有者权益变动表的分析,可以反映会计政策变更的合理性以及会计差错更正的幅度,具体报告由于会计政策和会计差错更正对所有者权益的影响数额。

第四,通过对所有者权益变动表的分析,可以反映股权分置、所有者权益分配政策、再筹资方案等财务政策对所有者权益的影响。

二、所有者权益变动表的格式和内容

(一)所有者权益变动表的格式

所有者权益变动表包括表首和正表两个部分。其中,表首说明报表名称、编制单位、编制日期、报表编号、货币名称、计量单位等;正表是所有者权益变动表的主体,具体说明所有者权益变动表的各项内容,包括实收资本(或股本)、资本公积、法定盈余公积和任意盈余公积、未分配利润等。每个项目又分为年初余额、本年增加数、本年减少数、年末余额4个小项,每个小项又分别具体情况列示不同的内容。所有者权益变动表的格式见表5—1。

表5—1　　所有者权益变动表

编制单位:××公司　　××年度　　单位:元

项　目	本年金额						上年金额					
	实收资本	资本公积	库存股(减项)	盈余公积	未分配利润	所有者权益合计	实收资本	资本公积	库存股(减项)	盈余公积	未分配利润	所有者权益合计
一、上年年末余额												
加:会计政策变更												
前期差错更正												
二、本年年初余额												
三、本年增减变动金额(减少以"—"号填列)												
(一)净利润												
(二)直接计入所有者权益的利得和损失												
1. 可供出售金融资产公允价值变动净额												
2. 权益法下被投资单位其他所有者权益变动的影响												
3. 与计入所有者权益相关的所得税影响												
4. 其他												
上述(一)和(二)小计												
(三)所有者投入和减少的资本												
1. 所有者投入资本												
2. 股份支付计入所有者权益的金额												
3. 其他												
(四)利润分配												
1. 提取盈余公积												
2. 对所有者的分配												
3. 其他												
(五)所有者权益内部结转												
1. 资本公积转增资本												
2. 盈余公积转增资本												
3. 盈余公积弥补亏损												
4. 其他												
四、本年年末余额												

(二)所有者权益变动表的内容

所有者权益变动表在一定程度上体现了企业全面收益的特点,除列示直接计入所有者权益的利得和损失外,还包含最终属于所有者权益变动的净利润,从而构成企业的综合收益。

从反映的时间看,所有者权益变动表包括上年金额和本年金额两个部分,列示两个会计年度所有者各项目的变动情况,便于对前后两个会计年度的所有者权益总额和各组成项目进行动态分析。

从反映的项目看,所有者权益变动表反映的内容可分为以下五个方面:

1. 所有者权益各项目本年年初余额的确定

一般情况下,本年的年初余额等于上年的年末余额。但如果企业年度内发生会计政策变更和会计差错更正等事项,需要对上年所有者权益进行调整的,企业在上年年末余额的基础上,将会计政策变更和会计差错更正的影响金额在本表中单独列示,将上年年末余额调整为本年年初余额。

2. 本年度取得的影响所有者权益增减变动的收益和利得或损失

其中,企业正常生产经营产生的净利润以及直接计入当期损益的利得和损失包含在净利润中;企业发生的直接计入所有者权益的利得和损失需要单列项目反映,主要包括可供出售金融资产公允价值变动净额、权益法下被投资单位其他所有者权益变动的影响、与计入所有者权益项目相关的所得税影响等。

3. 所有者投入或减少资本引起的所有者权益的增减变化

因企业经营方向调整或规模的变化,需要增加或减少资本,所有者权益变动表应予以反映,包括所有者投入资本、股份支付计入所有者权益的数额等。

4. 利润分配引起的所有者权益各项目的增减变化

新准则将利润分配的内容放在所有者权益变动表中,并且由原来的附表上升为主表,充分说明了该表的重要性。利润分配反映企业经营成果的用途,主要包括提取盈余公积金、向所有者(或所有者)分配利润等。

5. 所有者权益内部项目之间的相互转化

这主要包括资本公积转增资本、盈余公积转增资本、盈余公积补亏等。所有者权益内部项目之间的相互转化会引起资本结构的变化,但不会影响资本总额。

三、所有者权益变动表的编制

所有者权益变动表各项目应当根据当期净利润、直接计入所有者权益的利得和损失项目、所有者投入资本和向所有者分配利润、提取盈余公积等情况分析填列。

在本表中,直接计入当期损益的利得和损失应包含在净利润中。直接计入所有者权益的利得和损失应单列项目反映,主要包括三项:一是可供出售金融资产公允价值变动净额,二是权益法下被投资单位其他所有者权益变动的影响,三是与计入所有者项目相关的所得税影响。

四、所有者权益变动表的分析

对所有者权益变动表进行分析,主要应从所有者权益增减变动和利润分配两个方面进行。

(一)所有者权益变动分析

所有者权益变动分析就是根据所有者权益变动表的资料和其他报表资料,分析企业所有者权益总额和各具体项目的增减变动情况及变动趋势，以揭示增减变动的原因、存在的问题和差距。

所有者权益增减变动分析主要包括所有者权益增减变动比较分析和所有者权益增减变动比率分析。

1. 所有者权益增减变动比较分析

比较分析是指通过同类财务指标在不同时期或不同情况下数量上的比较，揭示指标间差异或趋势的一种方法。就所有者权益增减变动而言，主要是对前后期所有者权益总额、所有者具体项目进行差异额和差异率分析，以了解指标完成情况、变动趋势，从而找到努力的方向。

在分析所有者权益增减变动时，重点分析本年增减变动金额与资本公积变动情况。

本年增减变动金额项目分析是该表分析的核心部分，反映所有者从年初到年末的增减变化全过程及原因，具体内容如下：

(1)净利润

该项目与利润表中的“净利润”一致。需要说明的是，净利润中包括直接计入当期损益的利得和损失。

(2)直接计入所有者权益的利得和损失

利得与收入不同，它不是经常性的收入，而是带有偶然性质的所得。将这种上下年之间没有可比性的偶然收益单独列示，向报表使用者披露增减的详细原因，有利于报表使用者对企业的财务状况、经济实力做出正确的判断。

(3)所有者投入和减少资本

企业的实收资本因各种情况会发生增减变化，所有者权益变动表要求单独列示以下三项内容：

①所有者投入资本。所有者投入资本通常采用如下形式：投资者追加投入的资本；分配股票股利，在办理增资手续后增加的股本；发行的可转换公司债券按规定转为股本；与债权人协商，将重组债务转为资本；等等。该项内容会引起企业实收资本(或股本)的增加。

②股份支付计入所有者权益的金额。企业以权益结算的股份支付换取职工或其他方提供的服务的，应在行权日根据实际行权的权益工具数量计算确定应计入实收资本或股本的金额，将其转入实收资本或股本。该项内容会引起企业实收资本(或股本)的增加。

③企业实收资本减少。引起企业实收资本减少的主要原因有两个：一是资本过剩，二是发生重大亏损需要减少实收资本。企业减少注册资本，须按照法定程序报经批准。股份有限公司采用收购本企业股票方式减资的，按注销股票的面值总额减少股本。购回股票支付的价款超过面值总额的部分，应依次冲减资本公积和留存收益；购回股票支付的价款低于面值总额的，应按股票面值总额减少股本，与实际支付的金额的差额增记“资本公积——股本溢价”账户。另外，中外合作经营企业根据合同规定在合作期间归还投资者的投资时，也会引起资本的减少。

(4)利润分配

企业的税后净利润应按规定的程序进行分配，包括提取盈余公积、计算应付现金股利或利润等，剩余的部分为未分配利润。所有者权益变动表要求单独列示以下两项利润分配的内容：

①提取盈余公积。一般企业提取盈余公积包括提取法定盈余公积和提取任意盈余公积两个部分。盈余公积项目反映的内容还包括中外合作经营企业在经营期间用利润归还的投资，

金融企业计提的“一般风险准备”,外商投资企业计提的“储备基金”“企业发展基金”和“职工奖励及福利基金”等。

②对所有者(或股东)的分配。企业在按规定计提了盈余公积、储备基金、风险准备等基金后,应制订股利分配方案。企业经股东大会或类似机构决议,分配给股东或投资者的现金股利或利润,记入“应付股利”;分配给股东的股票股利,在办理增资手续后,转作股本。

(5)所有者权益内部结转

所有者权益内部各项目之间的结转不会引起所有者权益总额的变化。所有者权益变动表要求单独列示下列三项内容:

①资本公积转增资本。资本公积转增资本是指企业为扩充资本的需要,经股东大会或类似机构决议,将资本公积的一部分转为实收资本,该业务不增加所有者权益总额,但改变了资本结构。

②盈余公积转增资本。其形式与资本公积转增资本类似,但盈余公积转增资本所减少的是留存收益,是利润与资本之间的转化,因此它与资本公积转增资本有本质的区别。

③盈余公积弥补亏损。弥补以前年度经营亏损的途径包括三种,用盈余公积补亏只是其中的一种,企业还可以用以后年度税前利润(现行规定为5年内)和税后利润弥补亏损。金融企业用一般风险准备弥补亏损,也应在该项目中有所反映。

(6)资本公积变动情况分析

资本公积不同于实收资本,实收资本是投资者对企业的原始投入,而资本公积是由特定来源形成的,除股本溢价外,主要来自非所有者投入。从性质上讲,资本公积属于所有者权益,有特定的使用流向,是一种“准资本”。在对所有者权益变动表进行分析时,要了解资本公积的形成过程,破解其使用流向,以便于投资者对企业的自有资本质量做出准确的判断。

资本公积增加的原因包括以下内容:

①资本溢价。这包括企业收到投资者投入的股本与在股本中所占份额的差额;企业发行的可转换公司债券按规定转为股本时形成的差额;企业将重组债务转为股本时形成的差额;企业经股东大会或类似机构决议,用资本公积转增股本时形成的差额;等等。

②其他资本公积。其他资本公积是指除资本溢价(股本溢价)、接受捐赠非现金资产准备、股权投资准备、拨款转入、外币资本折算差额、关联交易差价等各项来源形成的资本公积外,因其他来源或原因形成的资本公积,其中主要是计入所有者权益的利得和损失。它是由特定资产的计价变动形成的,当处置特定资产时,其他资本公积也应一并处置,具体内容包括以权益结算的股份支付。企业根据以权益结算的股份支付协议授予职工或其他方提供服务的,应按权益工具授予日的公允价值计入其他资本公积;在行权日,应按实际行权的权益工具数量计算确定的金额,转为实收资本和资本溢价;可转换债券的转换权价值在债券发行时,原处理原则为:记入“资本公积——其他资本公积”账户的贷方,实际转换时从贷方转入“资本公积——其他资本公积”账户的借方;2014年企业会计准则修改后,贷记“其他权益工具”账户。

资本公积减少的原因主要是转增资本,分析时要注意转增资本的额度,以及转增资本后的股数和新的股权比例情况,可通过转增资本前后的股本收益率、每股盈利、每股净资产等指标进一步分析。

2. 所有者权益增减变动比率分析

比率分析是通过计算同一时日或同一时期相关财务指标的比值来揭示它们之间的关系及

其经济意义，借以评价企业财务状况和经营成果的一种方法，具体包括相关比率分析和构成比率分析。

(1)相关比率分析

与所有者权益有关的相关比率有资本报酬率、净资产收益率、保值增值率、负债权益比率（产权比率）、附加资本（附加资本是指企业权益资本扣除实收资本后的余额，表示企业用所有者实际投资带来的资本积累）对实收资本比率。通过与标准、与前期、与同行比较，找出差距并分析原因。

(2)构成比率分析

对所有者权益总体结构、所有者权益各具体项目增减内部结构（编制百分比所有者权益变动表）进行比对分析，以揭示增减变动原因。

（二）利润分配分析

利润分配分析应包括利润分配活动全面分析、利润分配项目分析和利润分配政策分析。

1. 利润分配活动全面分析

利润分配活动全面分析主要是对利润分配的规模、结构的变动情况和利润分配的变动趋势进行分析。通过分析，揭示利润分配规模、结构和趋势变动的原因，并对其变动情况及变动的合理性做出评价。

(1)利润分配规模及变动分析

利润分配规模及变动分析就是要对企业本期净利润分配的各项实际数与前期的实际数进行对比，以揭示各主要分配渠道分配额的增减变动情况，确定其增减变动的原因及变动的合理性。对利润分配规模及其变动分析主要是根据所有者权益变动表的数据，与企业历史年度数据相比，分析各分配项目的变动数量和变动率。

(2)利润分配结构及变动分析

利润分配结构是指各分配渠道的分配额占可供分配利润总额的比重。通过结构分析可以反映利润分配项目与总体的关系及其变动情况。

(3)利润分配趋势分析

利润分配趋势分析是依据企业若干会计期间的所有者权益变动表所提供的利润分配情况，选择某一会计期间的资料作为基期，设该会计期间各个项目数额为100%，然后将其他会计期间相同项目的数据按基期项目数的百分比列示，进行序时的、连续的对比，以了解其发展变化趋势。

2. 利润分配项目分析

利润分配项目分析主要是对企业留用利润项目和利润（或股利）分配进行分析，通过分析影响留用利润和利润（或股利）分配的因素，研究企业股利与留存收益之间比例关系确定的合理性。

(1)企业留用利润的分析

企业留用利润包括盈余公积（法定盈余公积、任意盈余公积）和未分配利润，留用利润的分析可以从我国法律环境、所有者因素、企业因素及其他方面着手进行。

(2)利润（或股利）分配分析

股利是企业按所有者所持股份的比例分配给所有者的本期或累计盈余利润。对企业股利分配的分析可以结合企业不同生命周期、收益的稳定性等方面进行。

3. 利润分配政策分析

利润分配政策分析主要是对利润分配政策和股利支付方式的选择进行分析，通过了解股利分配政策（如剩余股利政策、固定股利政策、固定股利比例政策、不分配股利政策、正常股利加额外股利政策等）、股利支付方式的类型（如现金股利、财产股利、负债股利、股票股利等）及其优缺点，结合利润分配项目分析，评价企业选择股利政策的适当性与合理性。

五、所有者权益变动表的局限性

在分析会计报表时，所有者权益变动表与资产负债表、利润表一样，有相同的局限性。这些局限性主要体现在不能直接反映所有者权益变动的真实情况、不能精确反映非量化的财务信息等。

第二节　会计报表附注及其分析

会计报表附注是会计报表的重要组成部分，是对会计报表中列示项目的文字描述或明细资料，以及对未能在报表中列示项目的说明，对于正确理解会计报表起着重要的作用。

一、会计报表附注的性质和作用

（一）会计报表附注的性质

由于受格式、反映形式等的限制，会计报表本身所提供的信息有时并不能完全满足报表使用者的需要，如会计报表中所规定的内容具有一定的固定性和规定性，只能提供货币化的定量的财务信息，对会计信息使用者决策具有重要意义的非货币化或非量化会计信息则无法反映，而这些信息又是报表使用者需要了解的，因此，必须借助于会计报表附注来说明。随着报表使用者对会计信息需求的增长，报表附注的内容呈不断扩展的趋势，现在的会计报表附注不仅包括对有关报表项目的分解与解释，而且包括企业编制报表所依据的会计政策、会计事项的不确定性与风险说明，以及对编表日后所发生的重大事项的说明等。会计报表附注既可以对会计报表的有关内容做详细解释，也可以对报表内容做必要补充，甚至可以成为阅读会计报表的前提条件。

（二）会计报表附注的作用

1. 提高会计报表的可比性

会计报表是依照会计准则编制而成的，而会计准则在许多方面规定了可供选择的多种处理方法，企业可以结合本行业的特点及其具体情况择定，这就导致了不同行业或同一行业中各个企业所提供的会计信息之间的差异。另外，会计报表处理方法应坚持一贯性，但在情况发生变化时，企业有可能改变原来采用的会计处理方法。会计处理方法的变更自然会影响会计信息的可比性，因此，在财务会计报告中，通过会计报表附注，用适当的方式来说明企业所选用的会计政策及其变更大大提高了不同企业及本企业前后期间会计资料的可比性。

2. 增进会计报表信息的可理解性

会计报表的数据之间存在内在逻辑关系，但对于不具备一定会计基础知识的报表使用者来说，很难理解这种逻辑关系。报表使用者有着不同的知识背景和工作经验，他们对信息需求的内容各不相同、各有侧重。因此，会计报表的可理解性就成为报表编制者必须为报表分析者提供的一个基本条件。这个基本条件即需要企业会计人员对财务报表中的项目数据进行解释，将一个个抽象的会计数据分解成若干个具体项目，并说明产生各项目所选择或采用的会计方法，这样才能真正有助于报表使用者正确理解会计报表，正确读取所需要的会计信息。

另外，从两者反映的具体形式上来看，会计报表以数据表示为主，会计报表附注则重点在文字说明，辅以数据解释，通过两者之间的相互作用和影响，不但能使具备会计知识的人士加深理解，而且能使非会计专业的其他人士"看懂"会计报表。

3. 体现会计报表信息的完整性

会计报表附注不仅包括企业采用的主要会计政策、会计报表重要项目的明细资料，而且包括不能在表内反映的对企业重要事项的揭示等，从而使会计报表提供的信息更加完整，有助于报表使用者更全面地了解企业的财务状况、经营成果和现金流量信息。

4. 突出会计报表信息的重要性

会计报表中所含的数量信息较多，内容复杂，使用者可能会抓不住重点，对其中的重要信息了解不够全面、详细。通过会计报表附注，可将会计报表中的重要数据进一步予以分解说明，以帮助使用者了解哪些是重要信息，哪些是应当引起足够关注或重视的信息，哪些信息能够对企业未来产生重要影响等。

二、会计报表附注的内容

会计报表附注的内容应该结合报表使用者和提供者对信息的要求来确定。

从会计信息的需求方来看，不同的信息使用者对会计报表附注的内容多少、繁简程度有不同的要求。例如，对于企业内部分析师、外部分析师、风险投资机构来说，他们希望企业能提供的会计信息越多、越详细越好，以便其深入、全面地掌握企业的财务状况和运营状况；而对于短期持有公司股票的股东来说，他们可能并不需要很多附注信息，阅读过多的附注内容或许对他们来说意味着时间的浪费。会计报表附注内容过于庞杂有时还会给人抓不住重点的感觉。

从财务会计信息提供者的角度来看，他们或许不愿提供太多的附注资料，以避免透露过多的商业秘密和花费过多的会计报表编制成本，避免遭到报表使用者的无端指责、猜忌等麻烦；但有时，出于向公众宣传企业的良好形象、吸引投资者注意等目的，他们也会不厌其烦地在会计报表附注中披露大量信息。

因此，对于政府机构、监管机构及其他会计管理机构来说，必须研究和确定会计报表附注需要包括的内容。会计管理部门一般只对会计报表附注"至少"应包括哪些内容做出规定。以我国新颁布实施的《企业会计准则》为例，会计报表附注的主要内容如下：

(一)企业的基本情况

这部分介绍企业的基本信息，是进行财务报告分析时首先需要了解的，具体包括以下内容：(1)企业注册地、组织形式和总部地址；(2)企业的业务性质和主要经营活动；(3)母公司及集团所属子公司的名称；(4)财务会计报告的批准报出者和批准报出日。

(二)会计报表的编制基础

会计报表的编制是基于一定的会计假设(会计主体、持续经营、会计分期、货币计量)的。只有符合公认的基本会计假设编制的会计报表才不会误导使用者，所以，只要是按照公认的会计假设编制的会计报表，一般情况下无须特别说明。但如果编制的会计报表未遵循基本会计假设，则必须予以披露，说明理由。例如，通常情况下，会计报表是以持续经营假设为前提编制的，如果企业是以非持续经营为前提，则应当在报表附注中予以专门说明。

（三）遵循企业会计准则的声明

企业应当声明编制的会计报表符合企业会计准则的要求，真实、完整地反映了企业的财务状况、经营成果和现金流量等有关信息。

（四）重要会计政策和会计估计

会计政策是指企业在会计确认、计量和报告中所采用的原则、基础和会计处理方法。企业采用的会计计量基础也属于会计政策。会计估计是指企业对其结果不确定的交易或事项以最近可利用的信息为基础所做的判断。

企业应当披露采用的重要会计政策和会计估计，不重要的会计政策和会计估计可以不披露。在披露重要会计政策和会计估计时，应当披露重要会计政策的确定依据和会计报表项目的计量基础，以及会计估计中所采用的关键假设和不确定因素。

上市公司通常会披露以下重要的会计政策和会计估计：(1)应收款项坏账准备计提方法。对于单项金额重大的应收款项，单独进行减值测试。有客观证据表明其发生了减值的，根据其未来现金流量现值低于其账面价值的差额，确认减值损失，计提坏账准备。(2)存货核算方法。(3)固定资产计价、折旧方法和减值准备的计提方法。(4)无形资产计价及摊销方法。(5)收入确认原则。(6)所得税的会计处理方法。(7)合并会计报表的编制方法。

（五）会计政策和会计估计变更及差错更正的说明

会计政策变更是指企业对相同的交易或事项由原来采用的会计政策改用另一会计政策的行为。为保证会计信息的可比性，使财务会计报告使用者在比较企业不同期间的会计报表时，能够正确判断企业的财务状况、经营成果和现金流量的趋势，一般情况下，企业应在每期采用相同的会计政策，不应也不能随意变更会计政策；但符合下列条件之一的，应改变原采用的会计政策：(1)法律、行政法规或者国家统一的会计制度等要求变更；(2)会计政策变更能够提供更可靠、更相关的会计信息。

与会计政策变更一样，如果企业据以进行估计的基础发生了变化，或者由于取得新信息、积累更多经验及后来的发展变化，可能需要对会计估计进行修订时，就会发生会计估计变更。

前期差错是指由于没有运用或错误运用下列两种信息而对前期会计报表造成省略或错报：(1)编报前期会计报表时预期能够取得并加以考虑的可靠信息；(2)前期财务会计报告批准报出时能够取得的可靠信息。

前期差错通常包括计算错误，应用会计政策错误，疏忽、曲解事实或舞弊产生的影响，以及存货、固定资产盘盈等。

（六）报表重要项目的说明

企业对报表重要项目的说明应当按照资产负债表、利润表、现金流量表、所有者权益变动表及其项目列示的顺序，采用文字和数据描述相结合的方式进行披露。报表重要项目的明细金额合计应当与报表项目金额相衔接。

报表附注通常需进行详细披露与说明的项目有应收款项项目、存货项目、投资项目、固定资产项目、无形资产项目、费用项目、收入项目等。

（七）或有事项

或有事项是指过去的交易或事项形成的、其结果须由某些未来事项的发生或不发生才能决定的不确定事项。例如，企业对商品提供售后担保，将无偿提供修理服务，从而发生一定的修理费用。至于这笔费用是否发生、费用金额大小，则取决于将来是否发生修理请求及修理工作量。按照权责发生制原则，企业不能等到客户提出修理请求时才对担保损失加以确认，而应当在资产负债表日对发生修理请求的可能性及修理工作量的大小做出判断和估计，以决定是否在当期加以确认。企业可能发生修理费用这种不确定状况，称为或有事项。又如，企业对被告的侵权行为提起诉讼，如果胜诉，将从被告那里获得赔偿，至于能否得到赔偿，要看判决结果。只有在司法部门做出判决时，才能最后证实企业是否获得了一项收益。企业有可能获得赔偿这种不确定情形即或有事项。

对或有事项，企业应当在会计报表附注中披露下列信息：

1. 预计负债

(1)预计负债的种类、形成原因以及经济利益流出不确定性的说明。

(2)各类预计负债的期初、期末余额和本期变动情况。

(3)与预计负债有关的预期补偿金额和本期已确认的预期补偿金额。

2. 或有负债(不包括极小可能导致经济利益流出企业的或有负债)

(1)或有负债的种类及形成原因包括未决诉讼、未决仲裁、对外提供担保等形成的或有负债。

(2)经济利益流出不确定性的说明。

(3)或有负债预计产生的财务影响以及获得补偿的可能性，无法预计的应当说明原因。

企业通常不应当披露或有资产，但或有资产很可能会给企业带来经济利益的，应当披露其形成的原因、预计产生的财务影响等。

在涉及未决诉讼、未决仲裁的情况下，如果按相关规定披露全部或部分信息预期会对企业造成重大不利影响的，则企业无须披露这些信息，但应当披露该未决诉讼、未决仲裁的性质，以及没有披露这些信息的事实和原因。

(八)资产负债表日后事项

资产负债表日后事项是指资产负债表日至财务会计报告批准报出日之间发生的有利或不利事项，包括资产负债表日后调整事项和资产负债表日后非调整事项。

对资产负债表日后事项，企业应当披露下列信息：(1)对每项重要的资产负债表日后非调整事项的性质、内容及其对财务状况和经营成果的影响无法做出估计的，应当说明原因；(2)资产负债表日后企业利润分配方案中拟分配的及经审议批准宣告发放的股利或利润。

(九)关联方关系及其交易

一方控制、共同控制另一方或对另一方施加重大影响以及两方或两方以上同受一方控制、共同控制或重大影响的，构成关联方。关联方关系是指有关联的各方之间的关系。

关联方披露的基本要求如下：

第一，企业无论是否发生关联方交易，均应当在附注中披露与母公司和子公司有关的下列信息：母公司和子公司的名称；母公司和子公司的业务性质、注册地、注册资本(或实收资本、股本)及其变化；母公司对该企业或者该企业对子公司的持股比例和表决权比例。

第二，企业与关联方发生关联交易的，应当在附注中披露与该关联方关系的性质、交易及交易要素。交易要素至少应当包括交易的金额，未结算项目的金额、条款和条件以及有关提供或取得担保的信息，未结算应收项目的坏账准备金额，定价政策。

第三，关联方交易应当分别关联方及交易类型予以披露。类型相似的关联方交易，在不影响会计报表阅读者正确理解关联方交易对会计报表影响的情况下，可以合并披露。

三、会计报表附注重点项目分析

一般情况下，在阅读和分析会计报表之前，首先要阅读会计报表附注，了解企业一些主要的背景资料和会计资料。在分析会计报表的过程中，也需要经常翻阅会计报表附注，将会计报表附注和会计报表结合起来进行分析，辨别会计报表的真实程度，并对会计报表中有关数据的详细情况深入调查。会计报表附注的内容比较多，但以下内容往往都是阅读与分析的重点：

（一）会计政策变更、会计估计变更以及会计差错更正的分析

1. 会计政策变更

会计政策是指企业在会计核算过程中所采用的原则、基础和会计处理方法。为了保证会计信息的可比性，使会计报表使用者在比较分析会计报表时能够正确判断企业的财务状况、经营成果和现金流量的变化趋势，企业所采用的会计政策在每一会计期间和前后各期应当保持一致，不得随意变更。若会计变更能提供更可靠、更相关的会计信息，则应当采用追溯法进行处理。对于会计政策变更，应进行以下分析：

(1)分析会计政策变更的理由是否充分

对于法律、法规强制要求发生的会计政策变更，主要关注其变更的合法性，即企业采用的新会计政策是否符合法律、法规和会计制度的要求，会计处理是否合法。当会计政策变更能够提供有关财务状况、经营成果和现金流量等更可靠、更相关的会计信息时，重点分析是否能真实、公允地反映企业的财务状况、经营成果和现金流量，企业是否利用会计政策变更粉饰会计报表。

(2)分析会计政策变更的会计处理是否正确

对于法律、法规强制要求发生的会计政策变更，应该按照有关规定执行；对于企业自愿变更会计政策的，一般要求采用追溯调整法，若会计政策变更的累计影响数不能合理地确定，则应采取未来适用法。

(3)分析会计报表附注中披露的会计政策变更内容是否完整

企业应当在会计报表附注中披露会计政策变更的性质、内容和原因，当期和各个列报前期会计报表中受影响的项目的名称和调整金额，无法进行追溯调整的，说明该事实和原因以及开始应用变更后的会计政策的时点、具体应用情况。

2. 会计估计变更

会计估计变更是指由于资产和负债的当前状况及预期未来经济利益和义务发生了变化，从而对资产或负债的账面价值或者资产的定期消耗金额进行的重估和调整。例如，固定资产的折旧方法、存货计价发出方法等，分析时注重以下几个方面：

(1)分析会计估计变更的合理性

会计的一个重要特点就在于其中充满了估计和判断，因而会计不可能做到精确，只能力求公允。会计估计变更是否合理，即运用新的估计是否能够提供比以前更合理、更公允的会计信息，可以通过将其与同行业类似企业的对比分析来进行判断。

(2)分析会计估计变更的正确性

对会计政策要求会计估计变更的会计处理主要采用未来适用法，不调整以前年度会计

报表。

(3)分析会计估计变更披露的正确性

企业应当在会计报表附注中披露会计估计变更的内容和原因、变更对当期和未来期间的影响数;会计估计变更的影响数不能确定的,披露其事实和原因。

3. 会计差错更正

会计差错是指由于没有运用或错误运用以下两种信息而对前期会计报表造成遗漏或误报:(1)编报前期会计报表时能够合理预计取得并应当加以考虑的可靠信息;(2)前期会计报表批准报出时能够取得的可靠信息。

会计差错会造成企业的会计信息不真实,分析的重点是判断差错是否是故意造成的,如提前确认尚未实现的收入、不确认已实现的收入,都属于故意产生的差错。其他原因造成的差错也会造成会计差错,如账户分类及计算错误、会计估计错误、漏记已经完成的交易、对事实的忽视和误用等。

(二)或有事项的分析

或有事项,尤其是或有负债的存在,会使企业未来的生产经营具有重大不确定性,甚至有可能危及企业的生存。因此,应重视对会计报表附注中或有事项信息的解读和分析。

一般情况下,企业或有事项的确认、计量和相关信息的披露应适用《企业会计准则第 13 号——或有事项》,但要注意部分或有事项并未由该准则直接规范。

1. 存货

企业为执行销售合同或劳务合同而持有的存货通常应当以产成品或商品的合同价格作为其可变现净值的计算基础。如果企业持有的存货数量大于销售合同的订购数量,实际持有的与该销售合同相关的存货应以销售合同所规定的价格作为可变现净值的计算基础。如果该合同为企业亏损合同,应同时按照或有事项的会计处理原则确认预计负债。

2. 长期股权投资

对于采用权益法核算的长期股权投资,投资企业在确认分担被投资单位发生的亏损时,应综合考虑长期股权投资及其他实质上构成对被投资单位净投资的长期权益项目的账面价值。在长期股权投资的账面价值减记至零的情况下,如果仍有未确认的投资损失,应以其他长期权益项目的账面价值为基础继续确认。另外,投资企业在确认应分担被投资单位的净损失时,还应考虑在投资合同或协议中是否存在履行其他额外损失的补偿义务,按照或有事项的会计处理原则确认预计将承担的损失金额。

3. 职工薪酬

与或有事项相关的职工薪酬主要表现在辞退福利中。企业应当根据《企业会计准则》,按照辞退计划条款的规定,合理预计并确认辞退福利产生的负债。其中,对于职工没有选择权的辞退计划,应当根据计划条款确定拟解除劳动关系的职工数量,对每一职位的辞退补偿等计提应付职工薪酬(预计负债)。对于自愿接受裁减的建议,企业应当根据或有事项处理原则,预计将会接受裁减建议的职工数量,并据此对每一职位的辞退补偿标准等计提应付职工薪酬(预计负债)。预计接受裁减的职工数量可以根据最可能发生的数量确定,也可以按照各种发生数量及其发生概率计算确定。

(三)资产负债表日后事项

资产负债表日后事项分析的核心内容是判断资产负债表日后事项是调整事项还是非调整

事项，因为两者在会计处理上是完全不同的。对于调整事项，必须进行相关的账务处理，并调整资产负债表日的会计报表；而对于非调整事项，只需要在会计报表附注中进行披露，无须调整资产负债表日的会计报表。显然，调整事项和非调整事项判断的正确与否将直接影响企业报告年度的财务状况和经营成果。因此，在实务中正确判断资产负债表日后事项是调整事项还是非调整事项，对评价企业的财务状况和经营业绩有着重要意义。

资产负债表日后调整事项是指对资产负债表日已经存在的情况提供了新的或进一步证据的事项。调整事项的主要特点在于它的“续发性”，即它的发生是以前已发生或存在事项或时间的延续和结束，因而也常被称为“续发事项”。而对于非调整事项而言，其重要特点在于“后发性”，即它在资产负债表日后发生，不直接影响资产负债表日的状况和相关会计年度的经营成果。非调整事项并不影响会计报表金额，但可能影响对会计报表的正确理解，因此，若不对其加以说明，则有可能致使会计报表使用者产生误解，对被审单位的现有财务状况和未来趋势做出错误的判断。《企业会计准则第 29 号——资产负债表日后事项》列举了常见的调整事项和非调整事项，掌握这些内容对于正确理解和使用会计报表是大有裨益的。

根据会计准则的规定，资产负债表日后调整事项主要包括以下内容：(1)资产负债表日后诉讼案件结案，法院判决证实了企业在资产负债表日已经存在现时义务，需要调整原先确认的与该诉讼案件相关的预计负债，或确认一项新负债；(2)资产负债表日后取得确凿证据，表明某项资产在资产负债表日发生减值，或者需要调整该项资产原先确认的减值金额；(3)资产负债表日后进一步确定了资产负债表日前资产的成本或售出资产的收入；(4)资产负债表日后发现了会计报表舞弊或差错。

资产负债表日后非调整事项主要包括以下内容：(1)资产负债表日后发生重大诉讼、仲裁；(2)资产负债表日后资产价格、税收政策、外汇汇率发生重大变化；(3)资产负债表日后因自然灾害导致资产发生重大损失；(4)资产负债表日后发行股票和债券以及其他巨额举债；(5)资产负债表日后资本公积转增资本；(6)资产负债表日后发生巨额亏损；(7)资产负债表日后发生企业合并或处置子公司。

(四)关联方交易的分析

关联方交易广泛地存在于我国上市公司的生产经营中，这与我国国有企业改制的特殊背景有关。在行政审批制下，由于实行“规模控制，限报家数”政策，股票发行额度成为十分稀缺的资源。企业通过激烈竞争拿到的股票发行额度往往与其资产规模不相匹配，只好削足适履，将一部分经营业务和经营性资产剥离，或者进行局部改制，将原本不面向市场的生产线、车间和若干业务拼凑成一家上市公司，并通过模拟手段编制这些非独立核算单位的会计报表。辩证地看，剥离与模拟在我国证券市场发展中功不可没，如果不允许剥离与模拟，许多企业(特别是国有企业)是不具备上市资格的，是无法通过股份制改革和上市摆脱困境的。然而，这种上市制度的缺陷也很明显。上市公司与其母公司在生产经营上存在千丝万缕的联系。例如，有的上市公司本是原国有企业的一个生产车间改组上市的，尽管上市了，但其与其他车间的关系仍然没有变，该上市公司的原材料供应实际上来源于上游车间，产品销售也主要面向下游车间，只不过现在上游车间和下游车间的购销关系变成了两家企业之间的关联交易。另外，由于上市公司与母公司在利益上存在诸多一致，上市公司通过上市“圈钱”后向母公司“输血”及上市公司在经营不佳时向母公司“要饭”等。因此，关联交易是严重地侵蚀着会计信息真实性的“灵魂”。

1. 上市公司利用关联交易操纵利润的主要方法

(1)关联购销

这是上市公司利用关联交易操纵利润最常见的手法。对该类交易，应注意审核关联交易价格的合理性，关注对财务状况和经营成果产生重大影响的关联方交易价格，是否与交易对象的账面价值或其市场通行价格存在较大差异，从而判断关联交易到底是正常的购销行为还是利润操纵的手段。

(2)股权转让、资产置换和出售

由于我国对公司价值的评估方法缺乏相应的理论体系及操作规范，公司并购的法律和财务处理不够完善，又由于地方政府部门不恰当的干预，使得资产转让和置换表现为一种不等价交换和利润转移的工具，表现为通过股权转让、资产置换等方式来美化财务状况和经营业绩。其具体表现形式有：一是上市公司将不良资产和等额债务剥离出上市公司，以降低财务费用和避免不良资产经营所产生的亏损或损失；二是上市公司将不良资产转卖给母公司，在转让过程中，上市公司往往获得一笔可观的收益；三是母公司将优质资产低价卖给子公司，但转让价款长期挂账且不计利息，子公司一方面获得了优质资产的经营收益，另一方面不需要付出任何代价；四是母公司将自己的优质资产与子公司的不良资产进行置换，置换时对优质资产和不良资产的评估根本不考虑资产的质量和获利能力，一律按照成本法评估其价值，这显然对上市公司有利。另外，一些上市公司还通过向下属公司注入资金、增持股份或转让股权、减少持股比例、运用长期投资中成本法与权益法核算上的差异来实现报表中利润反映的操纵目标。

(3)资金占用

在我国，企业之间相互拆借资金是有关法律所不允许的，但从实际情况看，上市公司与关联公司之间进行资金拆借的现象比比皆是。然而，这些被关联方占用的资金往往很难收回，从而将上市公司拖垮。一些上市公司还可以利用收取资金占用费的方法粉饰会计报表。

(4)担保和抵押

上市公司与关联企业之间通过关联担保侵占上市公司利益的问题比较严重。上市公司对外担保中有相当一部分是向大股东提供的。显然，这种担保也是一种关联交易，关联方即大股东往往通过这种方式侵占上市公司利益。

(5)费用分担

由于许多上市公司与母公司之间存在着接受服务和提供服务的关系，在上市改组时，双方往往签订了有关协议，明确了有关费用支付和分摊标准，因此可以通过改变费用分摊的方式和标准来提高公司的利润，主要形式有母公司调低上市公司应缴纳的费用标准，或承担上市公司的管理费用、广告费用、离退休人员费用，或是将上市公司以前年度缴纳的有关费用退回等。

2. 利用关联方交易剔除法分析上市公司实际盈利能力

关联方交易滋生了大量不等价交易、虚假交易，损害了大量中小投资者的利益，并有可能造成国有资产流失。因此，在对关联方交易的分析中，重点应关注关联方交易的实质、关联方交易对企业财务状况和经营成果的影响。运用关联方交易剔除法可以了解上市公司的实际盈利能力。

所谓关联方交易剔除法，就是在分析会计报表时，将来自关联方的收入和利得从上市公司利润表中剔除，仅需要分析上市公司自身非关联方交易实现利润的情况。剔除关联方交易后的利润总额与剔除前相比差额大，表明上市公司的盈利在很大程度上依赖关联企业，公司自身获取利润的能力差，则有理由对上市公司自身的“造血”能力产生怀疑。此时，应进一步关注关联交易的定价政策、关联交易的发生时间，借此判断关联交易的真实目的，了解上市公司有无利用不等价的关联方交易来进行利润操纵。

综上所述，不合理的关联方交易的核心是利用不合理的价格来转移资产、负债等，以达到调节利润的目的，而利益驱动是关联方交易中存在价格问题的主要原因。因此，报表使用者必须对关联方关系及其交易予以足够的重视。

3. 关联方交易的识别

对于企业已披露的关联方交易，应重点关注关联方交易的内容，尤其是定价政策。有些上市公司出于某种目的，可能故意隐瞒一些不公允的关联方交易，此时，可以借助其他资料来识别企业当期是否存在关联方交易。可供参考的方法包括：查阅股东大会、董事会会议及其他重要会议记录和公告，以及企业的重大事项公告，从中识别是否存在关联方交易的内容；通过与前期报表进行比较，发现以前存在重大关联方交易的对象本期是否又发生了新的关联方交易，因为大部分关联方交易具有一定的连续性；关注期末报表中数据较大的、异常的及不经常的交易或金额，上市公司往往为了粉饰经营业绩和财务状况，在期末进行这类关联方交易，因此，如果年报中有的项目与第三季度的季报相比存在明显异常，就应当特别关注。

四、会计报表附注分析中的钩稽关系

会计报表附注中的财务钩稽关系反映了企业经营活动中的内在联系，是判断会计报表附注内容真实性、合法性和充分表达的重要依据。会计报表附注中许多内容之间有一定的钩稽关系，阅读分析会计报表附注时应注意以下几个方面的内容：

(一)比较不同报告期对同一内容的表述是否一致、合理

例如，某公司在上期会计报表附注中披露固定资产中无运输设备，但在本期会计报表附注中披露的固定资产期初数中却包含运输设备等。

(二)比较本期与上期会计报表附注披露的数据，判断是否合理

例如，应收账款的账龄分析，本期2～3年的款项金额是否大于或等于上期1～2年的款项金额；又如，上年主营业务收入中有70%属于劳务收入，而本期劳务收入却只占3%。这类异常情况虽然不一定存在错误，但分析人员必须予以关注，查明具体原因。

(三)判断不同项目之间的钩稽关系是否合理

例如，分析坏账准备时，要用企业坏账准备计提数与应收账款和其他应收款的余额总和相比较求得比值，与会计制度规定的坏账准备计提比例以及会计报表附注中披露的比例相比较，审查坏账准备及其提取比例的准确性。又如，对货币资金与现金净流量的分析性复核，可以通过分析货币资金期初期末余额与现金流量表中现金净流量之间的钩稽关系，比较货币资金的增加额与经营活动所产生的现金流量、短期借款以及本期增加的长期借款，审查是否存在粉饰经营收入和经营产生的现金流量情况。再如，固定资产累计折旧项目存在着以下钩稽关系：(1)各类固定资产本期减少的金额≥累计折旧减少的金额；(2)各类固定资产原值期末余额减累计折旧期末余额≥固定资产残值；(3)固定资产本期增加的金额≥在建工程本期转入固定资产的金额；(4)各类别固定资产累计折旧的本期增加金额＜(各类别固定资产期初数＋本期增加数)×折旧率；(5)固定资产抵押金额≤固定资产原值；(6)固定资产抵押数与承诺事项披露的有关数据是否一致；等等。

(四)检查有无其他逻辑上的错误

例如,在建工程资金来源为自筹,并非借款,但该项目却存在巨额资本化利息,显然不合常理;又如,同一项目中期报告披露的资本化金额为200万元,而年度报告披露的资本化金额却为20万元。

本章小结

所有者权益变动表是反映构成所有者权益的各组成部分当期增减变动情况的报表。所有者权益变动表在一定程度上体现了企业全面收益的特点,除列示直接计入所有者权益的利得和损失外,还包含最终属于所有者权益变动的净利润,从而构成企业的综合收益。对所有者权益变动表的分析,主要应从所有者权益增减变动和利润分配两个方面进行。

会计报表附注是对会计报表中列示项目的文字描述或明细资料以及对未能在这些报表中列示项目的说明等。对会计报表附注的分析应关注其内容构成,关注企业主要的会计政策、会计估计变更及差错更正的说明,关注或有事项、资产负债表日后事项及关联方关系与交易等信息披露的合理性和合法性。

练习题

一、单项选择题

1. 所有者权益变动表是反映企业(　　)构成所有者权益各组成部分当期增减变动情况的报表。

A. 一定时期　　B. 某一特定时点　　C. 特殊时期　　D. 特定时段

2. 所有者权益变动表中的"本年金额"栏应根据"实收资本"等账户的(　　)分析填列。

A. 本期发生额　　B. 期末余额　　C. 期初余额　　D. 本期增加额

3. 为清楚地反映所有者权益各构成项目的变动情况,所有者权益变动表采用了(　　)格式。

A. 账户式　　B. 矩阵式　　C. 单步式　　D. 报告式

4. 新准则引入公允价值概念后,会出现大量公允价值与账面价值的差额,这个差额体现在资本公积项下的(　　)。

A. 资本溢价　　B. 股本溢价　　C. 其他综合收益　　D. 接受捐赠

5. 资本公积转增资本是(　　)。

A. 投资者投入资本的实质性增加　　B. 企业利润分配

C. 内部权益资本结构的调整　　D. 企业筹资行为

二、多项选择题

1. 某公司因扩大经营规模的需要,经股东大会决议,拟将部分盈余公积转增资本,此项业务会引起(　　)。

A. 盈余公积减少　　B. 实收资本增加

C. 所有者权益内部结构发生变化　　　　　　D. 所有者权益总额不变

2. 下列各项中，应在所有者权益变动表中列示的有(　　)。

A. 利润总额　　　　　　　　　　　　　　B. 直接计入所有者权益的利得和损失

C. 净利润　　　　　　　　　　　　　　　D. 会计差错更正的影响数

3. 在所有者权益变动表中，直接计入所有者权益利得和损失的内容包括(　　)。

A. 可供出售金融资产公允价值变动净额

B. 权益法下被投资单位其他所有者权益变动的影响

C. 与计入所有者权益项目相关的所得税影响

D. 在当年发生并已确认的利得和损失

4. 下列各项中，属于会计报表附注作用的有(　　)。

A. 增强会计信息的可理解性　　　　　　　B. 突出重要的会计信息

C. 提高信息的可比性　　　　　　　　　　D. 体现信息的完整性

5. 下列各项中，属于会计报表附注中应该披露的关联方的有(　　)。

A. 与该企业受同一母公司控制的其他企业

B. 对该企业实施共同控制的投资方

C. 对该企业实施重大影响的投资方

D. 与企业关键人员关系一般的家庭成员

6. 下列项目中，可能形成或有负债的有(　　)。

A. 已贴现商业承兑汇票　　　　　　　　　B. 未决诉讼、仲裁

C. 未使用的银行贷款额度　　　　　　　　D. 1 年内准备变现的长期资产

三、判断题

1. 为清楚地表明所有者权益各组成部分当期的增减变动情况，所有者权益变动表应以矩阵的形式列示。　(　　)

2. 重大会计差错是指企业发现的使公布的会计报表不再具有可靠性的会计差错。　(　　)

3. 企业发放股票股利不仅会引起实收资本(或股本)数额的改变，而且会引起所有者权益总额发生变化。　(　　)

4. 或有事项是指由过去的交易或事项形成的，其结果需要未来事项的发生或不发生才能决定的不确定事项。　(　　)

5. 资产负债表日后资本公积转增资本属于资产负债表日后的非调整事项。　(　　)

四、简答题

1. 会计报表附注的内容包括哪些？应重点分析哪些内容？

2. 比较会计政策、会计估计和前期差错之间的区别，应如何进行分析？

3. 为什么说会计报表附注的分析是对会计报表分析的有益补充？

4. 关联方交易和资产负债表日后事项分析可以提供哪些信息？请举例说明。

第六章　合并会计报表分析

学习目标

本章重点介绍了合并资产负债表、合并利润表、合并现金流量表的分析。通过本章的学习，了解合并会计报表的概念和编制，掌握合并会计报表特殊项目分析、合并会计报表与单独会计报表的比较分析、合并会计报表的比率分析。

引导案例

浙江弘扬股份有限公司成立于1980年，在浙江工业品行业中是最大和最早经营进出口业务的外贸企业。公司主营进口贸易，经营的商品包括轻工艺品、纺织、服装、机电等三十多个门类，主要品种有服装、玩具、箱包、日用品、礼品、家具、文体用品、电动工具和五金工具等。在多年的发展中，公司建立了自己的实业基地、广泛的货源与销售网络，与世界五十多个国家和地区的客商存在业务往来。2007年，公司进出口额达4亿美元。

二十多年来，公司不断深化改革，加强管理，开拓经营，规模和实力日益壮大。自1992年起，公司连年进入全国最大500家进出口企业行列，创汇和效益在全国同行业中名列前茅。1998年，该公司在上海证券交易所挂牌上市，以“顾客至上、质量第一”为企业文化，树立了良好的企业形象，旗下有子公司5家，分公司12家。

(http://74777_86370_jiaxing.huangye.587766.com/)

[**思考**]　公司在年末发布报表的时候，应该如何合并资产负债表、利润表和现金流量表？涉及子公司与母公司共同利益的时候，应该如何剔除？

第一节　合并会计报表概述

19世纪末20世纪初，企业合并浪潮兴起，企业集团不断涌现。

一、合并会计报表的含义与形式

(一)合并会计报表的含义

合并会计报表简称合并报表，又称合并会计报表，是指用以综合反映以产权纽带关系而构成的企业集团某一期间或地点的整体财务状况、经营成果和资金流转情况的会计报表。合并会计报表由企业集团中的控股公司(母公司)于会计年度终了时编制，主要服务于母公司的股东和债权人;但也有人认为,其服务于企业集团的所有股东和债权人,包括拥有少数控股权的股东。

(二)企业合并的含义和形式

通常,企业合并是指一个企业获得对另一个或另几个企业控制权的结果,或指两个或若干个企业实行股权联合的结果。合并的实质是控制,而不考虑企业集团是否为单一经济主体或法律主体。

《企业会计准则第20号——企业合并》指出,企业合并是指将两个或两个以上单独的企业合并成一个报告主体的交易或事项。企业合并通常有以下三种分类方法:

1. 按法律形式分为吸收合并、创立合并和控股合并

(1)吸收合并(也称兼并),是指两家或两家以上企业合并成一家企业,其中一家企业将另一家企业或多家企业吸收进自己的企业,并以自己的名义继续经营,而被吸收的企业在合并后丧失法人地位,解散消失。

(2)创立合并(也称新设合并),是指几家企业协议合并组成一家新的企业,也就是说,经过这种形式的合并,原来的各家企业均不复存在,而由新企业经营。

(3)控股合并,是指一家企业购进或取得另一家企业有表决权的股份或出资证明,且已达到控制后者经营和财务方针的持股比例的企业合并形式。前者称为母公司或控股公司,后者称为子公司或附属公司。多数股权一般要占50%以上的股份,在股权相对分散的情况下,持有另一家公司25%的股权也可以取得控股地位。

在前两种合并方式下,在合并当初需要处理有关企业的会计业务,合并完成后,实际就是一家公司,下属公司不具备法人地位,而只是一家或若干家分公司,在日常会计处理时作为一家会计公司看待。而控制股权关系则不同,尽管母公司具有控股地位,但母公司和子公司仍是相互独立的法律实体,各自的会计核算也相互独立,各自编制自己独立的会计报表。由于母公司已经控制了子公司的经营,实际上母公司和子公司是一个经济实体,作为一个经济实体就有必要把母、子公司的会计报表合并起来,编制一套将母、子公司作为一个经济实体的合并会计报表。对于母公司股东来说,合并会计报表比母公司自己单独的会计报表更有意义。

2. 按合并所涉及的行业分为横向合并、纵向合并和混合合并

(1)横向合并(又称水平式合并),是指从事同样生产或服务的企业的合并。

(2)纵向合并(又称垂直式合并),是指从事直接相关的生产或服务的企业的合并。

(3)混合合并(又称跨行业合并),是指从事无直接关系行业的生产或服务的企业的合并。

3. 按合并各方受最终控制的情况分为同一控制下的企业合并和非同一控制下的企业合并

(1)同一控制下的企业合并,是指参与合并的企业在合并前后均受同一方或相同的多方最终控制,且该控制并非暂时性的企业合并。

(2)非同一控制下的企业合并,是指参与合并的各方在合并前后不受同一方或相同的多方最终控制的企业合并。

二、企业合并的主要原因

在市场经济条件下,企业合并有其经济必然性和原始动机。

(一)利润最大化是企业行为的基本准则

企业合并行为一定是出于对利润最大化的追求,原因在于,企业通过合并可以扩大生产规

模，增加产品数量，节约交易费用，降低生产成本，最终达到获得稳定利润和实现利润最大化的目的。

(二)外部竞争的巨大压力是企业合并的动力

有市场就必然有竞争，有竞争就必然有优胜劣汰。而企业在竞争中取胜的手段，一是靠企业自身的内部积累和实力，二是靠企业的外部扩张，即靠企业间的合并来消除竞争。后一种手段是实现目标最迅速和最有效的方法，也是企业经营使用的一种手段，因为企业合并能使企业的规模扩大，从而实现规模经济，促进劳动生产率的提高而获取经济上的利益。当社会生产力发展到一定阶段后，单凭市场机制不可能降低众多企业经营活动的交易费用，而通过企业合并等形式形成的规模经济可发展企业间的内部协调，进行优势互补，有效降低交易费用，使市场内部化，以达到最佳的投入产出效果，实现利润的最大化。

(三)企业合并能分散经营风险

通过合并，企业可以做到多元经营，分散企业的产品和市场，使企业的整体经营风险减少，有利于承担与新产品及新市场有关的更大风险。

三、合并会计报表的特点

(一)合并会计报表与汇总会计报表的区别

1. 主体不同

汇总会计报表的会计主体是行政管理部门，会计主体本身不是经济实体。合并会计报表的会计主体是由母公司及纳入合并范围的子公司所形成的企业集团。从这个意义上讲，合并会计报表的会计主体又成为某一行政管理部门的所属单位之一，其合并会计报表须反映在汇总会计报表中。

2. 编制基础不同

汇总会计报表是以账簿为依据，而合并会计报表则是以组成企业集团的各成员企业(子公司等)的个别报表为依据。

3. 编表的目的不同

合并会计报表编制的目的是满足企业集团的所有者、债权人及其他有关方面了解企业集团整体财务状况和经营成果的需要。汇总会计报表编制的目的主要是满足有关行政部门或国家了解整个行业或整个部门所属企业的财务经营情况的需要。

4. 编制方法不同

汇总会计报表是以账簿为基础按照一定的规则编制的，而合并会计报表是将纳入合并范围的成员企业的会计报表先汇总，然后通过编制调整分录，将一些重复的事项剔除而编制的。例如，母公司将 A 产品 10 万元(含税)销售给子公司，并未收到货款，那么，在它们各自的个别会计报表中都应体现，期末母公司反映了 8.55 万元收入及 10 万元应收账款，而子公司则反映了 8.55 万元购进货物及 10 万元应付账款。但是在企业集团看来，只是将 A 产品由母公司移到了子公司，销售、购进和债权债务都是不存在的，所以编制合并会计报表时，需要将它们一一抵销。

(二)合并会计报表与个别会计报表的区别

合并范围内的个别会计报表是指以企业集团内各母、子公司为单位编制的，体现各独立法人单位的财务状况与经营成果的报表，它是以会计主体为单位编制的。合并会计报表与个别会计报表有所不同：

1. 主体不同

合并会计报表反映的是母公司和子公司所组成的企业集团整体的财务状况和经营成果，反映的对象是由若干法人组成的会计主体，是经济意义上的会计主体，而不是法律意义上的主体。个别会计报表反映的则是单个企业法人的财务状况和经营成果，反映的对象是企业法人。对于由母公司和若干子公司组成的企业集团来说，母公司和子公司编制的个别会计报表分别反映母公司本身或子公司本身各自的财务状况和经营成果。

2. 编制范围不同

合并会计报表是由企业集团对其他有控制权的控股公司或母公司编制的，也就是说，并不是企业集团中所有企业都必须编制合并会计报表，更不是社会上所有企业都需要编制合并会计报表。与此不同，个别会计报表是由独立的法人企业编制的，所有企业都需要编制个别会计报表。

3. 编制基础不同

企业编制个别企业会计报表，从设置账户、审核凭证、编制凭证、登记会计账簿到编制会计报表有一套完整的会计核算方法体系。而合并会计报表不同，它是以纳入合并范围的企业个别会计报表为基础，根据其他有关资料，抵销有关会计事项对个别会计报表的影响编制的，它并不需要在现行会计核算方法体系之外单独设置一套账簿体系。

4. 编制方法不同

个别会计报表的编制有其自身固有的一套编制方法和程序。合并会计报表是在对纳入合并范围的个别会计报表的数据进行加工的基础上，通过调整，将企业集团内部的经济业务对个别会计报表的影响予以抵消，然后合并个别会计报表各项目的数额编制的。因此，编制合并会计报表时，需要运用一些特殊的方法，比如编制抵销分录、运用合并工作底稿等。

四、合并会计报表的内容

合并会计报表主要包括合并资产负债表、合并利润表、合并现金流量表、合并所有者权益（或股东权益）变动表和附注。与企业个别会计报表一样，这些合并会计报表及附注分别从不同方面反映企业集团这一会计主体的经营状况，构成一个完整的合并会计报表体系。

（一）合并资产负债表

合并资产负债表应当以母公司和子公司的资产负债表为基础，在抵消母公司和子公司、子公司相互之间发生的内部交易对合并资产负债表的影响后，由母公司合并编制。

（二）合并利润表

合并利润表应当以母公司和子公司的利润表为基础，在抵消母公司与子公司、子公司相互之间发生的内部交易对合并利润表的影响后，由母公司合并编制。

（三）合并现金流量表

合并现金流量表应当以母公司和子公司的现金流量表为基础，在抵消母公司与子公司、子公司相互之间发生的内部交易对合并现金流量表的影响后，由母公司合并编制。

（四）合并所有者权益变动表

合并所有者权益变动表应当以母公司和子公司的所有者权益变动表为基础，在抵消母公司与子公司、子公司相互之间发生的内部交易对合并所有者权益变动表的影响后，由母公司合并编制。

(五)合并会计报表附注

准则规定,企业应当在合并会计报表附注中披露下列信息:(1)子公司的清单,包括企业名称、注册地、业务性质、母公司的持股比例和表决权比例;(2)母公司直接或通过子公司间接拥有被投资单位表决权不足半数但能对其形成控制的原因;(3)母公司直接或通过其他子公司间接拥有被投资单位半数以上表决权但未能对其形成控制的原因;(4)子公司所采用的与母公司不一致的会计政策,编制合并会计报表的处理方法及其影响;(5)子公司与母公司不一致的会计期间,编制合并会计报表的处理方法及其影响;(6)本期增加子公司,按照《企业会计准则第20号——企业合并》的规定进行披露;(7)说明本期不再纳入合并范围的原子公司的名称、注册地、业务性质、母公司的持股比例和表决权比例,本期不再成为子公司的原因,其在处置日和上一会计期间资产负债表日资产、负债和所有者权益的金额以及本期期初至处置日的收入、费用和利润的金额;(8)子公司向母公司转移资金的能力受到严格限制的情况;(9)需要在合并会计报表附注中说明的其他事项。

五、合并会计报表的作用和局限性

(一)合并会计报表的作用

合并会计报表由母公司编制,可以为有关方面进行决策提供有用的会计信息,弥补母公司个别会计报表的不足。一般来说,编制合并会计报表是为了满足母公司的投资者和债权人等有关方面对会计信息的需要。合并会计报表的作用体现在以下两个方面:

一是合并会计报表能够对外提供反映由母、子公司组成的企业集团整体经营情况的会计信息,以满足各利益相关者的信息需求。

二是合并会计报表有利于避免一些企业集团利用内部控股关系,通过内部转移价格等人为粉饰会计报表情况的发生。

(二)合并会计报表的局限性

一是母公司和子公司的债权人对企业的债权清偿权通常针对独立的法律主体,而不针对作为经济实体的企业集团,合并会计报表所反映的资产不能满足母、子公司债权人的清偿要求。

二是合并会计报表将母公司及子公司的个别会计报表合并起来,子公司的少数股东难以从中直接得到他们所需决策的有用信息,如他们所投资的子公司资金运用的信息。

三是利润分配包括向股东分派股利,要以个别会计报表为依据,合并会计报表则不能成为股东预测和评价报表的依据。

六、合并会计报表的编制原则

合并会计报表除了遵循会计报表编制的一般原则和要求外,还应当遵循以下原则和要求:

(一)以个别会计报表为基础编制

合并会计报表并不是直接根据母公司和子公司账簿编制的,而是利用母公司和子公司编制的反映各方面财务状况和经营成果的会计报表提供的数据,通过合并会计报表的特有方法编制的。

(二)一体性原则

合并会计报表反映的是企业集团的财务状况和经营成果,反映的是由多个法人企业组成的一个会计主体的财务情况,在编制合并会计报表时应当将母公司和所有子公司作为整体来看待,视为一个会计主体,母公司和子公司发生的经营活动都应当从企业集团这一整体的角度进行考虑。

(三)重要性原则

与个别会计报表相比,合并会计报表涉及多个法人主体,涉及的经营活动范围很广,母公司与子公司的经营活动往往跨越不同行业的界限,有时母公司与子公司的经营活动甚至相差很大。

七、合并会计报表的合并范围

合并会计报表的合并范围是指纳入合并会计报表编报的子公司的范围,主要明确哪些子公司应当包括在合并会计报表编报范围之内,哪些子公司应当被排除在合并会计报表编报范围之外。明确合并范围是编制合并会计报表的前提。

我国《合并会计报表暂行规定》规定,为母公司所控制的被投资企业都属于合并会计报表的编报范围。根据该规定,应该编制合并会计报表的企业如下:

(一)母公司拥有半数以上表决权资本的被投资企业

表决权资本是指对企业有投票权,能够据此参与企业经营管理决策的资本,当母公司拥有被投资企业50%以上股份时,母公司就成为该被投资企业的最大股东,拥有该被投资企业的控制权,能够操纵股东大会对该被投资企业的生产经营活动实施控制,这时应将其纳入合并会计报表的合并范围。

母公司拥有被投资企业半数以上表决权资本具体包括以下三种情况:

1. 母公司直接拥有被投资企业半数以上表决权资本

例如,A公司直接拥有B公司发行的普通股总数的51%,在这种情况下,B公司就成为A公司的子公司,A公司编制合并会计报表时,必须将B公司纳入其合并范围。

2. 母公司间接拥有被投资企业半数以上表决权资本

间接拥有半数以上表决权资本是指母公司通过子公司而对子公司的子公司拥有半数以上表决权资本。例如,A公司拥有B公司80%的股份,B公司又拥有C公司70%的股份。在这种情况下,A公司作为母公司通过其子公司B公司间接拥有和控制C公司56%的股份,从而C公司也是A公司的子公司,A公司编制合并会计报表时,应当将C公司纳入其合并范围。

3. 母公司以直接和间接方式合计拥有被投资企业半数以上表决权资本

直接和间接方式合计拥有半数以上表决权资本,是指母公司以直接方式拥有某被投资企业不到半数的表决权资本,但同时通过间接方式拥有该被投资企业一定数量的表决权资本,两者合计共拥有和控制被投资企业半数以上的表决权资本。例如,A公司拥有B公司70%的股份,拥有C公司35%的股份;B公司拥有C公司30%的股份。在这种情况下,B公司为A公司的子公司,A公司通过子公司B公司间接拥有和控制C公司21%的股份,与直接拥有35%的股份合计,A公司共拥有和控制C公司56%的股份,从而C公司属于A公司的子公司,A公司编制合并会计报表时,应当将C公司包括在内。

(二)被母公司控制的其他被投资企业

在母公司通过直接和间接方式没有拥有和控制被投资企业半数以上表决权资本的情况下,当母公司通过其他方法对被投资企业的经营活动能够实施控制时,这些被母公司所控制的被投资企业也应作为子公司,纳入母公司合并会计报表,具体如下:

1. 通过与该被投资企业的其他投资者之间的协议,持有该被投资企业半数以上表决权

这种情况是指母公司与其他投资者共同投资某企业,母公司与其中的某一个或某些投资者签订协议,受托管理和控制这一被投资企业,从而在被投资企业的股东大会中拥有被投资企业半数以上表决权。

2. 根据章程或协议,有权控制被投资企业的财务决策和经营政策

这种情况是指在被投资企业章程等文件中明确规定母公司对其财务和经营政策能够实施管理控制。能够控制企业财务和经营政策就等于能够控制整个企业的生产经营活动。

3. 有权任免公司董事会等类似权力机构的多数成员

这种情况是指母公司能够通过任免公司董事会的董事,从而拥有被投资企业的生产经营决策权。

4. 在公司董事会或类似权力机构会议上拥有半数以上表决权

这种情况是指母公司能够控制董事会等权力机构的会议,从而操纵公司董事会的财务和经营决策,使该公司的生产经营活动在母公司的间接控制下进行,使被投资企业成为事实上的子公司。

(三)不纳入合并范围的子公司

有时候,被投资企业虽然半数以上的表决权资本为母公司所拥有,属于母公司的子公司,但由于一些特殊的原因,母公司并不能有效地对其实施控制,或者对其控制权受到限制。对于这些子公司,母公司在编制合并会计报表时,应将其排除在合并会计报表编制范围外,不能纳入合并会计报表的合并范围,主要有以下几种情况:

1. 已准备关停并转的子公司

这类子公司是指根据政府宏观管理和调控的要求,以及有关产业政策的规定,被政府有关部门规定为关闭、停业、准备与其他企业合并以及转产其他产品的企业。在这种情况下,这类子公司或者由政府有关部门直接管理和控制,或者不能进行正常的生产经营活动,母公司对这类子公司的控制权受到限制。

2. 按照破产程序,已宣告清理整顿的子公司

根据破产法的有关规定,企业在清理整顿期间,应当制订整顿方案,并按照整顿方案进行整顿,同时由企业的上级主管部门负责整顿的实施。在这种情况下,母公司对其控制权同样受到了限制。

3. 已宣告破产的子公司

根据破产法的有关规定,企业宣告破产后,必须设立清算组,由清算组负责企业的破产清算工作。破产企业的财产在破产宣告后,即由清算组接管,并由清算组行使管理和处分权,其他任何人员不得非法处理破产企业的财产等。在这种情况下,一是母公司对宣告破产的子公司的财产没有控制权;二是破产企业不能进行正常的生产经营活动,属于非持续经营的企业。因此,不能将其纳入合并会计报表的合并范围。

4. 准备近期售出而短期持有其半数以上表决权资本的子公司

这种情况是指母公司在资产负债表日虽然持有被投资企业半数以上表决权资本，但其中有一部分表决权资本投资属于短期投资，准备在近期出售。对于这一部分属于短期投资的表决权资本投资，母公司并不是为了控制该被投资企业而持有的。在这种情况下，母公司对该被投资企业的控制权是暂时性的，没有必要将其纳入合并范围。

5. 非持续经营的所有者权益为负数的子公司

在这种情况下，根据股东对公司承担有限责任的规定，母公司也只承担对子公司的投资额以内的有限责任。由于此时母公司对该子公司的长期投资账户已降到零，不再承担子公司的债务等责任，因此没有必要将其纳入合并范围。但在该子公司持续经营时，如果母公司考虑到子公司继续为母公司提供原材料或销售商品的需要，不准备宣告该子公司破产，那么，母公司仍然控制着该子公司，则仍然必须将其纳入合并会计报表的合并范围。

6. 受所在国外汇管制及其他管制，资金调度受到限制的境外子公司

在这种情况下，母公司不能完全按照自身的意图使用子公司的资金，这使得母公司的控制权受到限制。

八、合并会计报表的合并理论依据

编制合并会计报表要以一定的理论为依据。所谓合并理论，实际上是指认识合并会计报表的观点或看问题的角度，即如何看待由母公司与其子公司所组成的企业集团合并主体及其内部联系。合并理论主要有母公司理论、实体理论和所有权理论。

（一）母公司理论

母公司理论是一种站在母公司股东的角度来看待母公司与其子公司之间的控股合并关系的合并理论。这种理论强调母公司股东的利益，它不将子公司当作独立的法人看待，而是将其视为母公司的附属机构。依据这一理论编制的合并会计报表要反映母公司股东在母公司本身的利益，以及他们在母公司所属子公司的净资产中的利益。当母公司不拥有子公司100%的股权时，要将子公司的少数股东视为集团外的利益群体，将这部分母公司理论编制的权益（少数股权）视为整个集团的负债。依据母公司理论编制合并会计报表，实际上是在母公司个别会计报表的基础上扩大其编制范围；合并资产负债表实际上是在母公司个别资产负债表的基础上，用所有子公司的资产、负债来代替母公司个别资产负债表中的“对子公司股权投资”项目；合并主体的所有者权益只反映母公司的所有者权益，而不包括子公司的所有者权益。与此相类似，合并利润表实际上是在母公司个别利润表的基础上，用子公司的各收入、费用项目代替母公司个别利润表中的“投资收益——对子公司投资收益”项目；合并净利润中不包括子公司少数股东所持有的子公司净利润的份额，而将其视为企业集团的一项费用。

（二）实体理论

实体理论是一种站在由母公司及其子公司组成的统一实体的角度来看待母、子公司之间的控股合并关系的合并理论。它强调单一管理机构对一个经济实体的控制。依据这一理论，编制合并会计报表的目的在于提供由不同法律实体组成的企业集团作为一个统一的合并主体进行经营的信息。因此，母公司及其子公司的资产、负债、收入与费用也就是合并主体的资产、负债、收入与费用。依据实体理论编制合并会计报表时，如果母公司未能持有子公司100%的股权，则要将子公司净资产（资产减负债后的净额）区分为控股权益与少数股权。尽管少数股

权只与他们持有股份的子公司有关，但在依据实体理论编制合并会计报表时，少数股权与控股权益一样，也属于合并主体所有者权益的一部分。合并利润表中的合并净利润中包括子公司少数股东所持有的子公司净利润的份额。

(三)所有权理论

所有权理论也称业主权理论，是一种属于母公司在子公司所持有的所有权的合并理论。编制合并会计报表时，对于子公司的资产与负债，只按母公司所持有股权的份额记入合并资产负债表；对于子公司的收入、费用与利润，只按母公司持有股权的份额记入合并利润表。

应当指出，母公司在实际编制合并会计报表时往往不是单纯运用上述合并理论中的某一种，而是结合运用不同的合并理论。

九、与合并会计报表有关的重要概念

(一)企业集团

企业集团是一种以大企业为核心，以经济技术或经营联系为基础、实行集权与分权相结合的领导体制，规模巨大、多角化经营的企业联合组织或企业群体组织。

企业集团的组建方式多种多样，集团总部与下属公司之间的关系也比较复杂，目前在我国的企业集团包括以下几种类型：

1. 由产供销关系形成的企业集团

由产供销关系形成的企业集团是指各成员企业之间通过建立比较固定的供货与销货、生产与销售关系所形成的企业群体。其中，各成员企业仍然是独立的法人，在财务和经营政策上各自独立、企业与企业之间不存在严格意义上的产权控制与被控制关系。所以，这是一种松散的企业集团。

2. 科工贸企业集团

科工贸企业集团是指由各成员企业科研、生产与销售之间的联系而结成的企业群体。企业集团内的各成员企业都是独立的法人，虽然在生产技术、销售等方面存在着密切的联系，但却没有直接的经济利益关系。

3. "六统一"企业集团

"六统一"企业集团是指在企业集团内部各成员企业中实行人、财、物、产、供、销六个统一而形成的企业集团。其中，各成员企业丧失法人资格，只是作为企业集团内部的核算单位。所以，"六统一"企业集团实际上是一个企业。

4. 以产权关系所形成的企业集团

在以产权关系所形成的企业集团中，核心企业拥有其他成员企业50%以上的股权，处于控制地位；企业集团内的其他企业则处于被控制的地位，形成了母、子公司关系。母公司的经营决策与子公司的经营成果相互影响。母公司和子公司均是独立的法人，只是经济上已融为一体。

从合并会计报表的角度看，产、供、销关系或科、工、贸关系所形成的企业集团，"六统一"企业集团均不存在编制合并会计报表的问题，只有以产权关系所形成的企业集团才需由母公司编制合并会计报表。

(二)商誉

购买方对合并成本大于合并中取得的被购买方可辨认净资产公允价值份额的差额，应当确认为商誉。

初始确认后的商誉应当以其成本扣除累计减值准备后的金额计量。商誉的减值应当按照资产减值准备的有关规定处理。

(三)少数股东权益

股份制企业中,股东按对公司的控制权大小可分为两类:一类是对公司有控制权的股东,称为控股股东;另一类是享有非控制权股份的少数股东,少数股东对公司享有的权益称为少数股东权益。

在合并会计报表中,少数股东的权益主要体现在两个方面:在合并资产负债表中,代表少数股东对企业集团净资产的要求权;在合并利润表中,代表少数股东对企业集团利润的应享份额。

十、合并会计报表的分析方法

总的来说,合并会计报表的格式和结构与个别会计报表并无太大差别,其反映的经济内容也大体一致,但由于合并会计报表是针对特定主体的,因此在涉及资本、利润等方面时,与个别会计报表还是有一些差别的。为了更深入地进行合并会计报表分析,可根据下面的程序进行:

(一)掌握企业集团的形态

企业集团的形态因构成企业的行业以及集团化的程度等而异。企业集团的形态对合并会计报表的数据有很大影响。例如,企业集团内部企业间的融资会影响合并资产负债表的数据。因此,进行合并会计报表分析时,了解和分析企业集团的实际状况和特点非常重要,如母公司、子公司的业务内容,母公司持有子公司的股份比率,母、子公司之间的交易内容和资金借贷关系,母公司向子公司派遣管理人员的情况等。

(二)确认合并原则和会计准则

对多个企业集团进行合并会计报表分析时,应注意各个企业集团的合并原则可能不一样,特别是所遵循的不同国家的合并会计准则,合并会计报表所反映的内容也不一样。在我国,发行外资股的公司,可以提供按国际会计准则或者境外主要募集行为发生地会计准则调整财务会计报告。对发行外资股的企业集团,应注意所利用的分析资料在会计准则的应用上是否同质。

(三)比较合并会计报表和个别会计报表

合并会计报表是以个别会计报表为基础编制的,分析时结合母公司和子公司的个别会计报表,掌握其对合并会计报表数据的影响对正确判断企业集团的经营成果、财务状况和现金流量很有用。一般来说,由于编制合并会计报表时要对合并企业之间的债权债务以及内部交易进行抵销,与个别会计报表比较起来看的话,经营成果的变动幅度会比较明显,经营状况的变化比较容易读解,这可以为母公司的会计报表分析提供有用的信息,而且,通过对合并会计报表和个别会计报表的比较,可以发现子公司的利润操纵。

第二节 合并资产负债表的编制与分析

合并资产负债表是反映企业集团在某一特定日期财务状况的报表,由合并资产、负债和所有者权益各项目组成。

一、合并资产负债表的编制

(一)报表规定

财政部颁布的《合并会计报表暂行规定》对合并资产负债表的编制做了如下规定:

第一,母公司对子公司权益性资本投资项目的数额与子公司所有者权益中母公司所持有的数额相抵销。对于非全资子公司,应借记“投资收益”“少数股东损益”“年初未分配利润”“实收资本”“资本公积”“盈余公积”科目,贷记“长期投资”“提取盈余公积”“应付利润”“少数股东权益”科目。上述抵销分录的差额借记或贷记“合并价差”科目。对于全资子公司,抵销分录中去掉“少数股东损益”和“少数股东权益”科目即可。对于母、子公司之间相互投资,母公司应比照上述做法,将权益性资本投资项目的数额与另一子公司所有者权益各有关项目相应地予以抵销。

第二,母公司与子公司及子公司相互之间的债权债务项目抵销时,借记应付和预收科目,贷记应收和预付科目。

第三,对于母、子公司之间以及子公司相互之间的应收账款和应付账款抵销时,应借记“应付账款”科目,贷记“应收账款”科目,同时抵销应收账款计提的坏账准备,借记“坏账准备”科目,贷记“管理费用”等科目。

第四,内部存货、固定资产购销所产生的未实现利润等均应抵销。

第五,子公司所有者权益中不属于母公司拥有的数额,应当作为少数股东权益,在合并资产负债表中所有者权益类项目前单列一类,以总额反映。所有者权益中未分配利润的数额以合并利润分配表中期末未分配利润的数额列示。

(二)调整分录

按照权益法调整对子公司的长期股权投资,在合并工作底稿中应编制的调整分录为:对于应享有子公司当期实现的净利润的份额,借记“长期股权投资”科目,贷记“投资收益”科目;按照应承担子公司当期发生的亏损的份额,借记“投资收益”科目,贷记“长期股权投资”等科目。对于当期收到子公司分派的现金股利或利润,应借记“投资收益”科目,贷记“长期股权投资”科目。

对于子公司除净损益外所有者权益的其他变动,在持股比例不变的情况下,按母公司应享有或应承担的份额,借记或贷记“长期股权投资”科目,贷记或借记“资本公积”科目。

(三)抵销项目

编制合并资产负债表时需要进行抵销处理的项目主要有:(1)母公司对子公司股权投资项目与子公司所有者权益项目;(2)母公司与子公司、子公司相互之间发生的内部债权债务项目;(3)存货项目,即内部购进存货价值中包含的未实现内部销售利润;(4)固定资产项目(包括固定资产原价和累计折旧项目),即内部购进固定资产价值中包含的未实现内部销售利润;(5)无形资产项目,即内部购进无形资产价值包含的未实现内部销售利润;(6)与抵销的长期股权投资、应收账款、存货、固定资产、无形资产等资产相关的减值准备的抵销。

1. 长期股权投资项目与子公司所有者权益项目的抵销

编制合并会计报表时应当在母公司和子公司会计报表数据(或经调整的数据)简单相加的基础上,将母公司对子公司的长期股权投资项目与子公司所有者权益项目予以抵销。

(1)在子公司为全资子公司的情况下,母公司对子公司长期股权投资的金额和子公司所有者权益各项目的金额应当全额抵销。在合并工作底稿中编制的抵销分录为:借记“实收资本”“资本公积”“盈余公积”和“未分配利润”科目,贷记“长期股权投资”科目。

当母公司对子公司长期股权投资的金额大于子公司所有者权益总额时,其差额作为商誉处理,应按其差额,借记“商誉”科目;母公司对子公司长期股权投资的金额小于子公司所有者权益总额时,其差额在企业合并当期应作为利润表中的损益项目,合并以后期间应调整期初未分配利润。

(2)在子公司为非全资子公司的情况下,应当将母公司对子公司长期股权投资的金额与子公司所有者权益中母公司所享有的份额相抵销。子公司所有者权益中不属于母公司的份额,即子公司所有者权益中抵销母公司所享有的份额后的余额,在合并会计报表中作为“少数股东权益”处理。在合并工作底稿中编制的抵销分录为:借记“实收资本”“资本公积”“盈余公积”和“未分配利润”科目,贷记“长期股权投资”和“少数股东权益”科目。

“少数股东权益”科目反映子公司所有者权益中不属于母公司(包括通过子公司间接享有的)的份额,即除母公司外的其他投资者在子公司所有者权益中所享有的份额。

当母公司对子公司长期股权投资的金额与在子公司所有者权益中享有的份额不一致时,其差额应比照全资子公司的情况处理。

2. 内部债权与债务项目的抵销

在编制合并资产负债表时,需要进行抵销处理的内部债权债务项目主要包括:①应收账款与应付账款;②应收票据与应付票据;③预付账款与预收账款;④持有至到期投资(假定该项债券投资持有方划归持有至到期投资,也可能作为交易性金融资产等,原理相同)与应付债券;⑤应收股利与应付股利;⑥其他应收款与其他应付款。

(1)应收账款与应付账款的抵销

初次编制合并会计报表,内部应收账款抵销时,其抵销分录为:借记“应付账款”科目,贷记“应收账款”科目;内部应收账款计提的坏账准备抵销时,其抵销分录为:借记“应收账款——坏账准备”科目,贷记“资产减值损失”科目。

在连续编制合并会计报表进行抵销处理时,首先,将内部应收账款与应付账款予以抵销,即按内部应收账款的金额,借记“应付账款”科目,贷记“应收账款”科目。然后,应将上期资产减值损失中抵销的内部应收账款计提的坏账准备对本期期初未分配利润的影响予以抵销,即按上期资产减值损失项目中抵销的内部应收账款计提的坏账准备的金额,借记“应收账款——坏账准备”科目,贷记“未分配利润——年初”科目。最后,对于本期个别会计报表中内部应收账款相对应的坏账准备增减变动的金额也应予以抵销,即按照本期个别资产负债表中期末内部应收账款相对应的坏账准备的增加额,借记“应收账款——坏账准备”科目,贷记“资产减值损失”科目,或按照本期个别资产负债表中期末内部应收账款相对应的坏账准备的减少额,借记“资产减值损失”科目,贷记“应收账款——坏账准备”科目。

(2)应收票据与应付票据、预付账款与预收账款等的抵销处理

对于其他内部债权债务项目的抵销,应当比照应收账款与应付账款的相关规定处理。在进行抵销时,借记“应付票据”“预收账款”等科目,贷记“应收票据”“预付账款”等科目。

3. 存货价值中包含的未实现内部销售利润的抵销

(1)当期内部购进商品并形成存货情况下的抵销处理

在企业集团内部购进并且在会计期末形成存货的情况下，编制合并会计报表时，一方面将销售企业实现的内部销售收入及其相对应的销售成本予以抵销，另一方面将内部购进形成的存货价值中包含的未实现内部销售损益予以抵销。进行抵销处理时，按照内部销售收入的金额，借记"营业收入"科目，贷记"营业成本"科目；同时，按照期末内部购进形成的存货价值中包含的未实现内部销售损益的金额，借记"营业成本"科目，贷记"存货"科目（或按照内部营业收入形成期末存货的金额，借记"营业收入"科目；按照其对应的销售成本的金额，贷记"营业成本"科目；按照内部营业收入与其对应的内部营业成本的差额，贷记"存货"科目）。

(2)连续编制合并会计报表时内部购进商品的抵销处理

在连续编制合并会计报表的情况下，首先必须将上期抵销的存货价值中包含的未实现内部销售损益对本期期初未分配利润的影响予以抵销，调整本期期初未分配利润的金额；然后对本期内部购进存货进行抵销处理，具体抵销处理程序和方法如下：

将上期抵销的存货价值中包含的未实现内部销售损益对本期期初未分配利润的影响进行抵销，即按照上期内部购进存货价值中包含的未实现内部销售损益的金额，借记"未分配利润——年初"科目，贷记"营业成本"科目。

对于本期发生内部购销活动的，将内部销售收入、内部销售成本及内部购进存货中的未实现内部销售损益予以抵销，即按照销售企业内部销售收入的金额，借记"营业收入"科目，贷记"营业成本"科目。

将期末内部购进存货价值中包含的未实现内部销售损益予以抵销。对于期末内部购买形成的存货（包括上期结转形成的本期存货），应按照购买企业期末内部购入存货价值中包含的未实现内部销售损益的金额，借记"营业成本"科目，贷记"存货"科目。

4. 固定资产原价和无形资产原价中包含的未实现内部销售利润的抵销

(1)购入当期内部交易的固定资产的抵销处理

在这种情况下，购买企业购进的固定资产的抵销处理程序如下：将内部交易固定资产相关的销售收入、销售成本以及其原价中包含的未实现内部销售损益予以抵销，即按销售企业由于该固定资产交易所实现的销售收入，借记"营业收入"科目；按照其销售成本，贷记"营业成本"科目；按照该固定资产的销售收入与销售成本的差额（即原价中包含的未实现内部销售损益的金额），贷记"固定资产——原价"科目。

将内部交易固定资产当期多计提的折旧费用和累计折旧予以抵销。对内部交易固定资产当期多计提的折旧费用进行抵销时，应按当期多计提的金额，借记"固定资产——累计折旧"科目，贷记"管理费用"等科目。

(2)以后会计期间内部交易固定资产的抵销处理

以后会计期间，该内部交易固定资产仍然以其原价在购买企业的个别资产负债表中列示，编制合并会计报表时，其具体抵销程序如下：

将内部交易固定资产原价中包含的未实现内部销售损益抵销，并调整期初未分配利润，即按照固定资产原价中包含的未实现内部销售损益的金额，借记"未分配利润——年初"科目，贷记"固定资产——原价"科目。

将以前会计期间内部交易固定资产多计提的累计折旧抵销，并调整期初未分配利润，即按照以前会计期间抵销该内部交易固定资产多计提的累计折旧额，借记"固定资产——累计折旧"科目，贷记"未分配利润——年初"科目。

将本期由于该内部交易固定资产的使用而多计提的折旧费用予以抵销，并调整本期计提的累计折旧额，即按照本期该内部交易的固定资产多计提的折旧额，借记“固定资产——累计折旧”科目，贷记“管理费用”等科目。

从企业集团内部购入的无形资产，其抵销处理方法与固定资产原价中包含的未实现内部销售利润的抵销相似，可比照进行抵销处理。

二、合并资产负债表的分析

(一)合并资产负债表的格式和内容

合并资产负债表的格式在个别资产负债表的基础上，主要增加了三个项目：一是在“无形资产”项目下增加了“商誉”项目，用于反映企业合并中取得的商誉，即在控股合并下母公司对子公司的长期股权投资大于其在子公司的可辨认净资产公允价值份额的差额。二是在“所有者权益”项目下增加了“归属于母公司所有者权益合计”项目，用于反映企业集团的所有者权益中属于母公司所有者权益的部分，包括实收资本(或股本)、资本公积、库存股、盈余公积、未分配利润和外币报表折算差额等项目的金额。三是在“所有者权益项目”下增加了“少数股东权益”项目，用于反映非全资子公司的所有者权益中不属于母公司的份额。四是在“未分配利润”项目后、“少数股东权益”项目前增加了“外币报表折算差额”项目，用于反映境外经营的资产负债表折算为人民币表示的资产负债表时所发生的折算差额中归属于母公司所有者权益的部分。

下面我们以ABC公司为例，合并资产负债表的一般格式如表6－1所示。

表6－1　　合并资产负债表

编制单位：ABC公司　　2016年12月31日　　单位：元

项　目	期末余额	年初余额
资产：		
流动资产：		
货币资金	2 092 136 891.96	1 914 121 102.42
结算备付金		
拆出资金	—	—
交易性金融资产	—	—
应收票据	—	—
应收账款	229 443 659.00	156 758 677.54
预付款项	563 233 234.98	667 688 600.72
应收保费	—	—
应收分保账款	—	—
应收分保合同准备金	—	—
应收利息	2 624 692.60	5 518 057.62
应收股利	—	—

续表

项　目	期末余额	年初余额
其他应收款	402 951 592.84	377 927 965.54
买入返售金融资产	—	—
存货	934 732 572.90	792 963 737.46
1年内到期的非流动资产	—	—
其他流动资产	—	—
流动资产合计	4 225 122 644.28	3 914 978 241.30
非流动资产：		
发放贷款及垫款	—	—
可供出售金融资产	181 251 494.18	125 540 707.64
持有至到期投资	—	—
长期应收款	—	—
长期股权投资	516 928 146.00	344 868 188.78
投资性房地产	341 485 402.40	354 067 826.72
固定资产	493 148 484.22	495 526 958.36
在建工程	36 777 252.46	16 163 192.20
工程物资	—	—
固定资产清理	—	—
生产性生物资产	—	—
油气资产	—	—
无形资产	21 055 647.30	21 397 466.88
开发支出	—	—
商誉	—	—
长期待摊费用	1 963 964.00	1 657 063.70
递延所得税资产	1 320 246.10	1 604 732.34
其他非流动资产	—	—
非流动资产合计	1 593 930 636.66	1 360 826 136.62
资产总计	5 819 053 280.94	5 275 804 377.92
流动负债：		
短期借款	836 706 933.82	801 405 348.94
向中央银行借款	—	—
吸收存款及同业存放	—	—

续表

项　目	期末余额	年初余额
拆入资金	—	—
交易性金融负债	—	—
应付票据	366 575 879.12	45 200 000
应付账款	419 774 452.34	326 528 329.82
预收账款	536 445 263.18	614 512 172.76
卖出回购金融资产款	—	—
应付手续费及佣金	—	—
应付职工薪酬	34 725 963.70	34 150 507.82
应交税费	4 175 941.44	−2 217 309.44
应付利息	1 035 720.00	3 054 722.28
应付股利	3 041 505.34	3 041 505.34
其他应付款	867 464 452.96	8 95 135 670.72
1 年内到期的非流动负债	—	—
其他流动负债	—	—
流动负债合计	3 069 946 111.90	2 720 810 948.24
非流动负债：		
长期借款	—	—
应付债券	—	—
长期应付款	37 229 578.14	26 990 978.14
专项应付款	—	—
预计负债	—	—
递延所得税负债	21 927 621.08	10 225 769.32
其他非流动负债	—	—
非流动负债合计	59 157 199.22	37 216 747.46
负债合计	3 129 103 311.12	1 758 027 695.70
所有者权益(或股东权益)：		
实收资本(或股本)	493 535 000.00	493 535 000.00
资本公积	1 528 738 639.58	1 423 674 043.68
减:库存股	—	—
专项储备	—	—
盈余公积	187 861 512.24	175 425 498.82

续表

项　目	期末余额	年初余额
一般风险准备	—	—
未分配利润	299 812 934.54	273 268 092.66
外币报表折算差额	—	—
归属于母公司所有者权益合计	2 509 948 086.36	2 365 902 635.16
少数股东权益	180 001 883.46	151 874 047.06
所有者权益合计	2 689 949 969.82	2 517 776 682.22
负债和所有者权益总计	5 819 053 280.94	5 275 804 377.92

表 6－2 是 ABC 公司的子公司的情况。

表 6－2　　ABC 公司子公司的情况　　单位：万元

公司名称	业务性质	所占权益（%）	注册资本	资产规模	净利润
江苏爱华艺术有限公司	工艺美术制造	92.36	216 532.00	34 514.46	－2 546.73
江苏族裔草制品公司	工业品制造	90.00	1 500.00	377.69	－499.27
江苏贸易公司	商品流通	60.00	50.00	1 483.05	16.15
弘扬服饰公司	商品流通	60.00	600.00	1 870.19	76.35
弘扬礼品公司	商品流通	60.00	1 200.00	4 969.71	596.56
南京环境装饰公司	室内外设计装潢	60.00	300.00	770.95	6.71
弘扬工艺品公司	商品流通	60.00	700.00	2 359.03	80.90
爱华贸易公司	商品流通	70.60	400.00	1 063.69	48.12
爱华玩具公司	商品流通	60.00	600.00	5 563.14	552.43
爱华机电公司	商品流通	60.00	200.00	2 040.21	29.81
弘扬轻工业公司	商品流通	60.00	300.00	1 872.42	59.65
弘扬服饰公司	商品流通	64.00	300.00	1 048.60	15.86
爱华礼品公司	礼品、玩具加工	50.00	300.00	2 539.77	179.47
爱华轻工业公司	商品流通	60.00	350.00	2 074.72	92.78
水生进出口贸易公司	商品流通	30.00	1 000.00	9 318.74	360.21
弘扬进出口公司	商品流通	60.00	800.00	4 677.16	58.76
弘扬鞋业公司	商品流通	60.00	300.00	1 918.13	141.49
弘扬福齐贸易公司	商品流通	65.00	150.00	510.47	7.97
南京洪顺鞋业公司	工业鞋、玩具生产	70.00	90.00	484.54	27.34

续表

公司名称	业务性质	所占权益(%)	注册资本	资产规模	净利润
爱华物业管理公司	物业管理	70.00	500.00	2 342.95	146.99
淮安贸易公司	商品流通	60.00	100.00	1 170.53	21.85
无锡弘扬服饰整理公司	服装生产加工	52.38	105.00	24.17	−0.01
上海国际贸易公司	商品流通	90.00	200.00	0.00	1.41
南京帽业公司	商品流通	60.00	100.00	1 190.63	8.98
弘扬南通贸易公司	商品流通	76.00	100.00	313.92	7.75
爱华技术培训学校	物业管理	100.00	10.00	275.56	1.47
弘扬通顺贸易公司	商品流通	30.00	120.00	3 015.67	14.79
弘扬船舶贸易公司	商品流通	60.00	1 000.00	8 894.24	−690.05
爱华投资发展公司	商品流通	100.00	10 000.00	10 250.37	20.37
爱华置地公司	房地产开发	51.00	3 000.00	25 051.22	−146.03
弘扬泰州进出口公司	商品流通	60.00	500.00	544.94	0.46

其中，上海国际贸易公司在报告期内已注销；爱华置地公司在报告期内注册资本第二期出资到位，实收资本由 600 万元增至 3 000 万元；弘扬泰州进出口公司是报告期内新成立的控股子公司。

(二)合并资产负债表项目分析

合并资产负债表应当是反映企业集团的某一特定日期财务状况的财务报表，由合并资产、负债和所有者权益各项目组成。在分析前，首先应了解合并资产负债表的编制程序，然后对合并资产负债表进行详尽分析。

1. 总体变动情况分析

ABC 公司的经营范围：自营和代理各类商品及技术的进出口业务，包括木材商品的进口，经营进料加工和“三来一补”业务，开展对销贸易和转口贸易，实业投资，国内贸易。公司业务范围包括以下三个方面：一是传统进出口贸易，二是船舶业务，三是文化及相关产业。

2016 年，公司总资产为 5 819 053 280.94 元，负债为 3 129 103 311.12 元，所有者权益为 2 689 949 969.82元，资产负债率为 53.77%。合并会计报表本体的财务状况及与 2015 年相比的变动情况如表 6—3 所示。

表 6—3　　合并会计报表的财务状况变动情况　　单位：元

项　目	2016 年 12 月 31 日	2015 年 12 月 31 日	增减(%)
总资产	5 819 053 280.94	5 275 804 377.92	10.30
货币资金	2 092 136 891.96	1 914 121 102.42	9.30
应收账款	229 443 659.00	156 758 777.54	46.37

续表

项　目	2016 年 12 月 31 日	2015 年 12 月 31 日	增减(%)
预付账款	563 233 234.98	667 688 600.72	－15.64
存货	934 732 572.90	792 963 737.46	17.88
可供出售金融资产	181 251 494.18	125 540 707.64	44.38
长期股权投资	516 928 146.00	344 868 188.78	49.89
在建工程	36 777 252.46	16 163 192.20	127.54
应付票据	366 575 879.12	45 200 000.00	711.01
长期应付款	37 229 578.14	26 990 978.14	37.93
递延所得税负债	21 927 621.08	10 225 769.32	114.43

增减变动原因：

(1)总资产增加 10.30%，主要是本期经营规模扩大、赊销账期放长和可供出售金融资产公允价值的增长。

(2)货币资金增加 9.3%，主要是其他货币资金增加 425.90%，其中，银行承兑汇票保证金 13 119.06 万元、保函保证金 20 196.28 万元、借款质押存款 5 607.68 万元、信用证保证金 845.86 万元、存出投资款 1 414.92 万元。

(3)应收账款增加 46.37%，主要是因为经营规模扩大，赊销账期放长。

(4)预付账款减少 15.64%，预付账款期末余额中 1 年以上的 8 999.76 万元，占比 1.63%，主要为预付造船款，挂账未转的原因是船舶建造时间较长。

(5)存货增加 17.88%，主要是其他库存商品增加 9 472 万元。

(6)可供出售金融资产增加 44.38%，主要是与期初相比，股票市值大幅回升，期末以市值列报的可供出售金融资产价值增加。

(7)长期股权投资增加 49.89%，主要是本期对弘扬期货经纪公司增资以及根据权益法核算的被投资单位 2016 年度投资收益及股权投资准备。

(8)在建工程增加 127.54%，主要是钝化厂房建设项目继续投入。

(9)应付票据增加 711.01%，主要是在新开展的内部业务中大量使用银行承兑汇票这一支付方式。

(10)长期应付款增加 37.93%，主要是江宁经济开发区管理委员会给予公司的企业发展专项资金增加以及子公司收到爱华文化创意产业集聚区专项补助。

(11)递延所得税负债增加 114.43%，主要是可供出售金融资产的公允价值变动导致的对应递延所得税负债增加。

2. 一般项目分析

合并资产负债表的一般项目分析主要是比较合并前后母、子公司主要项目的增减变动情况，可以用倍数分析方法进行分析。表 6－4 为合并资产负债表与母公司资产负债表的比较。

表 6—4　　　　合并资产负债表与母公司资产负债表的比较

编制单位:ABC 公司　　　　2016 年 12 月 31 日　　　　单位:元

项　目	2016 年 12 月 31 日		合并倍数
	合并	母公司	
流动资产:			
货币资金	2 092 136 891.96	1 391 602 964.02	1.50
结算备付金	—		—
拆出资金	—		—
交易性金融资产	—		—
应收票据	—		—
应收账款	229 443 659.00	52 085 342.24	4.41
预付款项	563 233 234.98	243 443 378.56	2.31
应收保费	—		—
应收分保账款	—		—
应收分保合同准备金	—		—
应收利息	2 624 692.60	1 439 092.60	1.82
应收股利	—	17 910 200.00	—
其他应收款	402 951 592.84	1 001 063 137.30	0.40
买入返售金融资产	—		—
存货	934 732 572.90	73 833 025.84	12.66
1 年内到期的非流动资产	—		—
其他流动资产	—		—
流动资产合计	4 225 122 644.28	2 781 377 140.56	1.52
非流动资产:			
发放贷款及垫款	—		—
可供出售金融资产	181 251 494.18	151 521 047.78	1.20
持有至到期投资	—		—
长期应收款	—		—
长期股权投资	516 928 146.00	1 241 194 625.58	0.42
投资性房地产	341 485 402.40	42 429 816.62	8.05
固定资产	493 148 484.22	235 328 604.52	2.10
在建工程	36 777 252.46	26 053 418.46	1.41
工程物资	—		—
固定资产清理	—		—

续表

项　目	2016年12月31日		合并倍数
	合并	母公司	
生产性生物资产	—		—
油气资产	—		—
无形资产	21 055 647.30	13 088 301.46	1.61
开发支出	—		—
商誉	—		—
长期待摊费用	1 963 964.00		
递延所得税资产	1 320 246.10		
其他非流动资产	—		
非流动资产合计	1 593 930 636.66	1 709 615 814.64	0.93
资产总计	5 819 053 280.94	4 490 992 955.20	1.30
流动负债：			
短期借款	836 706 933.82	707 435 765.00	1.18
向中央银行借款	—		—
吸收存款及同业存放	—		—
拆入资金	—		—
交易性金融负债	—		—
应付票据	366 575 879.12	349 394 479.12	1.05
应付账款	419 774 452.34	52 995 284.58	7.92
预收账款	536 445 263.18	182 850 091.08	2.93
卖出回购金融资产款	—		—
应付手续费及佣金	—		—
应付职工薪酬	34 725 963.70	25 179 701.50	1.38
应交税费	4 175 941.44	−6 647 694.42	−0.63
应付利息	1 035 720.00	1 035 720.00	1.00
应付股利	3 041 505.34		
其他应付款	867 464 452.96	582 162 086.74	1.49
1年内到期的非流动负债	—		—
其他流动负债	—		—
流动负债合计	3 069 946 111.90	1894 405 433.60	1.62
非流动负债：			
长期借款	—		—

续表

项　目	2016 年 12 月 31 日		合并倍数
	合并	母公司	
应付债券	—		—
长期应付款	37 229 578.14		
专项应付款	—		—
预计负债	—		—
递延所得税负债	21 927 621.08	13 726 045.06	1.60
其他非流动负债	—		—
非流动负债合计	59 157 199.22	13 726 045.06	4.31
负债合计	3 129 103 311.12	1 908 131 478.66	1.64
所有者权益(或股东权益)：			
实收资本(或股本)	493 535 000.00	493 535 000.00	1.00
资本公积	1 528 738 639.58	1 511 859 601.86	1.01
减:库存股	—		—
专项储备	—		—
盈余公积	187 861 512.24	187 861 512.24	1.00
一般风险准备	—		—
未分配利润	299 812 934.54	389 605 362.44	0.77
外币报表折算差额	—		
归属于母公司所有者权益合计	2 509 948 086.36		
少数股东权益	180 001 883.46		
所有者权益合计	2 689 949 969.82	2 582 861 476.54	1.04
负债和所有者权益总计	5 819 053 280.94	4 490 992 955.20	1.30

(1)总资产分析

如果合并会计报表的总资产金额与母公司个别会计报表的总资产金额相比，增加额很小的话，可能存在以下情况：①企业集团内部存在大量累计损失的企业；②企业集团内部存在大额未实现损益的内部交易；③母、子公司之间存在大量债权债务。

ABC 公司总资产的合并倍数为 1.5。其中，流动资产合并倍数为 1.52，非流动资产合并倍数为 0.93，说明合并资产与母公司的资产相比，流动资产增加较多，非流动资产增加较少。

(2)应收、应付账款分析

一般情况下，在横向合并的企业集团，母公司与子公司之间的交易不会太多。因此，母、子公司之间的债权债务抵销金额不会很大，合并会计报表所反映的应收、应付账款金额应该比母公司个别会计报表所反映的金额小。

ABC 公司应收账款的合并倍数为 4.41，应付账款的合并倍数为 7.92，合并应收账款和应付账款比母公司应收账款增加较多，说明母公司与子公司之间内部债权债务抵销较少。从该公司年报附注中也可以看出，公司应收账款的增加绝大部分为应收外汇账款，母、子公司之间的交易较少，合并资产负债表中的应收账款和应付账款为子公司的应收、应付账款。

(3)存货分析

如果合并会计报表所反映的存货金额比母公司个别会计报表所反映的金额增加很多的话，可能存在以下情况：①子公司的销售有困难；②母公司将存款转移给了子公司；③存货内部销售未抵销。

ABC公司存货合并倍数为12.66，说明母、子公司之间的交易较少，合并资产负债表中的存货绝大部分为子公司的存货。

(4)债权债务的分析

企业集团内部资金借贷产生的债权债务在编制合并会计报表时会被抵销，因此，合并会计报表所反映的金额与母公司个别会计报表所反映的金额相比会减少，但如果减少额异常的话，应该考虑母公司是否给予了子公司很多资金援助。

ABC公司预付款项合并倍数为2.31，其他应收款合并倍数为1.40，预收账款合并倍数为2.93，其他应付款合并倍数为1.49，合并债权债务与母公司债权债务相比都增加了，说明公司内部一部分债权债务已经抵销，但还有一部分不是内部债权债务形成的，不能够抵销。

(5)固定资产分析

合并会计报表所反映的固定资产金额应该比母公司的多，但是，增加的程度因被合并子公司的行业特性而异。如果制造业的子公司多的话，固定资产的增加额就比较大。

ABC公司固定资产合并倍数为2.1，在建工程合并倍数为1.41，说明母、子公司之间固定资产和在建工程内部抵销较少。在建工程合并倍数较年初有所减少主要源于2016年第二次临时股东大会审议通过，公司变更1999年度配股募集资金的部分投向，原投入爱华信息公司的1 080万元募集资金全部投入钝化玩具厂项目，因此，合并资产负债表和母公司资产负债表在建工程项目将在年初增加1 030万元。

(6)长期股权投资的分析

合并会计报表反映的长期股权投资金额应该比母公司的长期股权投资金额少，因为企业集团内部存在长期股权投资与内部子公司所有者权益项目的抵销。

ABC公司长期股权投资合并倍数为0.42，小于1，说明集团内部存在长期股权投资与子公司所有者权益项目的抵销，使得合并倍数小于1。

(7)未分配利润的分析

如果合并会计报表与母公司个别会计报表相比未分配利润增加的话，说明被合并子公司的盈利能力比较强；如果减少的话，则说明被合并子公司中有亏损企业。

ABC公司未分配利润合并倍数为0.77，说明被合并子公司的盈利能力较弱，但是内部也有盈利企业，整体盈利能力提高不大。

3. 特殊项目分析

特殊项目分析主要是合并资产负债表与母公司资产负债表相比增加的一些特殊项目，主要有商誉、归属于母公司所有者权益合计、少数股东权益、外币报表折算差额。

(1)“商誉”项目

在“无形资产”项目下增加了“商誉”项目，用于反映非同一控制下企业合并中取得的商誉，即可控股合并下母公司对子公司的长期股权投资(合并成本)大于其在购买日子公司可辨认净资产公允价值份额的差额。

ABC 公司合并资产负债表本项目为零,说明该公司对子公司的长期股权投资小于或等于其在购买日子公司可辨认净资产公允价值份额的差额。

(2)"归属于母公司所有者权益合计"项目

在所有者权益项目下增加"归属于母公司所有者权益合计"项目,用于反映企业集团的所有者权益中归属于母公司所有者权益的部分,包括实收资本(或股本)、资本公积、库存股、盈余公积、未分配利润和外币报表折算差额等项目的金额。

ABC 公司该项目金额为 250 994.80 万元,用于反映企业集团的所有者权益中归属于母公司所有者权益的部分。

(3)"少数股东权益"项目

在"所有者权益"项目下增加了"少数股东权益"项目,用于反映非全资子公司的所有者权益中不属于母公司的份额。

ABC 公司该项目金额为 18 000.18 万元,反映了企业集团内部非全资子公司的所有者权益中不属于母公司的份额。

(4)"外币报表折算差额"项目

我国会计准则规定,对以外币表示的资产负债表进行折算时,所有"资产""负债"类项目都必须按合并会计报表决算日的市场汇率折算为母公司记账本位币;"所有者权益"类项目除"未分配利润"项目外,均按照发生时的市场汇率折算为母公司的记账本位币,这是资产类项目与负债类项目、所有者权益类项目合计数的差额,作为"外币报表折算差额"在"未分配利润"项目后单独列示。

(三)合并资产负债表比率分析

比率分析主要从偿债能力和营运能力两个方面进行,通过对比合并资产负债表与母公司资产负债表计算的不同比率,确定对母公司做出决策是否有影响。

1. 偿债能力分析

下面对 ABC 公司的偿债能力指标进行分析,表 6—5 列示了反映偿债能力的 4 个主要财务指标。

表 6—5　　反映偿债能力的指标

指　标	根据合并资产负债表计算	根据母公司资产负债表计算
流动比率	1.38	1.47
速度比率	0.89	1.30
现金比率	0.68	0.73
资产负债率	0.54	0.42

通过表 6—5 的分析可以看出,在 ABC 公司偿债能力财务指标中,除资产负债率外,其他的比率指标都反映了根据合并资产负债表计算的数据比根据母公司资产负债表计算的数据小。

合并流动比率可以看作所有子公司流动比率的加权平均,因此,算出的综合比率可能比单个公司流动比率大,也可能小。如果考虑所有公司之间内部交易或事项的抵销对流动资产和流动负债的影响，则可能分为流动资产与流动负债的等额抵销和流动资产因内部交易未实现损益的抵销。一般来说，负债的减少额度比资产的减少额度小，在企业集团合并流动比率大于1的一般情况下，这种抵销会降低合并后的流动比率。

对于资产负债率而言，从合并数据本身来看，与前面的流动比率相似，也可以从合并数据对债务结构的扭曲和内部交易与事项对合并比率计算的影响两个方面来理解。另外，合并后计算的比率的效果是对企业集团内每个企业资产负债率的加权平均，这样的计算是建立在没有合并的基础上的，计算出的加权平均合并资产负债率既可能比单个企业的资产负债率高，也可能比单个企业的资产负债率低。

如果考虑内部交易与事项的抵销，则对合并资产负债表计算的影响更为复杂，从合并总资产看内部交易的债权债务的抵销会同额减少资产与负债，但企业集团合并会计报表中还存在抵销减少总资产而不减少负债的事项与交易，如抵销内部交易未实现损益中资产价值被高估的部分，因此，合并对资产负债率指标的总体影响是分母比分子减少得更多，企业集团内部交易比例越大，内部交易未实现损益越多，影响就越大。在资产负债率小于1的情况下合并，会增加企业集团的资产负债率。前三个比率都显示了根据合并资产负债表计算的数据小于根据母公司资产负债表计算的数据，说明企业集团整体的短期偿债能力弱于母公司的偿债能力；资产负债率指标根据合并资产负债表计算的数据大于根据母公司资产负债表计算的数据，说明企业集团整体的长期偿债能力强于公司的长期偿债能力。因此，从短期看，企业集团整体的财务风险小于母公司，但是从长期来看，企业集团整体的财务风险大于母公司。

2. 营运能力分析

企业营运能力主要是指企业充分利用现有资源创造社会财富的能力。企业营运能力分析主要是通过销售收入与企业各项资产的比例关系，分析各项资产的周转速度，了解各项资产对收入的贡献程度。对合并资产负债表的营运能力分析主要从总资产的营运能力、短期资产的营运能力和长期资产的营运能力三个方面进行。表6－6列出了ABC公司2016年反映营运能力的财务指标。

表6－6　　ABC公司2016年反映营运能力的财务指标

指　标	根据合并会计报表计算	根据母公司会计报表计算
总资产周转率	0.23	0.05
总资产周转天数	1 566.00	7.32
应收账款周转率	6.60	6.86
应收账款周转天数	55.00	52.00
存货周转率	1.37	3.54
存货周转天数	263.00	102.00
流动资产周转率	0.31	0.08
流动资产周转天数	1 149.00	4 587.00
固定资产周转率	2.58	0.86
固定资产周转天数	140.00	417.00

从表6－6可以看到合并后的总资产周转率大于母公司的数据，说明企业集团的资产营运能力比母公司资产的营运能力强，资产利用效率高，并且反映了企业集团总体资源运用实现对外销售的运转效率，对于评估企业集团总体的资源运用效率是较为客观的。在企业销售利润率为正的情况下，企业总资产的周转越快，企业的盈利能力越强，为股东创造的价值越多。在合并会计报表中，母公司的长期股权投资被子公司的总资产按股权比例替代，内部交易未实现损益在资产中的部分被抵销，因此母公司总资产比合计总资产要少；此外，内部交易的销售收入比销售成本不管对外销售实现与否均要抵销，因此也会减少销售收入，此时的销售收入反映企业集团对外实现的销售收入。合并总资产周转率真实反映了企业集团总体资源运用实现对外销售的运转效率，对于评估企业集团总体的资源运用效率是较为客观的。该比率运用时，可以与企业集团历史数据进行对比，也可以与类似资产组合的企业集团进行对比，当然，如果需要深入挖掘总资产周转率发生变动的原因，则可以结合分部报告的信息分析产品分部、地区分部或事业分部资产周转率的结构变动对总资产周转率的贡献，从而为调整产品或地区结构提供决策依据。这里主要针对和根据母公司资产负债表计算总资产周转率进行比较，从而为管理者决策提供依据。

短期资产的营运能力影响资产的营运能力，通过对这些周转率的分析，可以进一步挖掘引起企业集团总资产周转率变动的原因，可以明确企业集团的流动资产、固定资产、存货和应收账款周转情况，可以与历史水平相比，与类似产业和资产组合的企业集团对比。由于在企业集团的基础上难以找到合适的对比对象，因此，在企业集团财务分析时，最好结合分部报告的情况，就分部产品分析各种周转率并进行行业与历史对比。合并会计报表的各种周转率分析给外界的投资者提供了一个评估企业集团高层管理者对企业集团资源整体配比效率的客观依据。

一般来说，组成企业集团的各个企业之间会产生各种协同作用，包括经营协同、管理协同、财务协同、战略协同等。这些协同的存在一般会提高企业集团绝大部分资产、产品的营运效率。如果衡量企业集团营运能力的各种周转比率不断降低或远远低于同类型企业集团或市场上同类产品或服务厂商的营运水平，则企业集团必须深入分析是哪些主要产品或服务的营运水平下降导致了企业集团整体营运水平的下降，从而采取相应措施，如改变资源在不同产品之间的分布或改变单一产品或服务的营运水平。

可以看出，ABC公司总资产组成部分的周转率根据合并会计报表计算的数据都大于根据母公司会计报表计算的数据，说明企业集团整体的资产营运能力较母公司资产营运能力强。因此可以得出，正是由于会计集团内部的协同效应，包括经营协同、管理协同、财务协同、战略协同，提高了会计集团绝大部分资产、产品的营运效率。

第三节 合并利润表的编制与分析

合并利润表应当以母公司和子公司的利润表为基础，在抵销母公司与子公司，子公司相互之间发生的内部交易对合并利润表的影响后，由母公司合并编制。可见，合并利润表作为以单一企业为主体进行会计核算的结果，分别从母公司本身和子公司本身反映其在一定会计期间的经营成果。

一、合并利润表的编制

合并利润表是反映以母公司为核心的企业集团在某一特定时期内的经营成果的报表。编制合并利润表时需要进行抵销处理的项目主要有以下几个：

(一)内部营业收入和营业成本

对内部销售收入和内部销售成本进行抵销时，应分别不同的情况进行处理：

母公司与子公司、子公司相互之间销售商品，期末全部实现对外销售。在这种情况下，对于同一购销业务，在销售企业和购买企业的个别利润表中都做了反映。但从企业集团整体来看，这一购销业务只是实现了一次对外销售，其销售收入只是购买企业向企业集团外部企业销售产品的销售收入，其销售成本只是销售企业向购买企业销售商品的成本。在编制合并会计报表时，必须将重复反映的内部营业收入与内部营业成本予以抵销。应编制的抵销分录为：借记"营业收入"等科目，贷记"营业成本"等科目。

母公司与子公司、子公司相互之间销售商品，期末未实现对外销售而形成存货。在这种情况下，销售企业是按照一般的销售业务确认销售收入，结转销售成本，计算销售损益，并在其个别利润表中列示。在编制合并会计报表时，应当将销售企业由此确认的内部销售收入与内部销售成本予以抵销。对于这一内部交易，购买企业是以支付的购货价款作为存货成本入账，并在其个别资产负债表中作为资产列示。编制合并利润表时，应将存货价值中包含的未实现内部销售损益予以抵销。

对于内部购进的商品部分实现对外销售、部分形成期末存货的情况，可以将内部购买的商品分解为两部分来理解：一部分为当期购进并全部实现对外销售，另一部分为当期购进但未实现对外销售而形成期末存货。

(二)内部购进资产抵销

在企业集团内母公司与子公司、子公司相互之间将自身的产品销售给其他企业作为固定资产(作为无形资产等的处理原则类似)使用的情况下，编制合并利润表时，应将销售企业由于该内部交易产生的销售收入和销售成本予以抵销，并将内部交易形成的固定资产原价中包含的未实现内部销售损益予以抵销。在对销售商品形成的固定资产或无形资产所包含的未实现内部销售损益进行抵销的同时，应当对固定资产的折旧额或无形资产的摊销额与未实现内部销售的损益相关的部分进行抵销。

(三)内部应收款项计提坏账等减值抵销

对于内部应收款项计提的坏账准备等减值准备，在编制合并资产负债表时，需要将内部应收账款与应付账款相互抵销，与此相适应，需要将内部应收账款计提的坏账准备予以抵销。编制合并会计报表将资产减值损失中包含的本期内部应收账款计提的坏账准备抵销时，应减少当期资产减值损失，同时减少坏账准备等余额，即按照当期内部应收账款计提的坏账准备的金额，借记"应收账款——坏账准备"等科目，贷记"资产减值损失"科目。

(四)内部收益和利息费用抵销

企业集团内部母公司与子公司、子公司相互之间可能发生持有对方债券等内部交易。编制合并会计报表时，应当在抵销内部发行的应付债券和持有至到期投资等内部债权债务的同时，将内部应付债券和持有至到期投资相关的利息费用与投资收益(利息收入)相互抵销，应编制的抵销分录为：借记"投资收益"科目，贷记"财务费用"科目。

(五)内部股权投资收益抵销

内部股权投资收益是指母公司对子公司或子公司对母公司、子公司相互之间的长期股权投资的收益,实际上就是子公司当期营业收入减去营业成本和期间费用、所得税后的余额与其持股比例相乘的结果。在持有全资子公司的情况下,母公司对某一子公司的投资收益实际上就是该子公司当期实现的净利润(假定不存在有关的调整因素)。编制合并利润表时,必须将企业集团内投资产生的投资收益予以抵销。

由于合并所有者权益变动表中的本年利润分配项目是站在企业集团的角度,反映对母公司股东和子公司少数股东的利润分配情况,因此,子公司的个别所有者权益变动表中本年利润分配各项目的金额,包括提取盈余公积、分派利润和期末未分配利润的金额,都必须予以抵销。

将上述项目抵销时,在持有全资子公司的情况下,应编制的抵销分录为:借记"股资收益""未分配利润——年初"科目,贷记"本年利润分配——提取盈余公积""应付股利"(包括转作股本的股利,下同)、"未分配利润——年末"科目;在子公司为非全资子公司的情况下,应编制的抵销分录为:借记"投资收益""少数股东损益""未分配利润——年初"科目,贷记"利润分配——提取盈余公积""应付股利""未分配利润——年末"科目。

(六)母公司增减子公司在合并利润表的反映

1. 母公司在报告期内增加子公司在合并利润表的反映

母公司因追加投资等原因控制了另一个企业即实现了企业合并。在合并当期编制合并利润表时,应当区分同一控制下企业合并增加的子公司和非同一控制下企业合并增加的子公司两种情况:(1)因同一控制下企业合并增加子公司,在编制合并利润表时,应当将该子公司合并当期期初至报告期期末的收入、费用、利润纳入合并利润表;(2)因非同一控制下企业合并增加子公司,在编制合并利润表时,应当将该子公司购买日至报告期期末的收入、费用、利润纳入合并利润表。

2. 母公司在报告期内处置子公司在合并利润表的反映

母公司在报告期内处置子公司,应当将该子公司期初至处置日的收入、费用、利润纳入合并利润表。

二、合并利润表的基本格式和分析

(一)合并利润表的格式

合并利润表在个别利润表的基础上,主要增加了两个项目,即在"净利润"项目下增加"归属于母公司所有者的净利润"和"少数股东损益"两个项目,分别反映净利润中由母公司所有者享有的份额和非全资子公司当期实现的净利润中属于少数股东权益的份额。在属于同一控制下企业合并增加子公司当期的合并利润表中,还应在"净利润"项目下增加"其中:被合并方在合并日以前实现的净利润"项目,用于反映同一控制下企业合并中取得的被合并方在合并当期期初至合并日实现的净利润。合并利润表的一般格式如表6-7所示。

表 6—7　　合并利润表

编制单位:ABC 公司　　2016 年度　　单位:元

项　目	本期金额	上期金额
一、营业总收入	5 100 633 655.64	4 597 208 734.98
其中:营业收入	5 100 633 655.64	4 597 208 734.98
利息收入	—	—
已赚保费	—	—
手续费及佣金收入	—	—
二、营业总成本	5 087 579 163.70	4 551 047 345.88
其中:营业成本	4 725 571 701.46	4 251 985 957.86
利息支出	—	—
手续费及佣金支出	—	—
税金及附加	21 885 542.24	21 235 768.30
销售费用	159 860 934.00	144 568 278.32
管理费用	136 774 983.44	127 893 354.52
财务费用	4 588 553.46	−10 375 714.66
资产减值损失	38 897 449.10	15 739 702.66
加:公允价值变动损益	—	—
投资收益	101 515 142.00	50 625 252.94
其中:对联营企业和合营企业的投资收益	64 630 762.48	32 049 621.48
汇兑收益	—	—
三、营业利润	114 569 633.94	96 786 642.04
加:营业外收入	12 757 131.96	20 121 370.82
减:营业外支出	9 005 838.02	3 966 907.98
其中:非流动资产处置损失	—	—
四、利润总额	118 320 927.88	112 941 104.88
减:所得税费用	38 312 744.04	31 111 442.56
五、净利润	80 008 183.84	81 829 662.32
归属于母公司所有者的净利润	68 592 955.30	70 890 409.26
少数股东损益	11 415 228.54	10 939 253.06
六、每股收益		
(一)基本每股收益	0.278	0.312
(二)稀释每股收益		
七、其他综合收益	107 483 613.10	−90 621 904.58

续表

项 目	本期金额	上期金额
八、综合收益总额	187 491 796.94	-98 925 724.50
归属于母公司所有者的综合收益总额	173 657 551.20	-98 925 724.50
归属于少数股东的综合收益总额	13 834 245.74	8 303 819.92

(二)合并利润表的分析

1. 利润表的构成分析

从表 6-7 可以看到,2016 年 ABC 公司合并会计报表中的营业总收入为 5 100 633 655.64元、营业总成本为5 087 579 163.70元、营业利润为114 569 633.94元、利润总额为118 320 927.88元、净利润为80 008 183.84元、毛利率为0.26%、销售利润率为1.94%,该公司的盈利能力指标都较低,这与公司所从事的行业有关。公司主要从事服装、玩具、鞋、帽子、渔具、袜子、船舶的生产和销售,利润率较低。

ABC 公司 2015 年和 2016 年合并会计报表的经营成果比较如表 6-8 所示。

表 6-8 **合并利润表主要项目变动分析** 单位:元

项 目	2016 年金额	2015 年金额	增减(%)
营业总收入	5 100 633 655.64	4 597 208 734.98	10.95
营业成本	5 087 579 163.70	4 551 047 345.88	11.79
销售费用	159 860 934.00	144 568 278.32	3.06
财务费用	136 774 983.44	127 893 354.52	144.22
资产减值损失	38 897 449.10	15 739 702.66	147.13
投资收益	101 515 142.00	50 625 252.94	100.52
营业外收入	12 757 131.96	20 121 370.82	-36.60
营业外支出	9 005 838.02	3 966 907.98	127.02
利润总额	118 320 927.88	112 941 104.88	4.76
净利润	80 008 183.84	81 829 662.32	-2.23

从表 6-8 可以看出,财务费用、资产减值损失、投资收益、营业外收入和营业外支出变动较大。经查证:财务费用增加 144.22%,主要是上年同期公司操作远期结汇业务,取得汇兑损益 1 095.70 万元;资产减值损失增加 147.13%,主要是本期子公司针对船舶业务以及房屋租赁收入计提特别坏账准备;投资收益增加 100.52%,主要是本期权益法核算联营企业投资收益增加以及转让可供出售金融资产增加;营业外收入减少 36.60%,主要是上年同期将无法支付的应付账款 1 019.60 万元转入营业外收入;营业外支出增加 127.02%,主要是本期将职业病患者补偿费用 584.28 万元计入营业外支出。

2. 一般项目分析

合并利润表的一般项目分析主要是比较合并前后母、子公司主要项目的增减变动情况,用倍数分析方法进行分析(如表 6-9 所示)。

表 6－9　　合并利润表与母公司利润表的比较　　单位:元

项　目	2016 年		合并倍数
	合并	母公司	
一、营业总收入	5 100 633 655.64	835 131 796.20	6.11
其中:营业收入	5 100 633 655.64	835 131 796.20	6.11
利息收入	—	—	
已赚保费	—	—	
手续费及佣金收入	—	—	
二、营业总成本	5 087 579 163.70	729 681 769.20	6.97
其中:营业成本	4 725 571 701.46	729 681 769.20	6.48
利息支出	—	—	
手续费及佣金支出	—	—	
税金及附加	21 885 542.24	8 052 165.68	2.72
销售费用	159 860 934.00	25 997 819.10	6.15
管理费用	136 774 983.44	50 983 730.74	2.68
财务费用	4 588 553.46	－10 098 185.54	－0.45
资产减值损失	38 897 449.10	21 491 310.72	1.81
加:公允价值变动损益	—	—	
投资收益	101 515 142.00	125 043 534.94	0.81
其中:对联营企业和合营企业的投资收益	64 630 762.48	69 566 303.02	0.93
汇兑收益	—	—	
三、营业利润	114 569 633.94	134 066 721.16	0.85
加:营业外收入	12 757 131.96	7 416 100.00	1.72
减:营业外支出	9 005 838.02	4 053 037.56	2.22
其中:非流动资产处置损失	—	—	
四、利润总额	118 320 927.88	138 429 783.60	0.86
减:所得税费用	38 312 744.04	13 069 649.34	2.93
五、净利润	80 008 183.84	124 360 134.26	0.64
归属于母公司所有者的净利润	68 592 955.30		
少数股东损益	11 415 228.54		
六、每股收益			
(一)基本每股收益	0.278	0.504	0.55
(二)稀释每股收益			

续表

项 目	2016年		合并倍数
	合并	母公司	
七、其他综合收益	107 483 613.10	93 490 696.42	1.15
八、综合收益总额	187 491 796.94	217 850 830.60	0.86
归属于母公司所有者的综合收益总额	173 657 551.20		
归属于少数股东的综合收益总额	13 834 245.74		

(1)营业收入成本项目的增减

如果合并会计报表与母公司个别会计报表相比营业收入的增加很少的话，应考虑母、子公司之间的内部交易是否很多。ABC公司营业收入的合并倍数为6.11，营业成本的合并倍数为6.97，说明该公司内部营业收入和营业成本抵销项目较少，大部分为对外销售收入。

(2)期间费用项目的增减

如果合并会计报表与母公司个别会计报表相比期间费用的增减很少的话，应考虑母、子公司之间是否存在固定资产的租赁业务。母、子公司之间的广告代理、业务委托等交易也会导致上述结果。ABC公司的销售费用合并倍数为6.15，管理费用合并倍数为2.68，财务费用合并倍数为－0.45。销售费用合并倍数很高，与前面的营业收入和营业成本合并倍数很高是一致的，可以得出该企业集团内部交易较少，大部分为对外销售收入。母公司的财务费用为负数，说明产生的利息收入大于利息支出，而合并会计报表的财务费用在合并母、子公司财务费用后为正。

(3)投资收益项目的增加

由于母公司与子公司、子公司相互之间持有对方长期股权投资的投资收益会发生抵销，因此，投资收益项目合并会计报表的数据一般会小于母公司会计报表的数据。ABC公司投资收益的合并倍数为0.81，小于1，说明企业集团内部发生相互之间持有对方长期股权投资收益的抵销。

(4)净利润项目的增减

合并利润表的净利润大于母公司利润表的净利润，说明企业集团的盈利能力大于母公司的盈利能力；反之，说明企业集团的盈利能力小于母公司的盈利能力。ABC公司净利润的合并倍数为0.64，说明母公司的经营业绩较企业集团的经营业绩优良。

(5)每股收益项目的增减

每股收益反映了股东每股产生的利润，每股收益越高，为股东创造利润的能力越强。ABC公司基本每股收益的合并倍数为0.55，说明企业集团创造的每股收益小于母公司为股东创造的每股收益。

3. 特殊项目分析

合并利润表与母公司利润表相比，增加了一些特殊项目，主要有“归属于母公司所有者的净利润”和“少数股东损益”。

归属于母公司所有者的净利润主要反映了净利润中由母公司所有者所享有的份额。ABC公司合并利润表中归属于母公司所有者的利润为68 592 955.30元，而母公司所体现的净利润为124 360 134.26元，反映了母公司在企业集团中所享有的净利润小于母公司自己创造的净利润，母公司在企业集团内属于盈利能力强的企业。

少数股东权益反映了非全资子公司当期实现的净利润中属于少数股东权益的份额，即不属于母公司享有的份额。ABC公司合并利润表的净利润中属于少数股东损益的为11 415 228.54元，更好地反映了少数股东在利润中所占的份额。

4. 合并利润表比率分析

合并利润表中主要的比率分析是盈利能力分析，盈利能力分析又分为与投资有关的盈利能力分析和与销售有关的盈利能力分析。

(1)与投资有关的盈利能力分析

投资报酬率指标主要包括总资产报酬(息税前利润)率和净资产收益率。总资产报酬率反映本期企业集团总资产的收益水平，与根据母公司报表计算的该指标相比，由于合并抵销了内部利润以及其中包含的虚估资产，从而更好地反映了管理者运用所有财务资本获取收益的水平。净资产收益率反映本期母公司股东净资产的收益水平，与根据母公司报表计算的该指标相比，合并抵销了内部利润以及其中包含的虚估资产，从而更好地反映了母公司股东的收益水平。表6—10反映了ABC公司2016年的合并利润表中与投资有关的盈利能力指标，并且同母公司与投资有关的盈利能力进行对比来评价企业管理者利用企业资本盈利的能力。

表6—10　　与投资有关的盈利能力指标

项　目	2016年	
	根据合并会计报表计算	根据母公司会计报表计算
总资产报酬率(%)	1.44	2.93
净资产收益率(%)	3.07	5.00

从表6—10可以看出，ABC公司与投资有关的盈利能力指标中，总资产报酬率根据合并会计报表计算的数据小于根据母公司计算的数据，说明企业集团的盈利能力小于母公司的盈利能力，全面反映了母公司的获利能力和投入产出状况较好，表明母公司投入产出的水平高，资产运营效果好。净资产收益率根据合并会计报表计算的数据小于根据母公司会计报表计算的数据，说明企业集团为股东创造利润的能力小于母公司为股东创造利润的能力，全面反映了母公司所有者投入资本的获利能力较强。

(2)与销售有关的盈利能力分析

与销售有关的盈利能力指标主要有销售毛利率、销售利润率和销售净利率等。销售净利率是一个综合性的指标，反映了企业集团所有资源运用的综合获利效果，包括产品价格、销售成本和期间费用控制的综合影响。合并过程中抵销了内部交易的销售收入、销售成本和内部未实现利润，因此，这一指标反映了集团资源利用对企业的总体获利效果。这一指标既可以进行历史对比，也可以在相似的资产、产品和服务的企业集团之间进行对比，然而要深入挖掘引起合并销售利润率发生变动的原因，则必须结合分部报告的情况分析产品分部、地区分部这一比率的变动对合并比率变动的影响。然而，分部销售净利润率的计算必然涉及企业集团一些无法采取合理标准分配至各个分部的资产和费用以及分部内部之间销售结算价格合理确定的影响，因此，从集团销售净利润率的变动反过来探寻引起这种变动的原因时，应该注意：①分部内部销售结算价格与分部共用资产和费用必须合理分配；②企业集团内部交易无论是上销还是下销，都应采用合并会计的实体理论全部抵销。

表 6－11 反映了 ABC 公司 2016 年的合并利润表中与销售有关的盈利能力指标，并且同母公司与投资有关的盈利能力进行对比来评价企业与销售有关的盈利能力。

表 6－11　　　　与销售有关的盈利能力指标

项　目	2016 年	
	根据合并会计报表计算	根据母公司会计报表计算
销售利润率(%)	2.25	16.05
销售净利率(%)	4.57	14.89
销售毛利率(%)	7.94	14.45

从表 6－11 可以看出，ABC 公司根据合并会计报表计算的与销售有关的盈利能力指标都小于根据母公司会计报表计算的该指标，说明企业集团每 1 元销售收入的创利能力弱于母公司每 1 元销售收入带来的盈利，ABC 公司的子公司中一部分盈利能力较差。根据前面提供的子公司的经营业绩可以看出，一部分子公司产生负利润。

第四节　合并现金流量表的编制与分析

合并现金流量表是反映企业集团在某一时期内经营活动、投资活动和筹资活动所产生的现金流入、现金流出和现金净流量变动情况的会计报表。与个别现金流量表一样，合并现金流量表中的现金流量也分为经营活动现金流量、投资活动现金流量和筹资活动现金流量三类。

一、合并现金流量表的编制

(一)编制特点

合并现金流量表的编制与单家企业现金流量表的编制在原理和程序上完全相同；但合并现金流量表的编制也有一些特殊问题，包括以下几个方面：

第一，在按间接法计算经营活动现金流量时，固定资产折旧和无形资产摊销费用仍应加回到合并净收益，少数股东收益也应加回到合并净利润中，少数股东损失则从合并净利润中减去。在按购买法处理企业合并时，折旧费用和摊销费用要按合并日子公司资产的公允价值(包括商誉)计算。属于少数股东的子公司净利润也应纳入经营活动现金净流量，因为所有子公司的全部现金均在合并资产负债表中反映。

第二，从企业集团来看，只有母公司所支付的现金股利和子公司支付给少数股东的现金股利才可以列为筹资活动的现金流量(流出)。子公司支付给母公司的现金股利对合并现金没有任何影响，因为这仅仅是企业集团中各成员企业之间现金的内部转移。若子公司支付给少数股东的股利较多，也可在合并现金流量表中单独列示或用附表披露。

第三，母公司直接用现金从子公司购入增发的普通股并不改变合并现金的数额，所以在合并现金流量表中不需报告，而母公司从子公司少数股东手中(证券市场上)购入增发的股份则减少了合并现金数。因此，这种购入股份在合并现金流量表中报告为投资活动的现金流量。

第四，母公司向证券市场出售部分子公司股份所得的现金增加了合并现金，从而在合并现金流量表中列为投资活动现金流量，出售股份的损益则表示在计算经营活动净现金流量时对母、子公司合并净利润的调整。

通常，合并现金流量表是以合并利润表和合并资产负债表为基础编制的，而不是以母、子公司单家企业的利润表和资产负债表为基础编制的；此外，还需其他与合并现金流量表编制有关的母公司和子公司账上的明细资料。

（二）相关规定

财政部在《合并会计报表暂行规定》中没有规定编制合并现金流量表，而是要求企业集团编制合并财务状况变动表。由于财政部制定的会计准则中包含了现金流量表具体会计准则，没有财务状况变动表准则，因此，从发展趋势上看，合并现金流量表将代替合并财务状况变动表。事实上，我国有些上市公司已在编制和公开合并现金流量表。

（三）编制方法

第一，以合并资产负债表、合并利润表为基础，采用与个别现金流量表相同的方法编制合并现金流量表。

第二，以母公司和纳入合并范围的子公司的个别现金流量表为基础，通过编制抵销分录，将母公司与纳入合并范围的子公司以及子公司相互之间发生的经济业务对个别现金流量表中现金流量的影响予以抵销，从而编制合并现金流量表。在采用这一方法编制合并现金流量表的情况下，其编制原理、编制方法和编制程序与合并资产负债表、合并利润表以及合并利润分配表的编制原理、编制方法和编制程序相同。首先编制合并工作底稿，将母公司和子公司个别现金流量表各项目的数据全部过入合并工作底稿；然后根据当期母公司与子公司以及子公司相互之间的影响及现金流量增减变动的经济业务联系编制相应的抵销分录，通过抵销分录将个别现金流量表中重复反映的现金流入量和现金流出量予以抵销；最后在此基础上计算合并现金流量表各项目的合并数，并填制合并现金流量表。

合并现金流量表的两种编制方法在程序和所需资料方面各有特点。第一种方法的程序是，将成员公司独立现金流量表的对应项目合并，同时编制调整分录，抵销公司之间内部交易对现金流量表的影响，然后编制合并会计报表。该方法需要的资料有母、子公司独立现金流量表，公司之间的内部交易资料。第二种方法的程序类似于编制单家企业的独立现金流量表，只是它以合并资产负债表、合并利润表为基础，并对各成员公司的某些资料进行分析编制。两种方法比较，第一种方法适合在成员公司之间内部交易较少的情况下采用，情况相反时应当改用第二种方法。第二种方法适用于所需分析的各公司具体资料不多的情况，反之则需要改用第一种方法。

现金流量表的列报方式，按对经营活动现金流量的反映方式不同，可分为直接法和间接法。在直接法列报方式下，“经营活动产生现金流量”栏中的项目是按照经营活动现金流入和现金流出的主要类别设置的，这些项目适合对内部交易进行抵销调整，尤其是在只需调整涉及现金流入、流出的内部交易，而不必考虑非现金内部交易时，可以减少工作量；相反，由于按现金流入、流出类别设置的项目的数据无法直接从合并资产负债表和合并利润表中得到，因此不适合用第二种方法合并编表。在间接法列报方式下，“经营活动产生的现金流量”栏下设置的是净利润和不涉及现金的收入、费用、营业外收支和应收应付等项目，这些项目的数据大多易于从合并资产负债表、利润表及相关账簿资料中得到，因此适合采用第二种方法编制合并现金流量表；相反，对这些项目进行内部交易的抵销调整则很复杂，抵销内部购销事项时必须既考虑现销又考虑赊销，抵销分录可能涉及净利润、存货、经营性应收（应付）款等多个项目，还须对购销成本及增值税事项加以调整，所以不适合采用第一种方法合并编表。

(四)编制中内部事项的抵销

1. 合并现金流量表编制中内部事项的抵销

合并现金流量表是综合反映母公司及其子公司组成的企业集团在一定会计期间现金流入、现金流出及其增减变动情况的会计报表。在实际编制合并现金流量表时，通常是以合并范围内的个别现金流量表为基础，通过编制抵销分录将企业集团内业务对个别现金流量表的影响予以抵销，从而编制合并现金流量表。

正确做好抵销分录是编制合并现金流量表的关键，在实际操作时，经常会遇到以下几类内部事项：(1)企业集团内业务涉及现金流量表同类项目之间的抵销。企业集团内部现金流量的抵销涉及同类项目的，处理起来比较简单，直接将同类内部现金流所涉及的项目进行抵销即可。(2)企业集团内业务涉及现金流量表不同项目之间的抵销，要区分情况进行处理。(3)出售和购买了公司业务在编制合并现金流量表时的抵销。

2. 现金流量表不同项目之间的抵销

(1)内部经营活动现金流量与内部投资活动现金流量的抵销，即内部事项所涉及的一方将该事项作为经营活动处理，所涉及的另一方将该事项作为投资活动处理。这类业务又会出现以下两种情况：

①收到现金的一方作为经营活动现金流入，支付现金的一方作为投资活动现金流出。例如，一方将存货销售给另一方作为固定资产，或者一方为另一方提供固定资产的安装、施工等劳务。销售存货或提供劳务的企业将收到的款项作为“销售商品、提供劳务收到的现金”项目，购入固定资产或接受劳务的一方则将支付的款项列入“购建固定资产、无形资产或其他长期资产支付的现金”项目。合并时应编制如下抵销分录：

借：购建固定资产支付的现金(冲减购入方的现金支出)

　　贷：销售商品、提供劳务收到的现金(冲减销售方的现金流入)

对于企业集团而言，这项业务应视同企业集团外购或自行建造固定资产，因此，销售存货一方在会计年度内为购进这项存货而支付的款项或为生产该存货而支付的工资、耗用的本期现金购进的原材料等涉及的款项在个别会计报表上是作为经营活动现金流量列示的，在编制合并现金流量表时，应将这部分现金流量调整为投资活动现金流出，并编制如下调整分录：

借：购买商品、接受劳务支付的现金(冲减经营活动现金流出)

　　支付给职工以及为职工支付的现金(冲减经营活动现金流出)

　　支付的其他与经营活动有关的现金(冲减经营活动现金流出)

　　贷：购建固定资产支付的现金(增加投资活动现金流出)

【例 6—1】　ABC 公司在 2016 年度销售一批存货给其下属子公司，销售价格为 200 万元，母公司年度内为购建这批存货支付现金 100 万元。子公司将当年购入的存货作为固定资产入账。假设上述公司年度内只发生了这一项业务、不考虑税金和子公司计提固定资产折旧的因素，母公司当年净利润为 100 万元，子公司当年没有净利润。母、子公司个别现金流量表如表 6—12所示。

表 6－12　　母、子公司个别现金流量表　　单位：万元

项　目	母公司	子公司	合　计
经营活动产生的现金流量：			
销售商品、提供劳务收到的现金	200.00	—	200.00
购买商品、接受劳务支付的现金	100.00	—	100.00
经营活动产生的现金流量净额	100.00	—	100.00
投资活动产生的现金流量：			
处置固定资产、无形资产和其他长期资产所收回的现金净额			
购建固定资产、无形资产和其他长期资产所支付的现金	—	200.00	200.00
投资活动产生的现金流量净额	—	－200.00	－200.00
现金及现金等价物净增加额	100.00	－200.00	－100.00
现金流量表补充资料：			
净利润	100.00	—	100.00
调整项目	—		—
经营活动现金流量	100.00	—	100.00

在编制合并现金流量表时，首先应将母、子公司的个别现金流量表汇总，然后编制抵销分录，将内部现金流量抵销：

借：购建固定资产支付的现金　　2 000 000

　贷：销售商品、提供劳务收到的现金　　2 000 000

将母公司购买存货支出的 100 万元转为投资活动现金流量：

借：购买商品、接受劳务支付的现金　　1 000 000

　贷：购建固定资产支付的现金　　1 000 000

在编制合并利润表时，还要将内部交易进行抵销，这样，企业集团年度净利润为 0 元，投资活动现金流量为 100 万元，经营活动现金流量为 0 元。

②收到现金的一方作为投资活动现金流入，支付现金的一方作为经营活动现金流出。例如，一方将其固定资产出售给另一方作为存货，出售资产的一方将本期出售资产收到的现金记入“处置固定资产、无形资产和其他长期资产收到的现金”项目，购入存货的一方将支付的现金记入“购买商品、接受劳务支付的现金”项目，合并时应编制如下抵销分录：

借：购买商品、接受劳务支付的现金（冲减购入方的现金支出）

　贷：处置固定资产、无形资产和其他长期资产收到的现金（冲减销售方的现金流入）

当购入存货的一方将存货销售并在本期收回货款及增值税款后，对于企业集团而言，这项业务应视同企业集团对外销售固定资产。销售存货一方年度内取得的现金在个别现金流量表上作为经营活动现金流入列示，在编制合并现金流量表时应将这部分现金流量调整为投资活动现金流入，应编制如下调整分录：

借：处置固定资产、无形资产和其他长期资产收到的现金（增加投资活动现金流入）

贷:销售商品、提供劳务收到的现金(冲减经营活动现金流入)

【例6—2】 ABC公司在2016年度销售固定资产给其下属子公司,销售价格为200万元,子公司将当年购入的固定资产作为存货入账,并在当年按照300万元的价格销售了这批存货。假设上述公司年度内只发生了这一项业务、母公司的固定资产已经提足折旧、不考虑税金因素,则母公司当年净利润为200万元,子公司当年净利润为100万元。母、子公司个别现金流量表如表6—13所示。

表6—13　　母、子公司个别现金流量表

项　目	母公司	子公司	合　计
经营活动产生的现金流量:			
销售商品、提供劳务收到的现金	—	300.00	300.00
购买商品、接受劳务支付的现金	—	200.00	200.00
经营活动产生的现金流量净额		100.00	100.00
投资活动产生的现金流量:			
处置固定资产、无形资产和其他长期资产收回的现金净额	200.00	—	200.00
购建固定资产、无形资产和其他长期资产支付的现金	—	—	—
投资活动产生的现金流量净额	200.00	—	200.00
现金及现金等价物净增加额	200.00	100.00	300.00
现金流量表补充资料:			
净利润	200.00	100.00	300.00
调整项目			
加:处置固定资产、无形资产和其他长期资产的损失(减:收益)		−200.00	−200.00
经营活动现金流量		−100.00	100.00

对于企业集团而言,这项业务应视同企业集团将固定资产对外销售。在编制合并现金流量表时,首先应将母、子公司的个别现金流量表汇总,然后编制抵销分录,将内部现金流量抵销:

借:购买商品、接受劳务支付的现金　　2 000 000

　　贷:处置固定资产、无形资产和其他长期资产收到的现金　　2 000 000

将子公司销售存货收到的300万元转为投资活动现金流量:

借:处置固定资产、无形资产和其他长期资产收到的现金　　3 000 000

　　贷:销售商品、提供劳务收到的现金　　3 000 000

在编制合并利润表时,还要将内部交易进行抵销,这样,企业集团年度净利润为300万元,是企业处置固定资产形成的收益,投资活动现金流量为300万元,经营活动现金流量为0元。在间接法下,合并净利润为300万元,调整项目"处置固定资产、无形资产和其他长期资产的损失(减:收益)"为—300万元,间接法下经营活动现金流量为0元。

(2)内部经营活动现金流量与内部筹资活动现金流量的抵销,即内部事项所涉及的一方将该事项作为经营活动处理,所涉及的另一方将该事项作为筹资活动处理。这类业务主要发生在设立财务公司的企业集团中。

①当企业集团内财务公司为其他公司提供融资服务时,财务公司将支付的款项作为经营活动现金流量,其他公司将收到的款项作为筹资活动现金流量。对于企业集团而言,实际上是资金的内部调拨,这一行为不产生现金流量。因此,应做如下抵销分录:

借:支付的其他与经营活动有关的现金(冲减财务公司的现金支出)

　　贷:借款收到的现金(冲减取得的借款公司的现金流入)

当取得借款的公司向财务公司支付利息时,应将支付利息涉及的现金流量予以抵销:

借:分配股利利润或偿付利息所支付的现金(冲减借款公司支付的利息)

　　贷:收到的其他与经营活动有关的现金(冲减财务公司收到的利息)

经过上述抵销后,这项业务不会给企业集团带来现金流量;同时,在利润表上也要进行内部交易抵销,即将借款公司的财务费用与财务公司的贷款利息收入进行抵销,抵销后企业集团的净利润为零。在编制合并资产负债表时要将内部往来进行抵销,即将财务公司的应收款项和借款公司的短期借款进行抵销。这样,合并现金流量表间接法中的净利润为0元,经营性应收应付变动为0元,间接法下经营活动现金流量为0元。

②集团内其他公司将资金存放在财务公司,并取得存款利息收入的业务与上述业务一样,属于企业集团内部资金的调拨,既不产生现金流量,也不产生利润,抵销方法与上述业务类似。

③内部投资活动现金流量与内部筹资活动现金流量的抵销,即内部事项所涉及的一方作为投资活动现金流量,另一方作为筹资活动现金流量,应区分下列具体情况分别处理:

企业集团内部一方向另一方投资,则一方作为内部权益性或债权性投资增加现金支出,另一方作为筹资活动增加现金流入,应编制如下抵销分录:

借:投资所支付的现金(冲减投资方现金支出)

　　贷:吸收投资所收到的现金(冲减筹资方现金流入)

企业集团内部一方向另一方支付现金股利或利润,或一方向另一方支付债权性投资的利息时,应编制如下抵销分录:

借:分配股利利润或偿付利息支付的现金(冲减付利或付息方现金流出)

　　贷:取得投资收益所收到的现金(冲减投资方现金流入)

企业集团内部一方向另一方偿还债务性资本本金的,应编制如下抵销分录:

借:偿还债务支付的现金(冲减偿还方现金的流出)

　　贷:收回投资收到的现金(冲减收回方的现金流入)

3. 出售和购买子公司业务

企业在会计报表年度内出售或购买子公司的,按照有关规定,企业集团的合并利润表中应包含出售子公司自期初至出售日的收入、成本、费用和利润,新购子公司自购买日至期末的收入、成本、费用和利润;企业集团的合并现金流量表中应包含出售子公司自期初至出售日的现金流量、新购子公司自购买日至期末的现金流量。这样就会导致合并现金流量表的期初、期末现金及现金等价物与合并资产负债表不符,需要编制抵销分录。

(1)出售子公司的情况

企业在年度内出售子公司的,应将被出售企业自年初至出售日产生的损益包括在合并利润表中，也应将被出售企业自年初至出售日的现金流量包括在合并现金流量表中。这样，将个别现金流量表汇总后，期末现金余额中就包含被出售子公司在出售日的现金余额，而企业在出售子公司时，出售价格中必然包含被出售子公司在出售日的现金数额。合并资产负债表的期末货币资金中并未包含被出售子公司在出售日的现金数额。因此，编制合并现金流量表时，需要编制如下抵销分录：

借：现金期末余额（冲减被出售子公司出售日的现金余额）

　　贷：收回投资所收到的现金（冲减企业出售子公司时售价中包含的子公司现金余额）

(2)购买子公司的情况

企业在年度内购买子公司的，应将被收购企业自购买日至期末产生的损益包括在合并利润表中，也应将被收购企业自购买日至期末的现金流量包括在合并现金流量表中。这样，将个别现金流量表汇总后，期初现金余额中就包含被收购子公司在购买日的现金余额，而企业在购买子公司时，购买价格中必然包含被收购子公司在购买日的现金数额。合并资产负债表的期初货币资金中并未包含被收购子公司在购买日的现金数额。因此，编制合并现金流量表时，需要编制如下抵销分录：

借：投资所支付的现金（冲减企业收购价中包含的子公司现金余额）

　　贷：现金期初余额（冲减被收购企业购买日的现金余额）

总之，在编制合并现金流量表时，应对内部业务进行全面分析，找出内部业务对于个别现金流量表、个别利润表和个别资产负债表的影响，进而确定内部业务对企业集团的整体影响，根据分析结果编制抵销分录，保证抵销后的合并现金流量表、合并利润表和合并资产负债表能够正确反映内部业务对企业集团的影响。

二、合并现金流量表的格式和分析

（一）合并现金流量表的格式

合并现金流量表的格式综合考虑了企业集团中一般工商企业和金融企业的现金流入和流出列报要求，与个别现金流量表的格式基本相同，主要增加了反映金融企业行业特点和经营活动现金流量的项目。

现金流量表作为以单家企业为会计主体进行会计核算的结果，分别从母公司本身和子公司本身反映其一定会计期间的现金流入和现金流出。在以其个别现金流量表为基础计算的现金流入和现金流出项目的加总金额中，必然包含重复计算的因素，因此，编制合并现金流量表时，需要将这些重复的因素予以剔除。

合并现金流量表编制与个别现金流量表相比，一个特殊的问题就是在子公司为非全资子公司的情况下，涉及子公司与其少数股东之间现金流入和流出的处理问题。

对于子公司与少数股东之间发生的现金流入和流出，从企业集团来看，也影响其整体的现金流入和流出数量的增减变动，必须在合并现金流量表中予以反映。子公司与少数股东之间发生的影响现金流入和流出的经济业务包括：少数股东对子公司增加权益性投资，少数股东依法从子公司中抽取权益性投资，子公司向其少数股东支付现金股利或利润等。为了便于企业集团合并会计报表使用者掌握企业集团现金流量的情况，有必要将子公司与少数股东之间的现金流入和现金流出情况单独予以反映。

对于子公司的少数股东增加在子公司中的权益性投资，在合并现金流量表中应当在“筹资活动产生的现金流量”下的“吸收投资收到的现金”项目下“其中：子公司吸收少数股东投资收到的现金”项目反映。

对于子公司向少数股东支付现金股利或利润，在合并现金流量表中应当在“筹资活动产生的现金流量”下的“分配股利、利润或偿付利息支付的现金”项目下“其中：子公司支付给少数股东的股利、利润”项目反映。

对于子公司的少数股东依法抽回在子公司中的权益性投资，在合并现金流量表中应当在“筹资活动产生的现金流量”下的“支付其他与筹资活动有关的现金”项目反映。

合并现金流量表的一般格式如表6－14所示。

表6－14　　合并现金流量表

编制单位：ABC公司　　2016年度　　单位：元

项　目	本期金额	上期金额
一、经营活动产生的现金流量		
销售商品、提供劳务收到的现金	5 039 780 675.46	5 045 180 220.04
收到的税费返还	533 172 880.00	432 017 349.72
收到其他与经营活动有关的现金	156 470 647.02	32 666 925.68
经营活动现金流入小计	5 729 424 202.48	5 509 864 495.44
购买商品、接受劳务支付的现金	5 049 418 572.80	5 286 999 794.52
支付给职工以及为职工支付的现金	196 266 363.10	178 304 510.54
支付的各项税费	72 596 311.90	45 901 829.90
支付其他与经营活动有关的现金	503 593 325.00	970 037 336.38
经营活动现金流出小计	5 821 874 572.80	6 481 243 471.34
经营活动产生的现金流量净额	－92 450 370.32	－971 378 975.90
二、投资活动产生的现金流量		
收回投资收到的现金	185 946 517.76	97 593 108.84
取得投资收益收到的现金	3 175 479.50	5 170 686.62
处置固定资产、无形资产和其他长期资产收回的现金净额	707 707.60	460 077.40
处置子公司及其他营业单位收到的现金净额	—	—
其他与投资活动有关的现金	—	—
投资活动现金流入小计	189 829 704.86	103 223 872.86
购建固定资产、无形资产和其他长期资产支付的现金	32 148 025.40	53 721 123.86
投资支付的现金	193 804 957.86	156 183 961.62
质押贷款净增加额	—	—
取得子公司及其他营业单位支付的现金净额	—	—
支付其他与投资活动有关的现金	—	734 913.78

续表

项　目	本期金额	上期金额
投资活动现金流出小计	225 952 983.26	210 639 399.26
投资活动产生的现金流量净额	－36 123 278.40	－107 415 526.40
三、筹资活动产生的现金流量		
吸收投资收到的现金	27 520 000.00	1 023 595 963.28
其中:子公司吸收少数股东投资收到的现金	27 520 000.00	—
取得借款收到的现金	1 935 624 075.68	1 657 630 865.94
发行债券收到的现金	—	—
收到其他与筹资活动有关的现金	—	—
筹资活动现金流入小计	1 963 144 075.68	2 681 226 829.22
偿还债务支付的现金	1 900 322 490.80	1 058 652 357.66
分配股利、利润或偿付利息支付的现金	77 882 621.90	79 301 142.56
其中:子公司支付给少数股东的股利、利润	—	—
支付其他与筹资活动有关的现金	—	—
筹资活动现金流出小计	1 978 205 112.70	1 137 953 500.22
筹资活动产生的现金流量净额	－15 061 037.02	1 542 273 329.00
四、汇率变动对现金及现金等价物的影响	—	—
五、现金及现金等价物净增加额	－143 634 685.74	464 478 826.70
加:期初现金及现金等价物余额	1 838 082 800.78	1 373 603 974.08
六、期末现金及现金等价物余额	1 694 448 115.04	1 838 082 800.78

(二)合并现金流量表的分析

1. 总体分析

ABC 公司 2016 年合并现金流量表中反映了现金及现金等价物净增加额为－143 634 685.74元,经营活动产生的现金流量净额为－92 450 370.32 元,投资活动产生的现金流量净额为－36 123 278.40 元,筹资活动产生现金流量净额为－15 061 037.02 元。经营活动产生的现金流量为负,投资活动产生的现金流量为负,筹资活动产生的现金流量为负,这种情况往往发生在盲目扩张后的企业,由于市场预测失误等原因,造成经营活动现金流出大于流入,投资效益低下造成亏损,使投入扩张的大量资金难以收回,到期债务不能偿还,财务状况异常危险;但是总体来看,主要是金融危机在 2016 年继续影响全球经济,在全球各经济体相继出台经济刺激计划和全球一致合作但又时有利益冲突的背景下,世界经济缓慢的复苏过程中充满着起伏和不确定性。公司在承受各种压力的情况下,经营活动产生的现金流量净额和投资活动产生的现金流量净额较 2015 年度有所提高;筹资活动产生的现金流量净额较 2015 年有所减少,主要是 2016 年吸收投资收到的现金较 2015 年减少 97%;另外,偿还债务支付的现金较 2015 年提高 80%。表 6－15 反映了 ABC 公司合并现金流量表的基本情况。

表 6－15　　分类现金流量　　单位:元

项　目	2016 年金额	2015 年金额	增减(%)
现金及现金等价物净增加额	－143 634 685.74	464 478 826.70	－130.92
经营活动产生的现金流量净额	－92 450 370.32	－971 378 975.90	90.48
投资活动产生的现金流量净额	－36 123 278.40	－107 415 526.40	66.37
筹资活动产生的现金流量净额	－15 061 037.02	1 542 273 329.00	－100.98

增减变动原因:(1)现金及现金等价物净流量减少了 130.92%,主要原因是上年同期增发以及借款增加;(2)经营活动产生的现金净流量增加 90.48%,主要原因是上年同期船舶代理业务支付的专项资金较多;(3)投资活动产生的现金净流量增加 66.37%,主要原因是本期转让可供出售金融资产收回的资金增加;(4)筹资活动产生的现金净流量增加－100.98%,主要原因是上年同期增发以及借款增加。

2. 一般项目分析

合并现金流量表的一般项目分析主要是比较合并前后母、子公司主要项目的增减变动情况,也可以用倍数分析方法进行分析(如表 6－16 所示)。

表 6－16　　合并现金流量表与母公司现金流量表比较　　单位:元

项　目	2016 年		合并倍数
	合　并	母公司	
一、经营活动产生的现金流量			
销售商品、提供劳务收到的现金	5 039 780 675.46	794 277 654.08	6.35
收到的税费返还	533 172 880.00	228 366 974.22	2.33
收到其他与经营活动有关的现金	156 470 647.02	217 254 925.22	0.72
经营活动现金流入小计	5 729 424 202.48	1 239 899 553.52	4.62
购买商品、接受劳务支付的现金	5 049 418 572.80	753 073 461.80	9.71
支付给职工以及为职工支付的现金	196 266 363.10	36 376 800.44	5.40
支付的各项税费	72 596 311.90	24 157 851.58	3.01
支付其他与经营活动有关的现金	503 593 325.00	707 903 573.46	0.71
经营活动现金流出小计	5 821 874 572.80	1 521 511 687.28	3.83
经营活动产生的现金流量净额	－92 450 370.32	－281 612 133.76	0.33
二、投资活动产生的现金流量			
收回投资收到的现金	185 946 517.76	58 765 947.86	3.16
取得投资收益收到的现金	3 175 479.50	22 291 287.50	0.14
处置固定资产、无形资产和其他长期资产收回的现金净额	707 707.60	—	
处置子公司及其他营业单位收到的现金净额	—	—	
其他与投资活动有关的现金	—	—	

续表

项　目	2016年		合并倍数
	合　并	母公司	
投资活动现金流入小计	189 829 704.86	81 057 235.36	
购建固定资产、无形资产和其他长期资产支付的现金	32 148 025.40	20 807 949.60	1.54
投资支付的现金	193 804 957.86	107 025 331.58	1.81
质押贷款净增加额	—	—	
取得子公司及其他单位支付的现金净额	—	—	
支付其他与投资活动有关的现金	—		
投资活动现金流出小计	225 952 983.26	127 833 281.18	1.77
投资活动产生的现金流量净额	−36 123 278.40	−46 776 045.82	0.77
三、筹资活动产生的现金流量			
吸收投资收到的现金	27 520 000.00		
其中：子公司吸收少数股东投资收到的现金	27 520 000.00		
取得借款收到的现金	1 935 624 075.68	1 652 403 187.30	1.17
发行债券收到的现金	—	—	
收到其他与筹资活动有关的现金	—	—	
筹资活动现金流入小计	1 963 144 075.68	1 652 403 187.30	1.19
偿还债务支付的现金	1 900 322 490.80	1 555 238 775.06	1.22
分配股利、利润或偿付利息支付的现金	77 882 621.90	53 192 709.68	1.46
其中：子公司支付给少数股东的股利、利润	—	—	
支付其他与筹资活动有关的现金	—		
筹资活动现金流出小计	1 978 205 112.70	1 608 431 484.74	1.23
筹资活动产生的现金流量净额	−15 061 037.02	43 971 702.56	−0.34
四、汇率变动对现金及现金等价物的影响	—	—	
五、现金及现金等价物净增加额	−143 634 685.74	−284 416 477.02	0.51
加：期初现金及现金等价物余额	1 838 082 800.78	1 300 270 653.00	1.41
六、期末现金及现金等价物余额	1 694 448 115.04	1 015 854 175.98	1.67

(1)销售商品、提供劳务收到的现金的增减

销售商品、提供劳务收到的现金反映了企业主营业务的收现能力。该项目合并倍数高，说明企业母、子公司之间交易少，大部分为对外销售收现；反之，说明企业内部母、子公司之间交易频繁，大部分内部交易抵销。ABC公司该项目的合并倍数为6.35，与前面合并利润表中营业收入高的合并倍数相呼应，反映了企业内部母、子公司之间的交易较少，大部分为对外销售。

(2)购买商品、接受劳务支付的现金的增减

购买商品、接受劳务支付的现金反映了企业主营业务支付现金的能力。该项目合并倍数高,说明企业母、子公司之间的交易少,所需商品大部分从外面购买;反之,说明企业内部母、子公司之间交易频繁,大部分内部交易已抵销。ABC公司该项目的合并倍数为6.71,与前面合并利润表中营业成本高的合并倍数相呼应,反映了企业内部母、子公司之间的交易较少,大部分为外部购买商品。

(3)取得投资收益收到的现金的增减

"取得投资收益收到的现金"项目反映了企业投资所收到的现金,包括对外投资和对内投资。该项目合并倍数小,说明企业集团的投资多为母、子公司之间相互投资、抵销后合并现金流量表中该项目金额变小,所以该项目合并倍数偏低;反之,则说明企业集团的投资多为对企业集团外企业的投资,合并倍数就高。ABC公司该项目的合并倍数为0.14,该比率小于1,说明该公司的投资多为对子公司的投资,在纳入合并现金流量表时,通过抵销,此项目的金额变小。

(4)处置子公司及其他营业单位收到的现金净额的增减

"处置子公司及其他营业单位收到的现金净额"项目反映了本期企业处置子公司及其他营业单位收到的现金的能力。原则上,本期处置子公司及其他营业单位多,那么有的子公司处置后会产生损失,相互抵销后,合并倍数较小;反之,则抵销较少,合并倍数较大。ABC公司2016年没有该项目,我们无法进行分析。

(5)购建固定资产、无形资产和其他长期资产支付的现金的增减

购建固定资产、无形资产和其他长期资产支付的现金反映了本期企业集团从外部购建固定资产、无形资产和其他长期资产支付的现金。该项目的合并倍数高,说明企业集团的固定资产、无形资产和其他长期资产多为集团外购建;反之,则说明企业集团的固定资产、无形资产和其他长期资产多为集团内部相关购买,由于抵销效应,该项目反映的金额会变小,合并倍数低。ABC公司该项目的合并倍数为1.54,说明企业集团的固定资产比母公司的固定资产多,在"购建固定资产、无形资产和其他长期资产支付的现金"项目上,母、子公司之间抵销较少。

(6)吸收投资收到的现金的增减

吸收投资收到的现金反映了企业集团吸收投资收到现金的能力。该项目的合并倍数高,说明企业集团吸收到的投资大部分来源于企业外部;反之,则说明企业集团吸收到的投资大部分来源于企业内部,然后相互抵销,合并倍数变小。ABC公司该项目为0,企业集团该项目为2 752万元,说明是该企业集团的子公司吸收投资收到的现金,并且这部分现金没有被内部相互投资所抵销。

(7)分配股利、利润或偿还利息支付的现金

分配股利、利润或偿还利息支付的现金反映了企业集团整体的现金偿债能力。该项目的合并倍数高,说明企业集团内部相互投资的金额较小,多为对企业集团外的分配股利、利润或偿还利息支付的现金;反之,则说明企业集团内部相互投资金额较大,抵销后使得该项目的合并倍数变小。ABC公司该项目的合并倍数为1.46,说明企业集团该项目的抵销效应较小;另外,该企业集团借款的增加等会增加该项目的金额。

3. 特殊项目分析

合并现金流量表相比较一般的现金流量表增加了以下特殊项目:

(1)对于子公司的少数股东增加在子公司中的权益性投资，在合并现金流量表中应当在“筹资活动产生的现金流量”下的“吸收投资收到的现金”项目下“其中:子公司吸收少数股东投资收到的现金”项目反映。ABC公司该项目为2 752万元，说明该企业集团中子公司收到少数股权投资的现金。

(2)对于子公司向少数股东支付现金股利或利润，在合并现金流量表中应当在“筹资活动产生的现金流量”下的“分配股利、利润或偿还利息支付的现金”项目下“其中:子公司支付给少数股东的股利、利润”项目反映。

(3)对于子公司的少数股东依法抽回在子公司中的权益性投资，在合并现金流量表中应当在“筹资活动产生的现金流量”下的“支付其他与筹资活动有关的现金”项目反映。

由于ABC公司合并现金流量表中后两个特殊项目的金额没有披露，因此无法进行特殊项目的分析。

4. 合并现金流量表的比率分析

合并现金流量表的比率分析从四个方面进行，即与经营有关的比率分析、与偿债有关的比率分析、与盈利有关的比率分析和与资本有关的比率分析，以四个主要财务指标为代表，它们分别是销售现金回收率、现金流动负债比率、盈余现金保障倍数和每股经营现金净流量。其计算公式为：

$$\text{销售现金回收率}=\frac{\text{销售商品收到的现金}}{\text{营业收入}}\times 100\%$$

$$\text{现金流动负债比率}=\frac{\text{经营现金净流量}}{\text{流动负债}}\times 100\%$$

$$\text{盈余现金保障倍数}=\frac{\text{经营现金净流量}}{\text{净利润}}\times 100\%$$

$$\text{每股经营现金净流量}=\frac{\text{经营现金净流量}-\text{优先股股利}}{\text{流通在外的普通股股利}}\times 100\%$$

对ABC公司2016年的合并现金流量表比率进行分析，并且与母公司相关的现金流量比率进行对比来评价企业集团创造现金的能力(如表6－17所示)。

表6－17　　2016年与现金流量有关的财务比率

项　目	根据合并会计报表计算	根据母公司会计报表计算
销售现金回收率(%)	98.81	95.11
现金流动负债比率(%)	－3.01	－14.87
盈余现金保障倍数(%)	－1.16	－2.26
每股经营现金净流量(%)	－0.19	－0.57

从表6－17可以看到，该公司根据合并会计报表计算的数据大于根据母公司会计报表计算的数据，说明母公司利用销售或资产收现的能力小于集团公司的水平。由于2016年经营活动产生的现金流量净额为负，致使该项目衡量的指标都是负值，说明在经营过程中，这种情况会消耗企业现存的货币积累，可能会产生流动性风险，具体分析如下:销售现金回收率说明营业收入的现金回收率，企业集团为98.81%，母公司为95.11%，说明企业集团产品销售的现金回收能力强于母公司的现金回收能力，合并的子公司现金回收率高于母公司的现金回收率。

现金流动负债比率表示动态的短期偿债能力，企业集团为 03.01%，母公司为－14.87%，说明企业集团的动态短期偿债能力强于母公司的动态短期偿债能力，但是企业集团和母公司经营活动产生的现金流量净额为负，而短期偿债具有刚性，应予关注。盈余现金保障倍数表示现金对净利润的支持力度，企业集团为－0.19 倍，母公司为－0.26 倍，说明企业集团经营现金流量净额的相关性强，净利润的现金表现力强，综合看母公司和企业集团均没有足够的现金保证经营周转顺畅进行。每股经营现金净流量表示每股创造经营现金的能力，从表 6－17 可以看到合并数为－0.19 元，母公司数为－0.57 元，反映母公司创造现金的效率低于企业集团。其实，合并的每股经营现金流量计算是存在一定偏差的，经营现金净流量是按企业集团的口径计算的，而流通在外的普通股股数是按母公司的口径计算的，因为合并的公司种类繁多，而且多数是非上市公司，无法计算其流通在外的普通股股数，所以，只能按公司的口径计算。

第五节　合并所有者权益变动表的编制与分析

一、合并所有者权益变动表的编制

对合并所有者权益变动表而言，其编制方法有两种：一种是根据两期合并资产负债表和本期合并利润表编制合并所有者权益变动表，另一种是根据个别所有者权益变动表编制合并所有者权益变动表。相比较而言，第一种方法比较简单、实用，抵销时，通过区分所有者权益年初数和本年增减变动来兼顾所有者权益变动表的编制。第二种方法有理论支持，钩稽关系明确，需用一整套工作底稿。在合并所有者权益变动表的编制过程中，需要特别注意子公司超额亏损、外币财务报表折算、股票股利与股票分割、会计政策及前期差错更正、合并范围变化、子公司在集团内部变更其股份所有权等特殊事项的处理。

二、合并所有者权益变动表的格式和分析

合并所有者权益变动表的格式与个别所有者权益变动表的格式基本相同。在存在少数股东的情况下，合并所有者权益变动表增加了“少数股东权益”栏目，用于反映少数股东权益变动的情况。

与个别所有者权益变动表相比，合并所有者权益变动表的信息综合度更高。与合并资产负债表以及合并利润表相比，合并所有者权益变动表的解读将越来越受关注。根据所有者权益变动表的资料和其他报表资料，分析企业所有者权益总额和各具体项目增减变动情况及变动趋势，可以揭示所有者权益增减变动的原因、存在的问题和差距；通过利润分配分析可以了解企业利润分配活动对所有者权益的影响、企业利润分配政策及其趋势，从侧面了解企业的发展战略；少数股东权益和少数股东损益分析包括子公司超额亏损分析、少数股东权益和少数股东损益动态变化分析；传统的收益比率分析都是以利润表的利润总额和净利润为基础计算的，只考虑了当期已实现损益，没有考虑其他综合收益的影响。综合收益比率分析通过引入综合收益，构建了由每股综合收益、净资产综合收益率、综合收益净利润比率、基于综合收益的市盈率、资本综合收益率等指标构成的综合收益比率分析体系。综合收益比率分析和传统收益比率分析联合运用，可以弥补传统收益信息不能反映净利润外其他综合收益对企业财务状况和

经营成果影响的缺陷，更好地反映企业的经营业绩和经营风险，提高财务会计报告使用者对企业未来收益和风险预测的准确性。

合并所有者权益变动表每一个项目的年初年末余额都与合并会计报表相关项目一一对应，如果发生了会计政策变更或前期重大会计差错更正，会使得上年已审会计报表上已审定的所有者权益金额与本年年初余额有所差别，对于发生的实收资本、资本公积等的重大变动在合并会计报表附注中都有相应说明，与分项填列的合并所有者权益变动表金额是一致的。

本章小结

合并会计报表是综合反映企业集团整体财务状况、经营成果和现金流量的会计报表，企业的投资者及其他会计报表使用者要通过合并会计报表提供的会计信息了解企业集团的综合实力以及未来的发展前景，最终做出投资决策。本章在阐述了合并会计报表重要概念的基础上，对合并会计报表的内容、格式及编制程序予以介绍，重点介绍了合并会计报表的具体项目分析，同时对合并会计报表的作用及相关比率分析进行了阐述。

练习题

一、单项选择题

1. 下列子公司中，要纳入母公司合并会计报表范围之内的是(　　)。

A. 持续经营的所有者权益为负数的子公司 B. 宣告破产的原子公司

C. 母公司不能控制的其他单位 D. 已宣告清理整顿的原子公司

2. 子公司上期从母公司购入的100万元存货全部在本期实现销售，取得140万元销售收入，该项存货母公司的销售成本为80万元，本期母、子公司之间无新的交易，在母公司编制本期合并会计报表时，所做的抵销分录应包括(　　)(以万元为单位)。

A. 借：未分配利润——年初60，贷：营业成本60

B. 借：未分配利润——年初20，贷：存货20

C. 借：未分配利润——年初20，贷：营业成本20

D. 借：营业收入100，贷：营业成本100

3. 企业所得税税率为25%，子公司本期从母公司购入的1 000万元存货未实现销售，该项存货母公司的销售成本为800万元，本期母、子公司之间无新的交易，在母公司编制本期合并会计报表时，所做的抵销分录应包括(　　)(以万元为单位)。

A. 借：递延所得税资产50，贷：所得税费用50

B. 借：所得税费用50，贷：递延所得税资产50

C. 借：递延所得税资产250，贷：未分配利润——期初250

D. 借：递延所得税资产250，贷：营业收入250

4. 甲公司和乙公司没有关联关系，甲公司于2008年1月1日投资1 000万元购入乙公司100%股权，乙公司可辨认净资产公允价值为1 000万元，账面价值为800万元，其差额为一项无形资产造成，该无形资产公允价值为400万元，账面价值为200万元，尚可摊销5年，无残值。2008年乙公司实现净利润200万元，所有者权益其他项目不变，在2008年期末甲公司编制合并抵销分录时，长期股权投资应调整为(　　)万元。

A. 1 200　　B. 1 440　　C. 1 160　　D. 1 080

5. 甲公司和乙公司没有关联关系，甲公司于2015年1月1日投资500万元购入乙公司100%股权，乙公司可辨认净资产公允价值为500万元，账面价值为400万元，其差额为应在5年内摊销的无形资产。2015年乙公司实现净利润100万元。2016年乙公司分配现金股利60万元，实现净利润120万元，所有者权益其他项目不变。在2016年期末甲公司编制合并抵销分录时，长期股权投资应调整为(　　)万元。

A. 600　　B. 720　　C. 660　　D. 620

6. 甲公司和乙公司没有关联关系，甲公司于2015年1月1日投资500万元购入乙公司80%股权，乙公司可辨认净资产公允价值为500万元，账面价值为400万元，其差额为应在5年内摊销的无形资产。2015年乙公司实现净利润100万元。2016年乙公司分配现金股利60万元，又实现净利润120万元，资本公积增加100万元，所有者权益其他项目不变。在2016年期末甲公司编制合并抵销分录时，长期股权投资应调整为(　　)万元。

A. 596　　B. 676　　C. 660　　D. 620

7. 甲公司和乙公司没有关联关系，甲公司于2016年1月1日投资500万元购入乙公司100%股权，乙公司可辨认净资产公允价值为500万元，账面价值为400万元，其差额为应在5年内摊销的无形资产。2016年乙公司实现净利润100万元，所有者权益其他项目不变，期初未分配利润为0。在2016年期末甲公司编制投资收益和利润分配的抵销分录时，应抵销的投资收益是(　　)万元。

A. 100　　B. 80　　C. 60　　D. 120

8. 甲公司和乙公司没有关联关系，甲公司按照净利润的10%提取盈余公积，于2016年1月1日投资500万元购入乙公司100%股权，乙公司可辨认净资产公允价值为500万元，账面价值为400万元，其差额为应在5年内摊销的无形资产。2016年乙公司实现净利润100万元，所有者权益其他项目不变，期初未分配利润为0。乙公司在2016年期末甲公司编制投资收益和利润分配的抵销分录时，应抵销的期末未分配利润是(　　)万元。

A. 100　　B. 0　　C. 80　　D. 70

9. 甲公司和乙公司没有关联关系，甲公司按照净利润的10%提取盈余公积，于2015年1月1日投资500万元购入乙公司100%股权，乙公司可辨认净资产公允价值为500万元，账面价值为400万元，其差额为应在5年内摊销的无形资产。2015年乙公司实现净利润100万元，期初未分配利润为0，2016年分配现金股利60万元，实现净利润120万元，乙公司在2016年期末甲公司编制投资收益和利润分配的抵销分录时，应抵销的期初和期末未分配利润分别是(　　)万元和(　　)万元。

A. 0　60　　B. 0　120　　C. 70　108　　D. 70　98

10. 以下关于母公司投资收益和子公司利润分配的抵销分录的表述中，不正确的是(　　)。

A. 抵销母公司投资收益和少数股东损益均按照调整后的净利润份额计算

B. 抵销子公司利润分配有关项目按照子公司实际提取和分配数计算

C. 抵销期末未分配利润按照期初和调整后的净利润减去实际分配后的余额计算

D. 抵销母公司投资收益按照调整后的净利润计算，计算少数股东损益的净利润不需调整

11. 甲公司本年2月10日从其拥有80%股份的被投资企业购进设备一台，该设备成本为70万元，售价为100万元，增值税为17万元，另付运输安装费3万元。甲公司已付款且该设备当月投入使用，预计使用5年，净残值为0。甲公司本年末编制合并会计报表时，应抵销此项业务形成的固定资产原价上未实现的销售利润是(　　)万元。

A. 47　　B. 30　　C. 50　　D. 33

12. 甲公司本年2月10日从其拥有80%股份的被投资企业购进设备一台，该设备成本为70万元。售价为100万元，增值税为17万元，另付运输安装费3万元。甲公司已付款且该设备当月投入使用，预计使用5年，净残值为0。甲公司本年末编制合并会计报表时，涉及该业务所抵销多计提的折旧金额是(　　)万元。

A. 20　　B. 8.33　　C. 5　　D. 7.83

13. 母公司期初期末对子公司应收款项余额分别是250万元和200万元。母公司始终按应收款项余额的5‰提取坏账准备，则母公司期末编制合并会计报表抵销内部应收款项计提的坏账准备的影响是(　　)。

A. 管理费用－10 000元

B. 未分配利润——年初－12 500元，资产减值损失－2 500元

C. 未分配利润——年初10 000元，资产减值损失－2 500元

D. 未分配利润——年初12 500元，资产减值损失2 500元

14. 2016年9月子公司从母公司购入的150万元存货当年没有实现销售，期末该批存货的可变现净值为105万元，子公司计提了45万元存货跌价准备。母公司销售的该批存货的成本为120万元。2016年末在母公司编制合并会计报表时，针对该准备项目所做的抵销处理为(　　)。

A. 借：存货——存货跌价准备　　30
　　贷：资产减值损失　　30

B. 借：资产减值损失　　15
　　贷：存货——存货跌价准备　　15

C. 借：存货——存货跌价准备　　45
　　贷：资产减值损失　　45

D. 借：未分配利润——年初　　30
　　贷：存货——存货跌价准备　　30

15. 母、子公司采用应收账款余额百分比法计提坏账准备，计提比例为1%，期初和期末内部应收账款余额均为150万元，在连续编制合并会计报表的情况下，本期就该项内部应收账款计提的坏账准备所编制的抵销分录为(　　)。

A. 借：资产减值损失　　1.5
　　贷：未分配利润——年初　　1.5

B. 借：应收账款——坏账准备　　1.5
　　贷：资产减值损失　　1.5

C. 借：应收账款——坏账准备　　1.5
　　贷：未分配利润——年初　　1.5

D. 不做抵销处理

二、多项选择题

1. 下列企业中，应纳入W公司合并会计报表合并范围的有（　　）。

A. 甲公司，规模较小的子公司

B. 乙公司，业务性质与W公司有差别的子公司

C. 丙公司，其60%的表决权资本由W公司拥有，已宣告清理整顿

D. 丁公司，其40%的表决权资本由W公司拥有，W公司受托管理其他投资者在丁公司20%的股份

2. 下列企业中，应纳入W公司合并会计报表合并范围的有（　　）。

A. 甲公司，其80%的表决权资本由W公司拥有

B. 乙公司，其30%的表决权资本由W公司拥有，50%的表决权资本由甲公司拥有（甲公司与本题A选项一致）

C. 丙公司，其30%的表决权资本由W公司拥有

D. 丁公司，其30%的表决权资本由W公司拥有，60%的表决权资本由丙公司拥有（丙公司与本题C选项相同）

3. 下列各项中，母公司应将其排除在合并会计报表合并范围之外的有（　　）。

A. 所有者权益为负数的子公司　　B. 宣告破产的原子公司

C. 已经处置的原子公司　　D. 设在境外的子公司

4. 下列情况中，W公司没有拥有该被投资单位半数以上权益性资本，但可以纳入合并会计报表合并范围的有（　　）。

A. 通过与被投资企业其他投资者之间的协议，拥有该被投资企业半数以上表决权

B. 根据公司章程或协议，有权控制被投资企业财务和经营政策

C. 有权任免董事会等权力机构的多数成员

D. 在董事会或者类似权力机构的会议上有半数以上投票权

5. 以下关于合并资产负债表抵销的处理中，正确的有（　　）。

A. 母公司对子公司的长期股权投资大于母公司在子公司所有者权益中所享有的份额，应当相互抵销

B. 在购买日，母公司对子公司的长期股权投资大于母公司在子公司所有者权益中所享有的份额的差额，应当在"商誉"项目列示

C. 母公司与子公司、子公司相互之间的债权与债务项目应当相互抵销，同时抵销应收款项的坏账准备和债券投资的减值准备

D. 母公司与子公司、子公司相互之间的债券投资与应付债券相互抵销后，本期产生的差额应当记入"投资收益"项目

6. 以下关于母公司合并会计报表的处理中，正确的有（　　）。

A. 在报告期内因同一控制下企业合并增加的子公司，应当调整合并资产负债表的期初数

B. 母公司在报告期内因同一控制下企业合并增加的子公司，不应当调整合并资产负债表的期初数

C. 因非同一控制下企业合并增加的子公司，不应当调整合并资产负债表的期初数

D. 因非同一控制下企业合并增加的子公司，应当调整合并资产负债表的期初数

7. 以下事项均发生在母、子公司之间，其中，属于编制合并现金流表应抵销的项目的有(　　)。

A. 以现金投资或收购股权增加的投资所产生的现金流量

B. 当期取得投资收益收到的现金与分配股利、利润或偿付利息支付的现金

C. 以现金结算债权与债务产生的现金流量

D. 当期销售商品所产生的现金流量

8. 子公司与少数股东之间发生的影响现金流量的业务有(　　)。

A. 子公司向少数股东支付现金股利

B. 少数股东对子公司增加现金投资

C. 少数股东依法从子公司抽回权益性资本投资

D. 少数股东对子公司增加实物投资

9. 母公司本期将其成本为 80 万元的一批产品销售给其子公司，销售价格为 100 万元，子公司本期购入该产品都形成存货，并为该项存货计提了 5 万元存货跌价准备。期末编制合并报表时，母公司应抵销的项目和金额有(　　)。

A. 存货——存货跌价准备 5 万元　　B. 资产减值损失 5 万元

C. 营业收入 100 万元　　D. 营业成本 80 万元

10. 母公司本期将其成本为 80 万元的一批产品销售给其子公司，销售价格为 100 万元，子公司本期购入该产品都形成存货，并为该项存货计提了 5 万元存货跌价准备。1 年后，母公司上期从子公司购入的产品仅对外销售了 40%，另外 60%依然为存货，由于陈旧，预计可变现价值进一步下跌为 40 万元。本期母公司将子公司 200 万元的另一产品以 250 万元购入，期末有 80%留作存货，期末可变现净值为 180 万元，母公司已计提跌价准备，期末编制合并会计报表时，母公司应抵销的项目和金额有(　　)。

A. 未分配利润——期初 15 万元　　B. 营业收入 250 万元和营业成本 218 万元

C. 存货 52 万元　　D. 存货——存货跌价准备 32 万元

三、简答题

1. 企业的合并类型有哪些?

2. 合并会计报表的特点有哪些?

3. 我国合并会计报表的合并范围具体包括哪些? 不应当纳入合并会计报表合并范围的子公司有哪些?

4. 合并会计报表分析中应注意的问题有哪些?

5. 合并会计报表的作用是什么?

四、业务题

1. A、B 两家公司均为上市公司，两者不具有关联关系。2012 年 12 月 31 日，A 公司以其 2012 年 9 月 1 日发行的 1 000 万股普通股(每股面值 1 元，购买日每股市价 2.2 元)和 300 万元银行存款为对价购买 B 公司 80%的股权。不考虑投资过程中发生的相关税费。

2012 年 12 月 31 日，B 公司股东权益总额为 3 000 万元。其中，股本为 2 000 万元，资本公

积为 1 000 万元。

2012 年 12 月 31 日，除一项账面价值为 500 万元、公允价值为 600 万元的无形资产外，B 公司可辨认资产、负债的公允价值与其账面价值一致。

该无形资产未来仍可使用 10 年，采用直线法摊销，预计净残值为零。假定该无形资产为管理使用，摊销年限、摊销方法及预计净残值均与税法一致。

2014 年 12 月 31 日，B 公司实现净利润 800 万元，提取法定公积金 80 万元，向 A 公司分派现金股利 400 万元，向其他股东分派现金股利 100 万元，未分配利润为 220 万元。B 公司因持有可供出售的金融资产公允价值变动计入当期资本公积的金额为 200 万元。

2014 年 12 月 31 日，B 公司股东权益总额为 3 500 万元，其中，股本为 2 000 万元、资本公积为 1 200 万元、盈余公积为 80 万元、未分配利润为 220 万元。

假定 B 公司的会计政策和会计期间与 A 公司一致，A、B 公司适用的企业所得税税率均为 25%，预计在未来期间有足够的应纳税所得额用以抵扣可抵扣的暂时性差异。

要求：(1)确定 A 公司对 B 公司长期股权投资的成本。

(2)计算在编制购买日合并会计报表时，因该项合并产生的商誉或计入当期损益的金额。

(3)编制 2014 年末与合并会计报表相关的抵销分录(金额单位：万元)。

2. 2015 年 1 月 1 日，恒通公司以银行存款购入中熙公司 80% 的股份，能够对中熙公司实施控制。2015 年中熙公司从恒通公司购进 A 商品 200 件，购买价格为每件 2 万元。恒通公司 A 商品每件成本为 1.5 万元。2015 年中熙公司对外销售 A 商品 150 件，每件销售价格为 2.2 万元；年末结存 A 商品 50 件。2015 年 12 月 31 日，A 商品每件可变现净值为 1.8 万元；中熙公司对 A 商品计提存货跌价准备 10 万元。2016 年中熙公司对外销售 A 商品 10 件，每件销售价格为 1.8 万元。2016 年 12 月 31 日，中熙公司年末存货中包括从恒通公司购进的 A 商品 40 件，A 商品每件可变现净值为 1.4 万元。A 商品存货跌价准备的期末余额为 24 万元。假定恒通公司和中熙公司适用的所得税税率均为 25%。

要求：编制 2015 年和 2016 年与存货有关的抵销分录。

3. 甲公司是乙公司的母公司，2011 年 1 月 1 日销售商品给乙公司，商品成本为 80 万元，售价为 100 万元，增值税税率为 17%，乙公司购入后作为固定资产用于管理部门，假定该固定资产折旧期为 5 年，没有残值，乙公司采用直线法提取折旧，为简化起见，假定 2011 年按全年提取折旧，乙公司另行支付了运杂费 3 万元。假定对该事项在编制合并抵销分录时不考虑递延所得税的影响。

要求：根据上述资料，做出如下会计处理。

(1)2011～2014 年的抵销分录。

(2)如果 2015 年末该设备不被清理，则当年的抵销分录将如何处理？

(3)如果 2015 年末该设备被清理，则当年的抵销分录如何处理？

(4)如果该设备用至 2016 年仍未清理，做出 2016 年的抵销分录。

(5)如果该设备 2014 年末提前清理而且产生了清理收益，则当年的抵销分录将如何处理？

第七章　财务能力分析

学习目标

了解财务能力的内涵，财务能力分析的目的与内容；熟练掌握各种财务能力分析指标的计算方法；掌握常见的财务能力分析指标的含义；熟练应用各种财务能力分析指标为企业管理层与投资主体提供财务服务。

引导案例

珠海格力电器股份有限公司（以下简称“格力”）成立于1991年，是目前全球最大的集研发、生产、销售、服务于一体的专业化空调企业，曾连续八年上榜美国《财富》杂志“中国上市公司100强”。格力电器旗下的“格力”品牌空调是中国空调业唯一的“世界名牌”产品，业务遍及全球九十多个国家和地区。

表7—1　　格力电器近三年偿债能力分析指标

年　份	流动比率	速动比率	现金比率	利息保障倍数	股东权益比率	资产负债率
2010	1.10	0.87	30.53	15.37	21.36	78.64
2011	1.12	0.85	24.99	12.98	21.57	78.43
2012	1.08	0.86	36.72	17.99	25.64	74.36
2013（前三季度）	1.05	0.95	46.12	67.57	24.85	75.15

（http://wenku.baidu.com/view/690dffab6flaffoobfd5le4a.html.）

[思考]　表7—1中反映格力公司财务能力的指标是如何计算得到的？如何判断一家公司财务能力的强弱？

第一节 盈利能力分析

一、盈利能力分析概述

(一)盈利能力的内涵

盈利能力是指企业获取利润的能力。利润是企业内外有关各方都关心的中心问题,是投资者取得投资收益、债权人收取本息的资金来源,是经营者经营业绩和管理效能的集中表现,也是职工集体福利设施不断完善的重要保障。

(二)盈利能力分析的目的

盈利能力的强弱是一个相对的概念,即利润相对于一定的资源投入、一定的收入而言。利润率越高,盈利能力越强;利润率越低,盈利能力越弱。企业经营业绩的好坏最终可通过企业的盈利能力来反映。无论是企业的经理人员、债权人,还是股东(投资人)都非常关心企业的盈利能力,并重视对利润率及其变动趋势的分析。

1. 企业经理人员的目的

从企业的角度来看,企业从事经营活的直接目的是最大限度地赚取利润并维持自身持续稳定地经营和发展。持续稳定地经营和发展是获取利润的基础,而最大限度地获取利润又是企业持续稳定发展的目标和保证。只有在不断地获取利润的基础上,企业才可能发展;同样,盈利能力强的企业比盈利能力弱的企业具有更大的活力和更好的发展前景。因此,盈利能力是企业经营人员最重要的业绩衡量标准和发现问题、改进企业管理的突破口。对企业经理人员来说,进行企业盈利能力分析的目的具体表现在以下两个方面:

(1)利用盈利能力的有关指标反映和衡量企业经营业绩

企业经理人员的根本任务就是通过自己的努力使企业赚取更多利润。各项收益数据反映着企业的盈利能力,也表现了经理人员工作业绩的好坏。用已达到的盈利能力指标与标准、基期、同行业平均水平、其他企业相比较,可以衡量经理人员工作业绩的优劣。

(2)通过盈利能力分析发现经营管理中存在的问题

盈利能力是企业各环节经营活动的具体表现,企业经营的好坏会通过盈利能力表现出来。通过对盈利能力的深入分析,可以发现经营管理中的重大问题,进而采取措施解决问题,提高企业收益水平。

2. 债权人的目的

对于债权人来说,利润是企业偿债的重要来源,特别是对于长期债务而言。盈利能力的强弱直接影响企业的偿债能力。企业举债时,债权人势必审查企业的偿债能力,而偿债能力的强弱最终取决于企业的盈利能力。因此,分析企业的盈利能力对债权人也是非常重要的。

3. 投资人的目的

对于股东(投资人)而言,企业盈利能力的强弱更是至关重要。在市场经济条件下,股东往往会认为企业的盈利能力比财务状况、营运能力重要。股东的直接目的就是获得更多利润,因为对于信用相同或相近的几个企业,人们总是将资金投向盈利能力强的企业。股东关心企业赚取利润的多少并重视对利润率的分析,是因为他们的股息与企业的盈利能力是紧密相关的;

此外，企业盈利能力增强还会使股票价格上升，从而使股东获得资本收益。

(三)盈利能力分析的内容

盈利能力分析是企业财务分析的重点，财务结构分析、偿债能力分析等的根本目的是通过分析，及时发现问题，改善企业财务结构，增强企业的偿债能力、经营能力，最终增强企业的盈利能力，促进企业持续稳定地发展。对企业盈利能力的分析主要是指对利润率的分析。尽管利润额的分析可以说明企业财务成果的增减变动状况及其原因，为改善企业经营管理指明方向，但是，由于利润额受企业规模或投入总量的影响较大，一方面使不同规模的企业之间不便于对比，另一方面不能准确地反映企业的盈利能力和盈利水平，因此，仅进行利润额分析一般不能满足各方面对财务信息的要求，还必须对利润率进行分析。

利润率指标从不同角度或不同的分析目的看，可以有多种形式。在不同的所有制企业中，反映企业盈利能力的指标形式也不同。在这里，我们对企业盈利能力的分析将从以下几个方面进行：(1)与投资有关的盈利能力分析主要对总资产报酬率、净资产收益率指标进行分析与评价；(2)与销售有关的盈利能力分析即利用损益表资料进行利润率分析，包括收入利润率分析和成本利润率分析两个方面的内容，而为了搞好利润率因素分析，有必要对销售利润进行因素分析；(3)与股本有关的盈利能力分析即对每股收益、每股股利、股利支付率、市盈率等指标进行分析。

二、盈利能力分析的指标

(一)与投资有关的盈利能力分析

企业销售收入和利润的取得是以一定的原始投资为基础的。因此，要正确考核企业的盈利能力，就必须及时了解企业的投资报酬率指标，通俗地讲，就是买卖的结果如何。对于投资者来说，仅仅了解企业今天或明天的买卖赚钱没有还不够，还需要确认到底投到哪家企业赚的钱更多一些，这就涉及与投资相关的盈利能力指标分析。在本节中，我们将通过总资产收益率、总资产报酬率、净资产收益率和资本金收益率等指标来分析企业与投资相关的盈利能力。

1. 总资产收益率

总资产收益率是一个衡量企业收益能力的指标，是分析企业盈利能力时一个非常有用的比率。在考核企业利润目标的实现情况时，投资者往往关注与投入资产相关的报酬实现效果，并经常结合每股收益及净资产收益率等指标来进行判断。实际上，总资产收益率是一个更为有效的指标。总资产收益率的高低直接反映了企业的竞争实力和发展能力，也是决定企业是否应举债经营的重要依据。其计算公式为：

$$总资产收益率=\frac{净利润}{资产平均总额}\times 100\%$$

其中，

$$资产平均总额=\frac{期初资产总额+期末资产总额}{2}$$

从公式可以直观地看出，该指标是用来衡量企业总资产盈利能力的：

(1)通过总资产收益率指标，能直观地衡量企业资产运用的效率和资金利用的效果。同一行业，如果甲企业总资产收益率为 40%，而乙企业却有 60%，那么，当两家企业都投了 10 元的话，甲企业赚了 4 元，乙企业却赚了 6 元，这就说明甲企业的资产运用效率差。

(2)在企业资产总额一定的情况下，通过总资产收益率指标可以分析企业盈利的稳定性和持久性，确定企业所面临的风险。只要不扩大生产，企业在每期期末又都将净利润全额分配给股东（虽然这只是一种理想主义的分配方式）的话，其资产总额就维持在一个比较平稳的状态，如果在此时考量企业在不同期间的总资产收益率，就能马上分析出企业盈利能力的稳定性。例如，某企业投资10元，今年盈利了4元，去年盈利了5元，前年盈利了50元，这就说明企业的盈利能力是不断下降的，这就需要提醒管理者分析企业的经营效率，适当调整经营政策了。

2. 总资产报酬率

在分析企业总体资产的盈利能力时，常常会用到总资产报酬率。这一指标的引进源于“企业的所有资金提供人都是平等的”。这种观点认为，不管是企业的股东还是债权人，他们都向企业投入了资金，企业在关注他们的感受时应该用平等的眼光，不能偏袒股东。

基于这样的观点，就不能用净利润来分析总资产盈利能力了，因为净利润剔除了利息支出（即财务费用），也就是已经把分给债权人的收益剔除在“收益”范围外了，这就不完整了。同时，虽然所得税费用是政府强制的，要求企业为社会做出固定比例的贡献，但这一事实不为企业任何人所左右，当然也包括企业的管理者，在衡量管理者的工作业绩时，应该宽容地对待他们，所以，在净利润的基础上，反向加回来利息支出和所得税费用得到息前税前利润，简称息税前利润，用这一利润值来衡量企业总资产盈利能力的指标就是总资产报酬率。

总资产报酬率是指企业一定期间内的息税前利润与资产平均总额的比率，反映企业利用全部经济资源的总体获利能力，用来衡量企业管理当局运用全部资产取得的经济效益，是评价企业资产运营效益的重要指标。其计算公式为：

$$\text{总资产报酬率}=\frac{\text{息税前利润}}{\text{平均资产总额}}\times 100\%$$

其中，

$$\text{平均资产总额}=\frac{\text{期初资产总额}+\text{期末资产总额}}{2}$$

这一指标可以认为是企业的基本盈利能力，因为它排除了资金来源方式不同（会计上称为财务杠杆）对企业利润的影响，也排除了不同所得税税率对企业利润的影响，体现的是企业使用所拥有的资产获取利润的能力。

【例7－1】 XYZ公司2014年净利润为800万元，所得税为375万元，财务费用为480万元，年末资产总额为8 400万元；2015年净利润为680万元，所得税为320万元，财务费用为550万元，年末资产总额为10 000万元。假设2014年年初资产总额为7 500万元，则XYZ公司总资产报酬率计算如下：

$$2014\text{年总资产报酬率}=\frac{800+375+480}{(7\,500+8\,400)\div 2}\times 100\%=20.82\%$$

$$2015\text{年总资产报酬率}=\frac{680+320+550}{(8\,400+10\,000)\div 2}\times 100\%=16.85\%$$

由计算结果可知XYZ公司2015年总资产报酬率低于2014年，需要对公司资产的使用情况、增产节约情况，结合成本效益指标一起分析，以改进管理，提高资产利用效率和企业经营管理水平，增强盈利能力。

3. 净资产收益率

净资产收益率反映所有者对企业投资部分的盈利能力，又称所有者权益报酬率或净资产利润率。该指标用来衡量企业所有者权益获得报酬的水平，反映了投资与报酬的关系，也称净值报酬率或权益报酬率，具有很强的综合性，是重要的财务比率。其计算公式为：

$$净资产收益率=\frac{净利润}{所有者权益平均余额}\times 100\%$$

式中，净利润是指企业的税后利润，所有者权益平均余额是指企业年初所有者权益与年末所有者权益的平均数。

$$所有者权益平均余额=\frac{期初所有者权益余额+期末所有者权益余额}{2}$$

净资产收益率越高，说明企业所有者权益的盈利能力越强。影响该指标的因素，除了企业的盈利水平外，还有企业所有者权益的大小。对所有者来说，该比率越大，投资者投入资本的盈利能力越强。该指标的通用性强，适用范围广，不受行业局限。

通过对净资产收益率的分析，报表使用者可以实现：(1)判定企业的投资效益，准确地说，是判断企业用归所有者所有的钱生钱的能力；(2)能够通过这一指标判断管理者管理企业水平的高低，投资者要考核管理者的工作绩效，仅仅有利润的绝对额还不够，还要考虑其是用多少权益资金获得的利润；(3)这一指标可以作为所有者考核自己投入企业资本的保值增值程度的基本依据。

总之，净资产收益率考核的是投资者是否获得了足够多的投资回报。在我国，该指标既是上市公司对外必须披露的信息之一，也是决定上市公司能否配股进行再融资的重要依据。

4. 资本金收益率

净资产收益率体现的是所有者权益资本的盈利能力，而所有者权益并不全是投资者初始投入企业的，有一部分是企业历年经营留存的，还有一些是通过捐赠等方式得来的。对于投资者来说，在确认自己“拥有的资产”的盈利能力的基础上，也需要知道自己投入的钱的盈利能力如何，这就用到了资本金收益率指标。

资本金收益率是一定期间企业的净利润与资本金的比率。所谓资本金，就是投资者初始投入的资本，在资产负债表中体现为“股本”或“实收资本”，这一指标用来衡量企业所有者投入的资本赚取利润的能力。其计算公式为：

$$资本金收益率=\frac{净利润}{平均实收资本}\times 100\%$$

其中，

$$平均实收资本=\frac{期初实收资本+期末实收资本}{2}$$

资本金收益率越高，说明企业自有投资的经济效益越好，投资者的风险越小，值得投资和继续投资。它是投资者和潜在投资者进行投资决策的重要依据。对企业经营者来说，如果资本收益率高于债务资金成本率，则适度负债经营对投资者是有利的；反之，如果资本收益率低于债务资金成本率，则过高的负债经营就将损害投资者的利益。

在运用资本金收益率分析企业盈利能力时，应注意如下几个问题：

(1)在衡量资本金收益率的高低时，应确定基准资本金收益率。假如某人初始投资时确认的行业资本金收益率在150%左右，也就是他想用10元赚15元，结果企业当期的资本金收益率只有120%，也就是10元只能赚到12元。如果不考虑该人初期的愿望，用10元赚到12元已经不少了，但考虑该人的期望值，则企业的盈利能力还是偏低。

(2)资本金收益率虽然反映了投资者投入资本的获利水平，却并不代表真正能分到投资者手中这么多钱，因为企业为了持续发展和扩大经营，每期实际支付给所有者的利润只能是净利润的一部分，具体由分配政策决定——把蛋糕做大了，却不见得能吃到整只蛋糕，但是，如果蛋糕本身很小，就更没有可能分到大块蛋糕了。

总资产报酬率和总资产收益率从总资产角度反映了企业所有资产的获利能力，净资产收益率反映了企业净资产的获利能力，资本金收益率则反映了企业投资者投入的资本金的获利水平。

(二)与销售有关的盈利能力分析

1. 销售毛利率

销售毛利率是毛利占销售收入的百分比，其中，毛利是销售收入与销售成本的差。其计算公式为：

$$\text{销售毛利率}=\frac{\text{销售收入}-\text{销售成本}}{\text{销售收入}}\times 100\%$$

销售毛利率反映的是每1元销售收入中包含多少毛利，体现销售收入的获利能力。对于投资者来说，销售毛利率越高，表明同样的销售收入取得的利润越多，获利能力越强；反之，则获利能力越弱。

销售毛利率用来计量管理者根据产品成本进行产品定价的能力，即产品还有多少空间可以降价。该指标的比较通常是将其放在某一行业内，超过同行业平均水平太多的企业，其业绩是不可信的；该指标也可以纵向比较，得到企业增收与减少成本的状况。

(1) 销售毛利率是企业产品定价政策的指标

不同行业之间有时毛利率会有很大差别。国家对价格控制的原则是国计民生必需品的销售毛利率应低一些，而奢侈品或者新产品则往往倾向于获得更多毛利，有时候企业为了增加产品的市场份额，也会采取薄利多销政策，从而使企业销售毛利率偏低。

(2) 销售毛利率指标有明显的行业特点

一般来说，营业周期短、固定费用低的行业，毛利率水平比较低，如商品零售行业；而营业周期长、固定费用高的行业，则要求有较高的毛利率以弥补其巨大的固定成本，如重工业企业。因此，在分析企业的毛利率时，必须与企业的目标毛利率、同行业平均水平及先进水平企业的毛利率进行比较，以正确评价企业的盈利能力，并分析差距及其产生的原因，寻找增强盈利能力的途径。

(3) 企业应努力降低销售成本率

影响销售毛利率变化的因素很多，如产品售价、生产成本、已售产品结构等。在各期销售毛利率发生升降变化的情况下，除了市场、价格政策等原因外，主要应从销售成本入手，检查、分析每一成本项目对销售成本率和销售毛利率是否产生了影响。

2. 销售净利率

销售净利率是指净利润与销售收入的百分比。其计算公式为：

$$\text{销售净利率}=\frac{\text{净利}}{\text{销售收入}}\times 100\%$$

净利润是在利润总额的基础上扣减所得税后的净额，也是企业盈利能力的反映。净利润是投资者最为关心的，因为净利润的高低直接关系到可供分配的利润的数额，进而反映投资者的投资收益水平。

该指标反映每1元销售收入带来的净利润是多少，表示销售收入的收益水平。从销售净利率的指标关系看，净利额与销售净利率成正比关系，而销售收入额与销售净利率成反比关系。企业在增加销售收入的同时，必须相应获得更多净利润，才能使销售净利率保持不变或有所提高。通过分析销售净利率的升降变动，可以促使企业在扩大销售业务的同时，注意改进经营管理，提高盈利水平。对于投资者来说，销售净利率越高，表明企业获利能力越强；反之，则获利能力越弱。

在运用销售净利率分析企业盈利能力时，应注意以下问题：

(1)由于净利润中包含波动较大的营业外收支净额和投资收益，因此，该指标年际之间的变化相对较大。企业的短期投资者和债权人的利益主要在企业当期，他们更关心企业总盈利能力的大小，所以他们通常可以直接使用这一指标。而对于企业管理者及所有者来说，则应将该指标数额与净利润的内部构成结合分析，以正确判断企业的盈利能力。例如，如果本期销售净利率的升降主要是营业外项目(如企业出售了一个营业分部或处理了一批固定资产)起了很大影响作用，就不能简单地认为是企业管理水平提高或下降的问题。

(2)对单家企业来说，销售净利率指标越大越好，但各行业内的竞争能力、经济状况、利用负债融资的程度及行业经营的特征都使得不同行业各企业之间的销售净利率大不相同。因此，在使用该指标分析时，还要注意将企业的个别销售净利率指标与同行业的其他企业进行对比分析。

(3)从销售净利率的公式可以看出，企业的净利润与销售净利率成正比关系，而销售收入与之成反比关系。企业在增加销售收入的同时，必须相应获得更多净利润，才能使销售净利率保持不变或有所提高。通过这一指标的分析，可以促使企业在扩大销售的同时，注意改进经营管理，提高盈利水平。

3. 营业利润率

营业利润率是指企业营业利润与营业收入的百分比。其计算公式如下：

$$营业利润率=\frac{营业利润}{营业收入}\times100\%$$

营业利润是销售收入扣除营业成本、税金及附加、期间费用、资产减值损失，加上公允价值变动收益和投资收益后的余额。营业利润率反映销售利润占销售收入净额的比重。对于投资者来说，该指标越高，说明企业营业收入净额的获利能力越强；反之，则越弱。

企业要想提高营业利润率，应在保持一定销售规模的基础上，力求控制成本费用水平，否则即使增加了销售收入，也不会带来良好的利润率水平。营业利润率反映企业销售收入扣除成本费用后的盈利能力，即它不仅反映产品销售收入与其直接相关成本的关系，而且将销售费用从收入中扣减。显然，该比率对企业盈利能力的考察更全面。因为期间费用中大部分是维持企业一定时期的生产经营能力所必须发生的费用，所以，只有将这部分费用从企业的当期收入中扣减后，所剩余的部分才能构成企业稳定、可靠的盈利能力。该比率越高，说明企业获利能力越强。企业的营业利润率高于行业平均利润率是企业经营管理良好的标志。但过高的营业利润率可能意味着企业未来会面临激烈竞争，除非有某些例外情况使其他企业难以进入本行业，如国家行业专营政策保护、巨额的开办费和高新技术要求等。

(三)与股本有关的盈利能力分析

上市公司公开披露的财务信息很多，如招股说明书、上市公告等。对公司的股东来说，全面了解公司的发展情况固然重要，但其最关心的还是股本的获利能力。股本获利能力的强弱对于股东来说不仅关系到其目前的收益水平，而且对其所持股票的未来股价会产生较大影响。

1. 每股收益

每股收益也称每股利润或每股盈余，是反映企业普通股股东持有每一股份所能享有企业利润或承担企业亏损的业绩评价指标。每股收益的计算包括基本每股收益和稀释每股收益。基本每股收益的计算公式为：

$$\text{基本每股收益}=\frac{\text{归属于普通股股东的当期净利润}}{\text{当期发行在外普通股的加权平均数}}$$

其中，

$$\text{当期发行在外普通股加权平均数}=\frac{\text{期初发行在外普通股股数}+\text{当期新发行普通股股数}\times\text{已发行时间}}{\text{报告期时间}}-\frac{\text{当期回购普通股股数}\times\text{已回购时间}}{\text{报告期时间}}$$

已发行时间、报告期时间和已回购时间一般按天数计算，在不影响计算结果的前提下，也可以按月份简化计算。

稀释每股收益是在考虑潜在普通股稀释性影响的基础上，对基本每股收益的分子、分母进行调整后再计算的每股收益。

每股收益越高，表明企业的获利能力越强。

2. 每股净资产

每股净资产是上市公司年末净资产(即股东权益)与年末普通股总数的比值。其计算公式为：

$$\text{每股净资产}=\frac{\text{年末股东权益}-\text{优先股股东权益}}{\text{年末普通股总数}}$$

有关每股净资产的分析如下：

(1)该指标反映发行在外的每股普通股所代表的净资产成本即账面权益，在理论上提供了股票的最低价值。如果公司的股票价格低于净资产的成本，说明该公司已无存在价值，清算是股东最好的选择。

(2)该指标是用历史成本计量的，既不反映净资产的变现价值，也不反映净资产的产出能力，因此在进行投资分析时，只能有限地使用。

3. 每股股利

每股股利是股利总额与流通股股数的比值。其计算公式为：

$$\text{每股股利}=\frac{\text{股利总额}}{\text{普通股股数}}=\frac{\text{现金股利总额}-\text{优先股股利}}{\text{发行在外的普通股股数}}$$

股利总额是用于对普通股进行分配的现金股利的总额，普通股股数是企业发行在外的普通股股数(不是加权平均数)。

有关每股股利的分析如下：

(1)每股股利反映的是上市公司每一普通股获取股利的大小。每股股利越大，则公司股本获利能力越强。每股收益只是从账面上反映股本获利能力的强弱，每股股利则是从股利发放的角度直接反映了股东获取股利的多少，因而它更能直观地说明股本获利能力的强弱。

(2)影响上市公司每股股利发放多少的因素主要是上市公司的获利能力。通常，上市公司的获利能力越强，则每股股利的发放就越少。此外，公司的股利发放政策也是影响每股股利发放多少的重要因素。

4. 股利支付率

股利支付率也称股息发放率，是指净收益中股利所占的比重，反映公司的股利分配政策和股利支付能力。其计算公式为：

$$股利支付率=\frac{每股股利}{每股净收益}\times100\%$$

有关股利支付率的分析如下：

(1)该指标反映普通股股东从每股收益中实际分到手的部分有多少。从公司股东的角度分析，股利支付率和每股股利一样，比每股盈余更能直接地体现当前收益。

(2)股利支付率的高低没有一个固定的衡量标准，而且公司之间也没有可比性。因为公司股利分配的多少要根据公司对资金需求量的具体情况来定。此外，公司的股东对公司股利支付率的要求也不一致，有的股东愿意当期多拿股利，有的股东则愿意让公司将更多利润用于再投资以期将来获得更多股利收入。

5. 市盈率

市盈率是上市公司普通股每股市价相当于每股收益的倍数，反映投资者对上市公司每股净利润愿意支付的价格，可以用来估计股票的投资报酬和风险。其计算公式为：

$$市盈率=\frac{普通股每股市价}{普通股每股收益}$$

一般来说，市盈率高，说明投资者对公司的发展前景看好，愿意出较高的价格购买该公司股票。但是，某种股票的市盈率过高也意味着这种股票具有较高的投资风险。

假设某股票的市价为 24 元，而过去 12 个月的每股盈利为 3 元，则市盈率为 $24\div3=8$。该股票被视为有 8 倍的市盈率，即每付出 8 元可分享 1 元盈利。投资者计算市盈率主要是用来比较不同股票的价值。理论上，股票的市盈率越低，越值得投资。比较不同行业、不同国家、不同时段的市盈率是不太可靠的，比较同类股票的市盈率较有实用价值。

公式中的普通股每股收益通常是指每股净利润。

有关市盈率的分析如下：

(1)市盈率反映股票持有者对每 1 元净利润所愿意支付的价格，可以用它来估计股票的投资报酬和风险。一般而言，市盈率越高，表明市场对公司的未来越看好。在市价确定的情况下，每股收益越高，市盈率越低，投资风险越小；反之则反是。在每股收益确定的情况下，市价越高，市盈率越高，风险越大；反之则反是。

(2)该指标不能用于不同行业公司之间的比较。因为市盈率的高低受净利润的影响，而净利润受可选择的会计政策的影响，从而使不同行业公司之间的比较受到限制。一般而言，充满扩张机会的新兴行业的市盈率普遍较高，而成熟行业的市盈率普遍偏低。一般的期望报酬率为 5%～10%，所以，相应的正常的市盈率为 10%～20%。

第二节 偿债能力分析

企业的偿债能力是指企业用其资产偿还长期债务与短期债务的能力。企业有无支付现金和偿还债务的能力是企业能否生存和健康发展的关键。企业偿债能力是反映企业财务状况和经营能力的重要标志。

企业的偿债能力和资金协调性、资本结构一起反映企业的综合财务状况。企业破产时，投资者的利益是最难得到保护的。因为企业破产首先清偿的是债务，最后才向投资者按出资比例分配剩余财产。即使企业无破产风险，如果缺乏偿债能力，企业也难以得到借款或延期支付信用，进而影响企业正常的生产经营和经济效益，对上市公司来说则影响其股票价格。企业偿债能力不足直接表现为日常现金支付的困难，直接影响企业的生产经营。

偿债能力不但决定企业的借款能力，而且影响企业的信誉。当偿债能力较差时，银行会提高贷款利率以补偿其承担的贷款风险，供货商则可能拒绝企业的延期支付；反之，偿债能力强时，企业较易得到资金以及利率优惠。因而企业的偿债能力影响着企业的投资能力、发展能力和盈利能力。

企业管理者、投资者、债权人和客户都应进行企业的偿债能力分析。

一、短期偿债能力分析

短期偿债能力是指企业用流动资产偿还流动负债的保障程度，反映企业偿付日常到期债务的能力。一家企业短期偿债能力的强弱要看其流动资产和流动负债的多少及质量状况。企业流动资产的数量和质量超过流动负债的程度就是企业的偿债能力。

(一)短期偿债能力分析的目的

1. 从企业管理者角度看

对企业管理者来说，短期偿债能力的强弱意味着企业承受财务风险能力的强弱。企业短期偿债能力弱，企业获得商业信用的可能性降低，将使企业无法利用供货商给予的折扣好处，丧失有利可图的机会。特别是企业缺乏短期偿债能力时，为了偿债，可能会强行出售资产，这种行为会大大降低企业的盈利能力。当企业不能偿还到期债务时，企业将面临债务诉讼，若资不抵债，企业将破产清算。

2. 从投资者角度看

对投资者来说，短期偿债能力的强弱意味着企业盈利能力的强弱和投资机会的多少。如果企业短期偿债能力出现问题，就会使企业经营管理人员耗费大量精力去筹集资金，以应付还债，还会增加企业筹资的难度，或加大临时紧急筹资的成本，影响企业的盈利能力，或导致企业信誉降低，增加后续融资成本。一般情况下，企业投资机会多、盈利水平高时，现金流量也多；反之，现金流量少。企业现金流量越多，资产的流动性就越强，企业的短期偿债能力也越强。

3. 从企业债权人角度看

对企业的债权人来说，企业短期偿债能力的强弱意味着本金与利息按期收回的可能性大小。企业要具有充分的偿债能力才能保证其债权的安全，按期取得利息，到期收回本金。如果企业短期偿债能力减弱，将导致债权人本金和利息延迟收回；如果企业丧失短期偿债能力，将导致债权人无法收回本金和利息。

4. 从企业供应商和消费者角度看

对企业的供应商和消费者来说，企业短期偿债能力的强弱意味着企业履行合同能力的强弱。当企业的短期偿债能力下降时，直接影响其资金周转甚至贷款安全。当企业无力履行合同时，供应商和消费者的利益将受到损害。

总之，短期偿债能力十分重要。当企业丧失短期偿债能力时，其持续经营能力将受到质疑，此时，其他的报表分析指标就显得不那么重要了。

(二)影响短期偿债能力的因素

1. 资产的流动性

流动性是指企业资产转化为现金的能力。企业偿还债务,一般而言均用企业流动资产来偿还,不仅短期债务需用流动资产来偿还,而且长期债务也要用流动资产来偿还,除非企业终止经营进行清算,否则一般是不会出售固定资产来偿还短期债务的。因此,资产的流动性越强,尤其是流动资产中变现能力较强的资产如现金所占比重越大,企业的短期偿债能力就越强。在企业的流动资产中,应收账款和存货的变现能力是影响流动资产变现能力的重要因素。应收账款可能会因呆滞而发生大量坏账,存货可能因周转不畅等原因而造成大量积压,这将会使企业流动资产的变现能力大大下降,影响其偿债能力。

2. 企业的经营收益水平

短期负债通常是以流动资产中的现金偿还,而现金则主要来源于企业的经营收益。企业的利润是企业经营收益的集中体现。通常,一家经营收益水平较高的企业,其利润也是相当可观的,而利润的取得又会增加企业的资金,使企业有持续和稳定的现金流入,从根本上保障了债权人的权益。当企业经营收益水平下降时,如果其现金的流入不足以抵补现金的流出,就会造成现金短缺,导致偿债能力下降。

3. 流动负债的结构

企业的流动负债中有些需要用现金偿付,如短期借款、应付账款等;有些则需要用商品或劳务来偿还,如预收账款。如果需要用现金偿付的流动负债所占比重较大,则企业必须拥有足够的现金才能保证其偿债能力;如果在流动负债中预收账款的比重较大,则企业只要有足够的存货就可以保证其偿债能力。

(三)短期偿债能力的指标

1. 流动比率

(1)流动比率的含义及其计算公式

流动比率是流动资产对流动负债的比率,用来衡量企业流动资产在短期债务到期前,可以变为现金用于偿还负债的能力,表示每1元流动负债有多少流动资产作为偿还的保证,反映企业流动资产对流动负债的保障程度。其计算公式如下:

$$\text{流动比率}=\frac{\text{流动资产合计}}{\text{流动负债合计}}$$

(2)有关流动比率指标的分析

①一般情况下,该指标越大,表明企业短期偿债能力越强。通常,该指标在200%左右较好。流动比率的下限为1,此时流动资产等于流动负债。当流动比率低于1时,说明企业的流动负债所筹资金部分用于购建长期资产,这将导致企业财务状况陷入危机。当流动比率达到2以上时,偿债能力充分。在运用该指标分析企业短期偿债能力时,还应结合存货的规模、周转速度、变现能力和变现价值等指标进行综合分析。如果某一企业虽然流动比率很高,但其存货规模大、周转速度慢,有可能造成存货变现能力弱、变现价值低,那么,该企业的实际短期偿债能力就要比指标反映的弱。

②流动比率高可能是存货积压、应收账款和票据增多但收账期延长,以及待摊费用增加的结果,因而真正用来清偿的现金却远远不足。这时,只有进一步分析现金流量才能得出最终结论。

③从短期债权人的角度看，该比率越高越好。但是，从企业经营的角度看，过高的流动比率表明企业持有闲置的货币资金。

④企业管理者为了显示出良好的财务指标，会通过一些方法粉饰流动比率。例如，对以赊购方式购买的货物，故意把年终要进的货推迟到下年初再购买，或年终加速进货，将计划下年初购进的货物提前至年内购进等，都会人为地影响流动比率。

(3)流动比率的局限性

①流动比率属于静态指标，说明了在报表日流动负债的保障程度。然而流动资产是不断周转的，它的存量是不断变化的；流动负债不断被偿还，又不断有新的负债产生。流动比率不能反映1年中有多少动态的流动负债要偿还，以及获得多少可供偿债的现金。因此，流动负债对偿债能力的反映还不完善。

②流动比率没有考虑流动资产的构成及其质量。流动资产中包含了流动性较差的应收账款、存货、预付款项等，由于它们不能迅速转换为现金，因此存货周转率、应收账款周转率可以补充流动比率对偿债能力衡量的不足。

2. 速动比率

(1)速动比率的含义及其计算公式

速动比率是指速动资产对流动负债的比率，是衡量企业流动资产中可以立即变现用于偿还流动负债的能力，是流动比率的一个重要辅助指标，用于评价企业流动资产变现能力的强弱。其计算公式如下：

$$速动比率=\frac{速动资产}{流动负债}$$

其中：

$$速动资产=流动资产-存货$$

$$或=流动资产-存货-预付账款-待摊费用$$

计算速动比率时，要把存货和预付款项从流动资产中剔除的原因是：①存货的变现速度慢。原材料存货、半成品存货要经过加工才能转变为产成品存货，售出后转为应收账款，之后才能收回现金，而能否出售是有风险的；②存货中可能含有已报废但还没做处理的不能变现的存货；③部分存货可能已经抵押给某些债权人；④存货估价存在着与合理市价相差悬殊的问题。预付账款收回的不是现金而是存货，道理相同。

【例7-2】 根据新天公司的资料，其2016年年初的流动资产为6 127 100元、存货为3 870 000元、流动负债为2 977 100元，年末的流动资产为5 571 751元、存货为3 862 050元、流动负债为1 644 390元，则速动比率为：

年初速动比率=(6 127 100-3 870 000)÷2 977 100=0.76

年末速动比率=(5 571 751-3 862 050)÷1 644 390=1.04

(2)有关速动比率指标的分析

①传统经验认为，速动比率维持在1∶1较为正常，表明企业每1元流动负债就有1元易于变现的流动资产来抵偿，短期偿债能力有可靠的保证。速动比率过低，企业的短期偿债风险较大；速动比率过高，企业在速动资产上占用的资金过多，会增加企业投资的机会成本。但以上评判标准并不是绝对的。

②在运用该指标分析企业短期偿债能力时，应结合应收账款的规模、周转速度和其他应收

款的规模，以及它们的变现能力进行综合分析。如果某企业速动比率虽然很高，但应收账款周转速度慢，且其他应收款的规模大、变现能力差，那么，该企业较为真实的短期偿债能力要比该指标反映的差。

③由于预付账款、待摊费用、其他流动资产等指标的变现能力差或无法变现，因此，如果这些指标规模过大，那么在运用流动比率和速动比率分析企业短期偿债能力时，还应扣除这些项目的影响。

④不同行业速动比率合理水平值的差异较大。例如，商品零售行业，由于采用大量现金销售，几乎没有应收账款，速动比率大大低于1是合理的；相反，有些企业虽然速动比率大于1，但速动资产中大部分是应收账款，并不代表企业的偿债能力强，因为应收账款能否收回具有很大的不确定性。所以，在评价速动比率时，还应分析应收账款的质量。

(3)速动比率的局限性

尽管速动资产都是变现能力较强的资产，但其并不等于企业现时的支付能力。例如，当企业的速动资产中含有大量不良的应收账款时，或企业的短期股票投资套牢而转化为事实上的长期投资时，即使速动比率大于1也不能保证企业有很强的偿债能力。因此，速动比率应与速动资产的变现能力强弱结合起来考察，即结合应收账款周转率和坏账准备金率指标分析。

3. 现金比率

(1)现金比率的含义及其计算公式

现金比率通过计算企业现金以及现金等价资产总量与当前流动负债的比率来衡量企业资产的流动性，表示每1元流动负债有多少现金及现金等价物作为偿还的保证，反映企业可用现金及变现方式清偿流动负债的能力，该指标可以计算企业的即刻变现能力。现金比率相当保守，又被称为“绝对流动比率”。其计算公式如下：

$$现金比率=\frac{货币资金+交易性金融资产}{流动负债}$$

该指标能真实地反映企业实际的短期偿债能力。该指标值越大，反映企业的短期偿债能力越强。

(2)有关现金比率指标的分析

①现金比率是从现金流入和流出的动态角度对企业实际偿债能力进行再次修正。

②一般来说，企业没有必要总是保持足够还债的现金类资产。但是，当发现企业的应收账款和存货的变现能力存在问题时，现金比率就显得很重要了。它的作用是表明在最坏情况下企业的短期偿债能力如何。此外，在某些高度投机企业，现金比率是很重要的，因此，要重视分析在特殊条件下的现金比率指标。现金比率很高从某种角度反映了企业不善于充分利用现金资源赚取更多利润。在运用现金比率指标进行分析时，其数值标准一般为20%左右。

③评价现金比率的标准因每个企业对待风险的态度不同而不同。即使现金比率很理想，也难以保证当时支付现金的需要，此时还要结合企业编制的“现金预算表”判断企业的短期偿债能力。

(3)现金比率的局限性

①比率标准难以划定，过高及过低都不好。

②现金类资产的内涵可以变化。例如，股票、债券、基金等有价证券投资，根据企业管理目的的不同，可划入交易性金融资产，这时有价证券投资属于现金类资产；也可划入可供出售金

融资产，这时就属于非流动资产了，会减少现金类资产的数量。

（四）影响短期偿债能力的表外因素

1. 增强变现能力的因素

（1）尚未使用的银行贷款额度，一般在报表附注中说明。

（2）准备很快变现的长期资产，要注意的是闲置资产可能不易在短期内变现。

（3）偿债能力的声誉。声誉好的企业，在出现短期偿债困难时，有能力通过确定条件较为宽松的新贷款、发行债券或股票等获取资金，从而缓解流动性压力。

2. 减弱变现能力的因素

按照《企业会计准则》的要求，或有负债并不作为企业负债项目登记入账，也不在财务报表中反映，只作为报表附注予以说明，如企业担保责任引起的连带责任、未决税款争议、救济纠纷可能败诉引起的经济赔偿、产品质量事故赔偿等，而其一旦成为事实上的负债，将会加大企业的偿债负担。未记录在报表上的或有负债应在报表附注或说明中尽量加以揭示，外部报表使用者应加以注意。

（五）短期偿债能力分析的一般步骤

第一步，计算流动比率。将本期指标与上期或行业平均值比较，得出比上期或同行业好还是差。

第二步，分解流动资产，目的是考察流动比率的质量。由于影响流动比率水平的主要因素是存货和应收账款的周转情况，因此分别计算存货周转率和应收账款周转率，并与上期和行业平均值进行比较，进一步得出结论，即哪一项流动资产是产生流动比率差额的主要因素。

第三步，如果速动比率低于同行业水平，说明应收账款周转速度慢，可进一步计算现金比率，并与上年或行业平均值比较，得出结论，即指标值比上年或同行业好还是差。

第四步，通过上述比较，综合评价企业短期偿债能力。

二、长期偿债能力分析

长期偿债能力是指企业对债务的承担能力和对偿还债务的保障能力。长期偿债能力分析是企业债权人、投资者、经营者和与企业有关联的各方面都十分关注的重要问题。企业利用借入资金开展生产经营活动，一方面可以促进企业生产的快速发展，另一方面会加大企业的资金成本和财务风险。企业的长期偿债能力主要取决于企业的资本结构及获利能力。

（一）长期偿债能力分析的目的

1. 从企业投资者角度看

企业的投资者包括企业的所有者和潜在投资者。投资者通过长期偿债能力分析，可以判断其投资的安全性及盈利性。投资的安全性与企业的偿债能力密切相关，通常，企业的偿债能力越强，投资者的安全性越强。在这种情况下，企业不需要通过变卖财产偿还债务。另外，投资的盈利性与企业的长期偿债能力密切相关。在投资收益率大于借入资金的资金成本率时，企业适度负债不仅可以降低财务风险，而且可以利用财务杠杆的作用增加盈利。盈利能力是投资者资本保值增值的关键。

2. 从企业债权人角度看

企业的债权人包括向企业提供贷款的银行、其他金融机构以及购买企业债券的单位和个人。债权人会从切身利益出发研究企业的偿债能力，只有企业有较强的偿债能力，才能使他们的债权及时收回，并能按期取得利息。由于债权人的收益是固定的，因此他们更加关注企业债权的安全性。在实际工作中，债权人的安全程度与企业长期偿债能力密切相关。企业偿债能力越强，债权人的安全性也就越强。

3. 从企业经营者角度看

企业经营者主要是指企业经理及其他高级管理人员。他们进行财务分析的目的是综合的、全面的。他们既关心企业的盈利，也关心企业的风险。与其他主体最为不同的是，他们特别需要关心盈利、风险产生的原因和过程，因为只有通过原因和过程的分析才能及时发现融资活动中存在的问题和不足，并采取有效措施解决这些问题。因此，企业经营者进行企业长期偿债能力分析的目的有以下几个方面：

(1)了解企业的财务状况，优化资本结构

企业偿债能力的强弱是反映企业财务状况的重要标志。资本结构不同，企业的长期偿债能力也不同；同时，不同的资本结构，其资金成本也有差异，进而影响企业价值。通过长期偿债能力分析，可以揭示企业资本结构中存在的问题，及时调整进而优化资本结构，提高企业价值。

(2)揭示企业所承担的财务风险

财务风险是由于负债融资引起的权益资本收益的变动性及到期不能偿还债务本息而破产的可能性。企业所承担的财务风险与负债筹资直接相关，不同的融资方式和融资结构会对企业形成不同的财务风险，进而影响企业的总风险。负债必须按期归还，而且要支付利息。任何企业只要通过举债筹集资金，就等于承担了一项契约性质的责任或义务，不管企业的经营是盈是亏，其义务必须履行。这就是说，当企业举债时，就会出现债务到期不能按时偿付的可能，这就是财务风险的实质所在。而且，企业的负债比率越高，到期不能按时偿付的可能性就越大，企业所承担的财务风险也越大。如果企业有足够的现金或随时可以变现的资产，即企业偿债能力强时，其财务风险就相对较小；反之，则财务风险较大。

(3)预测企业筹资前景

企业生产经营所需资金通常需要从各种渠道以各种方式取得。当企业偿债能力强时，说明企业财务状况较好、信誉较高，债权人就愿意将资金借给企业；否则，企业就很难从债权人那里筹集到资金。因此，在企业偿债能力较弱时，企业筹资前景不容乐观。如果企业愿意以较大的代价筹资，其结果会使企业承担更大的财务风险。

(4)为企业进行各种理财活动提供重要参考

企业的理财活动集中表现在筹资、用资和资金分配三个方面。企业在什么时候取得资金、其数额多少，取决于生产经营活动的需要，也包括偿还债务的需要。如果企业偿债能力较强，则可能表明企业有充裕的现金或其他能随时变现的资产，在这种情况下，企业就可以利用暂时闲置的资金进行其他投资活动，以提高资产的利用效率；反之，如果企业偿债能力不强，特别是有需要偿付的债务时，企业就必须及早地筹措资金，以便在债务到期时能够偿付，使企业信誉得以维护。

4. 从企业关联方角度看

企业在实际工作中会与其他部门和企业产生经济联系。对企业长期偿债能力进行分析对于他们也有重要意义。对于政府及相关管理部门来说，通过偿债能力分析，可以了解企业经营的安全性，从而制定相应的财政金融政策；对于业务关联企业来说，通过长期偿债能力分析，可以了解企业是否具有长期的支付能力，借以判断企业信用状况和未来业务能力，并做出是否建立长期稳定的业务合作关系的决定。

(二)影响长期偿债能力的因素

1. 企业的资本结构

资本结构是指企业各种资本的构成及其比例关系。企业筹资的渠道和方式尽管有多种，但企业全部资本归结起来不外乎权益资本和债务资本两大部分。

权益资本和债务资本的作用不同。权益资本是企业创立和发展最基本的因素，是企业拥有的净资产，不需要偿还，可以在企业经营中永久使用。权益资本越多，债权人越有保障；权益资本越少，债权人蒙受损失的可能性就越大。在资金市场上，能否借入资金以及借入多少资金，在很大程度上取决于企业的权益资本实力。

债务资本不仅能从数量上补充企业资金的不足，而且是由企业支付给债务资本的债权人的收益。如果企业经营得好，就有可能获取财务杠杆利益。一般情况下，负债筹资成本较低、弹性较大，是企业灵活调动资金余缺的重要手段。但是，负债是要偿还本金和利息的，无论企业的经营业绩如何，负债都有可能给企业带来财务风险。

可见，资本结构对企业长期偿债能力的影响一方面体现在权益资本是承担长期债务的基础；另一方面体现在债务资本的存在可能带给企业财务风险，进而影响企业的偿债能力。

2. 企业的融资结构

企业的融资结构有保守型、中庸型、风险型三种。保守型融资结构是指在资本结构中主要采取权益资本融资，且在负债融资结构中以长期负债融资为主，是一种低财务风险、高资金成本的融资结构。中庸型融资结构是指在资本结构中权益资本与债务资本的比重是一种中等财务风险和资金成本的融资结构。风险型融资结构是指在资本结构中主要(甚至全部)采用负债融资，是一种高财务风险、低资金成本的融资结构。

3. 获利能力

企业是否有充足的现金流入供偿债使用在很大程度上取决于企业的获利能力。企业对一笔债务总是负有两种责任：一是偿还债务本金的责任，二是支付债务利息的责任。短期债务可以通过流动资产变现来偿付，因为大多数流动资产的取得往往以短期负债为其资金来源。而企业的长期负债大多用于长期资产投资，在企业的正常生产经营条件下，长期资产投资形成企业的固定资产，企业一般不靠出售资产作为偿债的资金来源，而只能依靠企业生产经营所得；另外，企业支付给长期债权人的利息支出也要从所融通资金创造的收益中予以偿付。可见，企业的长期偿债能力是与企业的获利能力密切相关的。一家长期亏损的企业，正常生产经营活动都不能进行，保全其权益资本肯定是困难的事情，正常的长期偿债能力也就更无保障了。

一般来说，企业的获利能力越强，长期偿债能力越强；反之，则长期偿债能力越弱。如果企业长期亏损，则必须通过变卖资产才能清偿债务，最终要影响投资者和债权人的利益。因此，企业的盈利能力是影响长期偿债能力的重要因素。

4. 企业长期资产的规模与结构

企业长期资产的规模与结构也将直接影响企业的长期偿债能力。特别是当企业破产清算时，长期资产的规模、结构及质量对长期偿债能力的影响更为直接。此时，资产的清算变现价值将决定对债权人债权的偿还数额。

(三)长期偿债能力的指标

1. 资产负债率

(1)资产负债率的含义及其计算公式

资产负债率是负债总额与资产总额的比率,用于衡量企业利用债务资本进行财务活动的能力,同时能反映企业在清算时对债权人利益的保护程度。资产负债率是衡量企业负债水平及风险程度的重要标志。其计算公式如下:

$$资产负债率=\frac{负债总额}{资产总额}\times 100\%$$

(2)有关资产负债率的分析

从债权人角度看,资产负债率越低越好;从企业角度看,应保持适度的资产负债率。企业经营管理者关心两个问题:①资本的投资收益率和企业的控制权。如果企业经营前景好,预期资产报酬率可望高出借款利率时,所有者投资于企业的资本将获得双重利益,即在获得正常利润率的同时能获得较高的借款投资收益,而且提高资产负债率以增加债务资本来源,企业的控制权并不会因此而分散。②负债增加了企业的财务风险,负债越多,财务风险越大。所以,企业应当在负债利益和风险之间做出权衡。当企业前景较乐观时,应该适当增大资产负债率,以充分获取举债经营带来的财务杠杆利益;当企业前景不佳时,则应减少负债,降低资产负债比率,以降低财务风险。企业管理者应当审时度势,权衡利弊,把资产负债率控制在合适的水平,也就是把企业因筹资而产生的财务风险控制在适当的程度。

一般认为,资产负债率的适宜水平是40%～60%。对于经营风险比较高的企业,只能承受低的财务风险,就应该选择低的资产负债率,如互联网、电子商务等企业几乎没有银行借款,资产负债率很低;对于经营风险低的企业,可以承受较高的财务风险,为提高股东收益率应该选择高的资产负债率,如供水、供电企业的资产负债率都比较高。

(3)资产负债率的局限性

对该指标的评价很难找出一个普遍适用的标准,关键要结合特定企业的特定环境加以分析。单一企业资产负债率的分析评价通常要结合同行业的平均水平或先进水平进行。资产负债率指标是确定在企业破产保护时对债权人利益的保护程度的指标,即破产清算时,债权人权益能得到多大程度的保障。然而,财务报表分析并不是建立在破产清算的基础上,而是建立在持续经营的基础上,只有破产清算企业的长期资产才用于清偿债务,持续经营企业的长期资产一般不会用于清偿债务。可见,资产负债率指标实际是在企业破产清算这一最坏情形假设下,从资产总额与负债总额的关系来分析企业负债的偿还能力。

2. 利息保障倍数

(1)利息保障倍数的含义及其计算公式

利息保障倍数又称已获利息倍数,是指企业生产经营所获得的息税前利润与利息费用的比率,是衡量企业支付负债利息能力的指标。企业生产经营所获得的息税前利润与利息费用相比,倍数越大,说明企业支付利息费用的能力越强。因此,债权人要分析利息保障倍数指标,以此来衡量债权的安全程度。其计算公式如下:

$$利息保障倍数=\frac{利润总额+利息费用}{利息费用}$$

公式中的利息费用是指应支付给债权人的全部利息,包括计入本期财务费用的利息和计入资产成本的资本化利息。

(2)有关利息保障倍数的分析

利息保障倍数指标反映企业经营收益为所需支付的债务利息的多少倍。只要利息保障倍数足够大,企业就有充足的能力支付利息;反之则反是。

利息保障倍数的重点是衡量企业支付利息的能力,没有足够多的息税前利润,利息的支付就会发生困难。

利息保障倍数不仅反映了企业获利能力的大小,而且反映了获利能力对偿还到期债务的保证程度,它既是企业举债经营的前提,也是衡量企业长期偿债能力大小的重要标志。要维持正常偿债能力,利息保障倍数应至少大于1,且比值越高,企业长期偿债能力越强。如果利息保障倍数过低,企业将面临亏损、偿债的安全性与稳定性下降的风险。

(3)利息保障倍数的运用

为了考察企业偿付利息能力的稳定性,一般应计算5年或5年以上的利息保障倍数。保守起见,应选择5年中最低的利息保障倍数值作为基本的利息偿付能力指标。

关于该指标的计算,须注意以下几点:①根据损益表对企业偿还债务的能力进行分析,作为利息支付保障的"分子",只应该包括经常收益;②特别项目(如火灾损失等)、停止经营、会计方针变更的累计影响;③利息费用不仅包括作为当期费用反映的利息费用,而且包括资本化的利息费用;④未收到现金红利的权益收益,可考虑予以扣除;⑤当存在股权少于100%但需要合并的子公司时,少数股权收益不应扣除。

3. 长期资产适合率

(1)长期资产适合率的含义及其计算公式

长期资产适合率是企业所有者权益和长期负债之和同固定资产与长期投资之和的比率。该比率从企业资源配置结构方面反映了企业的偿债能力。其计算公式如下:

$$\text{长期资产适合率}=\frac{\text{所有者权益总额}+\text{长期负债总额}}{\text{固定资产总额}+\text{长期投资总额}}\times 100\%$$

(2)有关长期资产适合率的分析

长期资产适合率从企业长期资产与长期资本的平衡性和协调性的角度出发,反映了企业财务结构的稳定程度和财务风险的大小。

该指标在充分反映企业偿债能力的同时,反映了企业资金使用的合理性,分析企业是否存在盲目投资、长期资产挤占流动资金或者负债使用不充分等问题,有利于加强企业的内部管理和外部监督。

从维护企业财务结构稳定和长期安全性角度出发,该指标数值较高比较好,但过高也会带来融资成本增加的问题。理论上认为,该指标大于等于100%较好,因此,该指标究竟多高合适应根据企业的具体情况,参照行业平均水平确定。

4. 产权比率

(1)产权比率的含义及其计算公式

产权比率是负债总额与所有者权益总额的比率,是为评估资金结构合理性的一种指标,可反映股东所持股权是否过多(或者是否不够充分)等情况,从另一个侧面表明企业借款经营的程度。这一比率是衡量企业长期偿债能力的指标之一,是企业财务结构稳健与否的重要标志。其计算公式如下:

$$\text{产权比率}=\frac{\text{负债总额}}{\text{股东权益}}\times 100\%$$

(2)有关产权比率的分析

产权比率用来表明由债权人提供的和由投资者提供的资金来源的相对关系，反映企业的基本财务结构是否稳定。一般来说，所有者提供的资本大于借入资本为好，但也不能一概而论。从股东角度来看，在通货膨胀加剧时期，企业多借债可以把损失和风险转嫁给债权人；在经济繁荣时期，多借债可以获得额外利润；在经济萎缩时期，少借债可以减少利息负担和财务风险。该指标同时表明债权人投入的资本受到所有者权益保障的程度，或者说是企业清算时对债权人利益的保障程度。

产权比率不仅反映了由债务人提供的资本与由所有者提供的资本的相对关系，而且反映了企业自有资金偿还全部债务的能力，因此，它又是衡量企业负债经营是否安全、有利的重要指标。一般来说，这一比率越低，表明企业长期偿债能力越强，债权人权益保障程度越高，承担的风险越小。通常这一比率为 1 : 1，即 100%以下时是有偿债能力的，但还应该结合企业的具体情况加以分析。当企业的资产收益率大于负债成本率时，负债经营有利于提高资金收益率，获得额外的利润，这时的产权比率可适当高些。产权比率高，是高风险、高报酬的财务结构；产权比率低，是低风险、低报酬的财务结构。

第三节 营运能力分析

企业营运能力主要是指企业营运资产的效率与效益。企业营运资产的效率主要是指资产的周转率或周转速度。企业营运资产的效益通常是指企业的产出量与资产占用量的比率。

一、营运能力分析的目的

营运能力分析能够评价企业的经营水平和管理水平，甚至预期其发展前景，对各个利益主体来说关系重大。

(一)从企业管理者角度看

对企业管理者而言，他们在追求企业价值最大化的过程中，不仅要清楚企业的盈利水平，而且要关心盈利的原因和过程。通过营运能力分析，可以了解企业生产经营对资产的需求状况，发现与企业整体经营水平不相适应的资产使用状况，从而加强管理，并据此调节资产结构比例，促进资产的合理配置，最终改善财务状况，加快资金周转速度。

(二)从企业所有者和投资者角度看

对企业所有者和投资者而言，进行营运能力分析的主要目的是评价企业资产的流动性。企业资产的两大基本特征是收益性和流动性。企业经营的基本动机是获取预期收益。当企业的资产处于静止状态时，根本就谈不上收益；当企业运用这些资产进行经营时，才能产生收益。企业营运能力越强，资产的流动性越强，企业获得预期收益的可能性越大。流动性是企业营运能力的体现，通过对企业营运能力的分析，就可以对企业资产的流动性做出评价。企业投资者投资于企业的基本目的是资本保值增值。企业投资者通过营运能力分析，有助于判断企业的盈利能力，评估企业价值。企业潜在投资者进行企业营运能力分析主要是为了进行投资决策。

(三)从企业债权人角度看

对于债权人而言，短期偿债能力指标都是基于流动资产存量的静态指标。债权人通过分析流动资产的获利能力和获现能力可以了解这些资产的质量，并进一步反映为短期偿债能力的质量。企业债权人进行资产营运能力分析是为了弄清楚其债权的物质保障情况和安全状况，判断企业偿还债务利息及本金的能力。一般而言，债务人偿还债务利息的能力来源于其获利能力，而获利能力主要来源于资金营运能力，因此，分析企业营运能力有助于债权人分析企业偿还债务利息的能力。营运能力又是企业投资能否按时收回的基本保证，只有企业投资及时收回才能按时偿还企业债务本金。

二、营运能力指标的计算和分析

(一)总资产营运能力分析

总资产营运能力指标衡量企业组织、管理和营运资产的能力和效率。总资产营运能力是企业经营效率的重要影响因素。分析总资产周转率及其驱动因素，优化资产结构和提高各类资产利用率，是加强企业资产管理、增强资金利用效益的重要方法。

1. 总资产营运能力的影响因素

(1)各项资产的比例

要提高企业总资产营运能力，首先应安排好各项资产的合理比例，尤其是流动资产与固定资产的比例关系，防止流动资产或固定资产闲置。其次要提高各项资产的利用程度，尤其是流动资产中的应收账款、存货项目和固定资产的利用效率。固定资产利用效率的提高主要取决于固定资产是否全部投入使用，投入使用的固定资产是否都满负荷运行。为此必须结合企业的生产能力、生产规模确定固定资产的投资规模。最后应做到在总资产规模不变的情况下尽可能地增加销售收入。实现的主营业务收入越多，资产运用效率越高。

(2)经营周期的长短

经营周期的长短可以反映资产的运用效率，通过应收账款周转天数和存货周转天数之和可以简化计算出营业周期。营业周期越短，资产的流动性越强，企业实现的销售次数越多，销售收入累计额越多，资产周转相对越快；反之则反是。

2. 总资产营运能力的分析指标

(1)总资产周转率

总资产周转率是指企业一定时期的营业收入与总资产平均额的比值，也就是年度内总资产转为现金的平均次数，说明总资产流动的速度。用时间表示的周转次数是总资产周转天数，表示总资产转化为现金所需要的时间。其计算公式如下：

$$\text{总资产周转率}=\frac{\text{营业收入}}{\text{总资产平均额}}$$

$$\text{总资产周转天数}=\frac{360}{\text{总资产周转率}}$$

公式中，

$$\text{总资产平均额}=\frac{\text{年初资产总额}+\text{年末资产总额}}{2}$$

总资产周转率越高越好。该指标越高，说明同样的资产取得的收益越多，因而资产的管理水平越高。

①总资产周转率的分析

总资产周转率综合反映了企业整体资产的营运能力，一般来说，资产的周转次数越多或周转天数越少，表明其周转速度越快，营运能力也就越强。在此基础上，应进一步从各个构成要素进行分析，以便查明总资产周转率升降的原因。企业可以通过薄利多销的办法加速资产的周转，带来利润绝对额的增加。存货周转率分析的目的是从不同的角度和环节找出存货管理中的问题，使存货管理在保证生产经营连续性的同时，尽可能少占用经营资金，提高资金的使用效率，增强企业短期偿债能力，促进企业管理水平的提高。

总资产周转率的分析方法主要采用比较法。一般进行同行业之间的比较。它可以是与同行业的平均水平相比，也可以是与同行业先进水平相比。前者反映的是在行业中的一般状况，后者反映的是与行业先进水平的距离或者是在行业中的领先地位。企业实际分析时可根据需要选择比较标准。

由于资产周转率指标中的资产数据是一个时点数，极易受偶然因素的干扰甚至是人为的修饰，因此，要弄清企业资产周转率的真实状况，应对其进行趋势分析，即对同一企业各个时期的资产周转率变化进行对比分析，以掌握其发展规律和发展趋势。

②总资产周转率的缺陷

总资产周转率公式中的分子是指扣除折扣和折让后的销售净额，是企业从事经营活动所取得的收入净额；分母是指企业各项资产的总和，包括流动资产、长期股权投资、固定资产、无形资产等。众所周知，总资产中的对外投资给企业带来的应该是投资损益，不能形成销售收入。可见，总资产周转率公式中的分子、分母口径不一致，进而导致这一指标前、后各期及不同企业之间会因资产结构的不同而失去可比性。

(2)总资产产值率

总资产产值率反映了企业总资产与总产值之间的对比关系。其计算公式是：

$$总资产产值率=\frac{总产值}{平均总资产}\times 100\%$$

在一般情况下，该指标值越高，说明企业资产的投入产出率越高，企业总资产运营状况越好。

还可用另一指标反映总产值与总资产的关系，即百元产值资金占用。其计算公式为：

$$百元产值资金占用=\frac{平均总资产}{总产值}\times 100\%$$

该指标越低，反映企业的总资产营运能力越强。

(3)总资产收入率

总资产收入率又称总资产收益率，是指一定时期取得的收入与平均占用总资产之间的比率，反映企业利用全部经济资源的获利能力。其计算公式如下：

$$总资产收入率=\frac{总收入}{总资产年平均余额}\times 100\%$$

有关总资产收入率的分析如下：

①总资产收入率反映企业资产利用的综合效果。该比率越高，表明资产利用的效率越高，说明企业在增收节支等方面取得了良好的效果；否则相反。

②总资产收入率是一个综合指标，为了正确评价企业的经济效益，挖掘提高利润水平的潜力，可以用该指标与企业前期、计划、行业平均水平和行业内先进企业进行对比，分析形成差异的原因。

③总资产收入率主要取决于总资产周转速度的快慢以及销售利润率的大小。企业的销售利润率越大，资产周转速度越快，则总资产收益率越高。

该指标比总资产产值率更能准确反映企业全部资产的营运能力，因为企业总产值往往既包括完工产品产值，又包括在产品产值；既包括已销售商品产值，又包括库存产品产值。在市场经济条件下，企业产品只有销售出去，实现了收入，才有真正意义上的产出。

(二)流动资产营运能力分析

流动资产营运能力又称流动资产管理状况、流动资产质量状况、流动资产周转情况，是指通过企业生产经营资金周转速度的有关指标所反映出来的企业流动资金的利用效率。流动资产营运能力衡量的是企业组织、管理和营运流动资产的能力，同时反映企业流动资产变现的能力，常用的指标有应收账款周转率、存货周转率、流动资产周转率。它们通常是以资产在一定期间(如1年)的周转次数和周转一次所需要的天数表示。

1. 应收账款周转率

应收账款周转率是反映应收账款周转速度的指标，是一定时期内赊销收入净额与应收账款平均余额的比率。应收账款周转率有两种表示方法：一种是应收账款在一定时期内(通常为1年)的周转次数；另一种是应收账款的周转天数，即应收账款账龄。其计算公式如下：

$$应收账款周转率=\frac{营业收入}{应收账款平均额}$$

$$应收账款周转天数=\frac{360}{应收账款周转率}$$

一般来说，应收账款周转率越高越好，应收账款周转天数越少越好，说明应收账款的收回越快；否则，企业的营运资本会过多地呆滞在应收账款上，资金不能及时回流，影响资金的正常周转，更有可能影响企业向银行还款付息的能力。因此，这个指标不仅仅是企业营运能力的体现，而且是银行综合考虑企业还款能力的一个指标。

计算应收账款周转率时，应注意以下两个问题：(1)关于应收账款平均额。应收账款平均额是扣除预计坏账损失后的应收净额，而不是应收账款原值。(2)应收票据是否计入应收账款周转率。如果不特别指明，应收账款周转率一般不包含应收票据周转率。由于应收票据具有法律保障且期限较短，因此，一般情况下应收账款周转率的计算不用特意纳入应收票据。

一般而言，非商品流通企业的应收账款周转率应达到3～4次/年以上，商品流通企业的应收账款周转率应达到6～8次/年以上。数值越高，平均收款期越短，企业流动性越强，短期偿债能力也越强。但应收账款周转率不应过高，因为应收账款周转率过高，可能是由企业信用政策过紧引起的，这会对扩大销售、提高市场占有率不利。

2. 存货周转率

存货周转率是指一定时期内企业销货成本与存货平均余额的比率，是反映企业销售能力和流动资产流动性的一个指标，也是衡量企业生产经营各个环节中存货营运效率的一个综合性指标。其计算公式如下：

$$存货周转率=\frac{营业成本}{存货平均额}$$

$$存货周转天数=\frac{360}{存货周转率}$$

公式中，营业成本是指企业经营业务所发生的实际成本总额，包括主营业务成本和其他业务支出，取自利润表中的营业成本本年金额。

在存货平均水平一定的条件下，存货周转率高，表明企业的销货成本增多，产品销售数量增长，企业的销售能力加强；反之，则销售能力减弱。企业要扩大产品销售量，增强销售能力，就必须在原材料的购进、生产过程中的投入、产品的销售、现金的回收等方面做到协调和衔接。因此，存货周转率不仅可以反映企业的销售能力，而且能用以衡量企业生产经营中各有关方面运用和管理存货的工作水平。

存货周转率还可以衡量存货的储存是否适当，是否能保证生产不间断地进行和产品有秩序地销售。存货既不能储存过少造成生产中断或销售紧张，又不能储存过多形成呆滞、积压。存货周转率也反映存货结构合理与否和质量合格与否的状况。只有结构合理，才能保证生产和销售任务正常、顺利地进行；只有质量合格，才能有效地流动，从而达到存货周转率提高的目的。存货是流动资产中最重要的组成部分，往往占流动资产总额的一半以上。因此，存货的质量和流动性对企业的流动比率具有举足轻重的影响并进而影响企业的短期偿债能力。存货周转率的这些重要作用使其成为综合评价企业营运能力的一个重要的财务比率。

3. 流动资产周转率

流动资产周转率是指企业一定时期内主营业务收入净额与平均流动资产总额的比率，是评价企业资产利用率的另一重要指标。流动资产周转率的两种表示方法如下：

一定时期流动资产周转次数的计算公式为：

$$\text{流动资产周转次数}=\frac{\text{流动资产周转额(产品销售收入)}}{\text{流动资产平均余额}}$$

流动资产周转一次所需天数的计算公式为：

$$\text{流动资产周转天数}=\frac{\text{流动资产平均余额}\times\text{计算期天数}}{\text{流动资产周转额(产品销售收入)}}$$

在一定时期内，流动资产周转次数越多，表明以相同的流动资产完成的周转额越多，流动资产利用的效果越好。流动资产周转率用周转天数表示时，周转一次所需要的天数越少，表明流动资产在经历生产和销售各阶段时占用的时间越短、周转越快。生产经营任何一个环节上的工作得到改善，都会反映到周转天数的缩短上来。按天数表示的流动资产周转率能更直接地反映生产经营状况的改善，便于比较不同时期的流动资产周转率，应用较为普遍。

流动资产周转率反映了企业流动资产的周转速度，是从企业全部资产中流动性最强的流动资产角度对企业资产的利用效率进行分析，以进一步揭示影响企业资产质量的主要因素。要实现该指标的良性变动，应以主营业务收入增幅大于流动资产增幅做保证。通过对该指标的对比分析，可以促进企业加强内部管理，充分有效地利用流动资产，如降低成本、调动暂时闲置的货币资金用于短期投资创造收益等，还可以促进企业采取措施扩大销售，提高流动资产的综合使用效率。一般情况下，该指标越高，表明企业流动资产周转速度越快、利用得越好。在较快的周转速度下，流动资产会相对节约，相当于流动资产投入的增加，在一定程度上增强了企业的盈利能力；而周转速度慢，则需要补充流动资金参与周转，会形成资金浪费，减弱企业盈利能力。

【例 7－3】 企业上年度产品销售收入为 14 400 万元，流动资产平均占用额为 3 600 万元，则：

该企业流动资产周转次数＝14 400÷3 600＝4(次)

流动资产周转天数＝360÷4＝90(天)

假定企业本年度产品销售收入不变，流动资产周转速度由 4 次提高为 5 次，则：

该企业流动资产节约额＝14 400÷4－14 400÷5＝720(万元)

假定企业本年度产品销售收入扩大到 18 000 万元，流动资产周转速度由 4 次提高到 5

次，则：

流动资产节约额＝18 000÷4－18 000÷5＝900(万元)

(三)固定资产营运能力分析

1. 固定资产周转率分析

固定资产周转率也称固定资产利用率，是企业销售收入与固定资产净值的比率。其计算公式如下：

$$固定资产周转率=\frac{营业收入}{固定资产平均额}$$

$$固定资产周转天数=\frac{360}{固定资产周转率}$$

固定资产周转率表示在一个会计年度内，固定资产周转的次数，或表示每1元固定资产支持的销售收入。

固定资产周转天数表示在一个会计年度内，固定资产转换为现金平均需要的时间，即平均天数。固定资产周转次数越多，则周转天数越短；周转次数越少，则周转天数越长。

固定资产周转率受很多因素影响，主要包括以下几个：(1)企业资产结构以及固定资产结构的影响。固定资产占资产总额的比例小，经营性固定资产占固定资产总额的比例大，则固定资产周转率就高。(2)企业经营策略的影响。经营租入固定资产比融资租入固定资产能提高固定资产周转率，因为经营租入固定资产不能入账，而融资租入固定资产必须入账。(3)企业会计政策的影响。固定资产周转率还受计提折旧和减值损失的影响，计提折旧的快慢以及计提固定资产减值的多少会影响固定资产的价值金额。

固定资产周转率主要用于分析对厂房、设备等固定资产的利用效率，比率越高，说明利用率越高，管理水平越高。如果固定资产周转率与同行业平均水平相比偏低，则说明企业对固定资产的利用率较低，可能会影响企业的获利能力。它反应了企业资产的利用程度。

2. 固定资产构成分析

固定资产构成分析是指各类固定资产原价占全部固定资产原价的比重，反映了固定资产的配置情况。对固定资产构成的分析包括3个方面的内容：(1)分析生产经营用固定资产与非生产经营用固定资产之间的比例情况，查明企业是否优先增加生产经营用的固定资产；(2)考察未使用、不需用固定资产比重的变化情况，查明企业在处置闲置固定资产方面是否做出了成绩；(3)考察生产经营用固定资产的内部结构是否合理。

3. 固定资产更新率分析

固定资产更新率是反映固定资产更新程度的指标，是指全年新增加的固定资产原值与年初固定资产原值的比值。其计算公式如下：

$$固定资产更新率=\frac{当年新增固定资产原值}{年初固定资产原值}\times 100\%$$

固定资产更新率是反映企业现有固定资产中，经过更新的占多大比重，也反映了固定资产在一定时期内更新的规模和速度。在评价企业固定资产更新的规模和速度时，应结合具体情况进行分析。企业为了保持一定的生产规模和生产能力，对设备进行更新是合理的；但如果更新设备只是为了盲目扩大生产，就不合理了。

4. 固定资产退废率

固定资产退废率是指企业全年退废固定资产原值(包括正常、非正常报废的固定资产以及本企业不需使用而出售或投资转出的固定资产）对年初固定资产原值的比值。其计算公式如下：

$$当年固定资产退废率=\frac{当年退废固定资产原值}{年初固定资产原值}$$

该指标反映了一年报废的固定资产的原始价值。固定资产的退废要有相应的固定资产更新与之配套，这样才能维持企业的再生产规模。所以，对该指标的分析应结合固定资产更新率进行。一般来说，新建企业固定资产的更新率较低，而老企业固定资产的更新率和退废率都较高。

5. 固定资产增长率

固定资产增长率是指一定时期内增加的固定资产原值对原有固定资产数额的比率。其计算公式为：

$$固定资产增长率=\frac{期末固定资产总值-期初固定资产总值}{期初固定资产总值}\times 100\%$$

固定资产的增长应结合具体原因进行分析，看其增长是否合理。一般来说，企业增加生产设备，生产也应相应地增长，这样才能保证固定资产使用的经济效益。如果是非生产用固定资产，应考虑企业的经济承受能力。

6. 固定资产损失率

固定资产损失率是指企业一定时期内盘亏、毁损的固定资产所造成的损失数与期初固定资产原值的比率。其计算公式为：

$$固定资产损失率=\frac{本期盘亏、毁损固定资产价值}{期初固定资产原值}\times 100\%$$

固定资产损失率反映企业固定资产盘亏及毁损而造成的固定资产损失程度。在分析时，应查清原因，分清责任，并根据分析结果采取相应的改进措施，以减少、杜绝盘亏、毁损现象。

7. 固定资产净值率

固定资产净值率是指一定时期内固定资产净值总额与固定资产原值总额的比率。其计算公式为：

$$固定资产净值率(折余价值)=\frac{固定资产净值}{固定资产原值}\times 100\%$$

固定资产净值率高，说明企业技术设备的更新较快；固定资产净值率低，说明企业技术设备陈旧。

（四）无形资产营运能力分析

1. 无形资产周转率

无形资产周转率是指企业营业收入与无形资产平均额的比值，是反映企业无形资产周转情况、衡量无形资产营运能力的指标。其计算公式如下：

$$无形资产周转率=\frac{营业收入}{无形资产平均额}$$

公式中，营业收入来自利润表中营业收入的本年金额；无形资产平均额来自资产负债表，一般用期初数加期末数再除以 2 计算。

报表中的无形资产一般是指外购或接受投资取得的无形资产，如外购的商标、专利技术等，而企业自创的无形资产，如商标、生产技术等在报表中并不体现，但也能够给企业创造营业收入。不同的企业取得无形资产的方式以及无形资产摊销政策不同，因而无形资产在报表中的揭示金额差异很大。因此,无形资产周转率分析一般仅适用趋势分析法,分析无形资产周转率的历年变化,以便发现无形资产管理存在的问题。

2. 无形资产变动分析

一般来讲,引起无形资产增加的原因主要有购入、投资者投资转入及接受外单位捐赠。引起无形资产减少的原因主要有对外投资转出、对外转让或出售及无形资产价值摊销或核销。

在分析无形资产增加变动情况时,对于增加的无形资产,应重点分析其技术上的必要性、经济上的合理性和取得渠道的合法性;对于减少的无形资产,则应重点分析其对外转让、对外投资是否符合国家有关规定,作价是否合理。

第四节　发展能力分析

企业的发展能力也称企业的成长性,是企业通过自身的生产经营活动,不断扩大积累而形成的发展潜能。企业能否健康发展取决于多种因素,包括外部经营环境、企业内在素质及资源条件等。

一、影响企业发展能力的因素

(一)国际国内政治经济形势分析

国际政治经济形势、国家政治经济形势及运行趋势、国家宏观经济政策、国家政治经济体制等方面的情况及其变动都会对企业的生产经营、财务状况、经济效益产生影响。

(二)行业运行趋势分析

行业运行状况包括行业寿命周期、行业发展前景、行业竞争状况、行业的技术发展状况、政府政策对行业的影响等方面。这些因素对企业发展能力也会有不同程度的影响。

(三)企业内部因素分析

1. 经营者的基本素质

我国企业发展情况证明,企业是否具备良好的发展能力关键取决于企业经营者或领导班子的素质,主要是指智力素质、品德素质和能力素质等。

2. 基础管理水平

基础管理水平是指企业按照国际规范做法、国家政策法规规定和本企业实际情况,在生产经营过程中形成和运用的维系企业正常运转及生存与发展的企业组织结构、内部经营管理模式、各项基础管理制度、激励与约束机制等。

3. 公司治理结构

公司治理结构是对企业领导权力制度的安排,主要体现在公司股东大会制度完善情况,董事会、监事会、总经理的人事安排及制衡机制,公司与大股东、母公司的组织关系、人事关系、业务与财务关系等。

4. 在岗员工素质状况

在岗员工的素质是指企业普通员工的文化水平、道德水准、专业技能、组织纪律性、参与企业管理的积极性及爱岗敬业精神等方面的综合情况。

5. 技术装备更新水平

企业的技术装备情况是其发展能力的物质基础，是指企业主要生产设备的先进程度和生产适用性、技术水平、开工及闲置状况、更新改造情况、技术投入水平及采用环保技术措施等情况。

6. 发展创新能力

发展创新能力主要是指企业在市场竞争中为保持竞争优势，不断根据外部环境进行的自我调整和革新的能力。

二、企业发展能力的指标

(一)销售增长率

销售增长率是指企业本年销售增长额与上年销售额的比率，反映销售的增减变动情况，是评价企业成长状况和发展能力的重要指标，也是企业扩张增量资本和存量资本的重要前提。该指标越大，表明企业销售增长速度越快，企业市场前景越好。其计算公式为：

$$销售增长率=\frac{本年销售增长额}{上年销售额}=\frac{本年销售额-上年销售额}{上年销售额}$$

1. 销售增长率分析

销售增长率是衡量企业经营状况和市场占有能力、预测企业经营业务拓展趋势的重要指标，也是企业扩张增量资本和存量资本的重要前提。该指标越大，表明其增长速度越快，企业市场前景越好。销售增长率可分为趋势分析和同业分析。

2. 三年销售平均增长率

三年销售平均增长率表明企业主营业务连续三年的增长情况，体现企业的持续发展态势和市场扩张能力。其计算公式如下：

$$三年销售平均增长率=\left(\sqrt[3]{\frac{年末主营业务收入总额}{三年前年末主营业务收入总额}}-1\right)\times 100\%$$

(二)总资产增长率

总资产增长率又称总资产扩张率，是企业本年总资产增长额与年初资产总额的比率，反映企业本期资产规模的增长情况。资产增长是企业发展的一个重要方面，发展性好的企业一般能保持资产的稳定增长。其计算公式如下：

$$总资产增长率=\frac{本年总资产增长额}{年初资产总额}\times 100\%$$

其中：

$$本年总资产增长额=年末资产总额-年初资产总额$$

总资产增长率越高，表明企业一定时期内资产经营规模扩张的速度越快。但在分析时，需要关注资产规模扩张的质与量的关系，以及企业的后续发展能力，避免盲目扩张。

三年平均资产增长率指标消除了资产短期波动的影响，反映了企业较长时期内的资产增长情况。其计算公式如下：

$$三年平均资产增长率=\left(\sqrt[3]{\frac{年末资产总额}{三年前年末资产总额}}-1\right)\times 100\%$$

一般增长率指标在分析时具有滞后性，仅反映当期情况，而利用该指标能够反映企业资本积累或资本扩张的历史发展状况，以及企业稳步发展的趋势。该指标越高，表明企业所有者权益得到的保障程度越大，企业可以长期使用的资金越充足，抗风险和持续发展的能力越强。

(三)营业利润增长率

营业利润增长率又称销售利润增长率,是企业本年营业利润增长额与上年营业利润总额的比率,反映企业营业利润的增减变动情况。其计算公式如下:

$$营业利润增长率(销售利润增长率)=\frac{本年营业利润增长额}{上年营业利润总额}\times 100\%$$

其中:

$$本年营业利润增长额=本年营业利润总额-上年营业利润总额$$

营业利润增长率越高,说明企业百元商品销售额提供的营业利润越多,企业的盈利能力越强;反之,则说明企业的盈利能力越弱。

三年利润平均增长率表明企业利润连续三年的增长情况,体现企业的发展潜力。其计算公式如下:

$$三年利润平均增长率=\left(\sqrt[3]{\frac{年末利润总额}{三年前年末利润总额}}-1\right)\times 100\%$$

(四)资本保值增值率

资本保值增值率是指企业本年末所有者权益扣除客观增减因素后与年初所有者权益的比率,表示企业当年资本在企业自身努力下的实际增减变动情况,是评价企业财务效益状况的辅助指标,反映了企业资本的营运效益与安全状况。其计算公式如下:

$$资本保值增值率=\frac{年初所有者权益+年末利润}{年初所有者权益}\times 100\%$$

$$=\frac{扣除客观因素后的年末所有者权益}{年初所有者权益}\times 100\%$$

【例 7—4】 某企业期初所有者权益 5 000 万元,本期实现净利润 1 800 万元,期末所有者权益 7 000 万元,则:

资本保值增值率=(5 000+1 800)÷5 000×100%=136%

结果显示,该企业通过本期经营,不但实现了资本保值,而且使资本增值了 36%,期末所有者权益比期初增长了 40%,除了资本增值外,还可能是投资者追加投资或其他原因所致。资本保值是增值的基础,保值的含义在物价上涨形势下应是实际价值的保全而非名义价值的保全。

(五)资本积累率

资本积累率是企业本年所有者权益增长额与年初所有者权益的比率,反映企业当年资本的积累能力。该指标反映企业所有者权益在当年的变动水平,体现了企业资本的积累情况,是企业发展强盛的标志,也是企业扩大再生产的源泉,展示了企业的发展潜力,是评价企业发展潜力的重要指标,也反映了投资者投入企业资本的保全性和增长性。其计算公式如下:

$$资本积累率=\frac{当年所有者权益增长额}{年初所有者权益}\times 100\%$$

三年资本平均增长率表示企业资本连续三年的积累情况,体现企业的发展水平和发展趋势。其计算公式如下:

$$三年平均资产增长率=\left(\sqrt[3]{\frac{年末所有者权益总额}{三年前年末所有者权益总额}}-1\right)\times 100\%$$

(六)股利增长率

股利增长率是本年度股利较上一年度股利增长的比率,反映企业发放股利的增长情况,是衡量企业发展性的一个重要指标。股利增长率与企业价值有非常密切的关系。股利增长率越高，企业股票价值越高；反之，则企业股票价值越低。其计算公式如下：

$$股利增长率=\frac{本年每股股利增长额}{上年每股股利}\times100\%$$

三年股利平均增长率表示企业股利连续三年的分配情况，一定程度上体现了企业的发展水平和发展趋势。其计算公式如下：

$$三年股利平均增长率=\left(\sqrt[3]{\frac{本年每股股利}{三年前每股股利}}-1\right)\times100\%$$

本章小结

一个企业具有强劲的企业财务能力就能够为企业创造持续竞争优势和更多价值。企业财务能力是企业施加于财务可控资源的作用力，是企业综合实力的反映和企业活力的价值体现。本章就是以表现企业财务能力为目的，以一系列相关指标的方式进行分析，具体包括偿债能力、盈利能力、营运能力、发展能力四个方面。其中，偿债能力从短期与长期两个方面分析评价；盈利能力则主要从商品经营盈利能力、资产经营和资本经营盈利能力等方面进行分析；营运能力分析不仅对各项资产的营运能力指标进行分析，而且从揭示资产效率开始对个性资产的营运能力做了进一步的分解。

练习题

一、单项选择题

1. 如果流动比率大于1，则下列结论中成立的是(　　)。

A. 速动比率大于1　　B. 现金比率大于1
C. 营运资金大于0　　D. 短期偿债能力绝对有保障

2. 影响企业短期偿债能力的最根本的原因是(　　)。

A. 企业的资产结构　　B. 企业的融资能力
C. 企业的权益结构　　D. 企业的经营业绩

3. 下列各项中，运用资产负债表可计算的比率是(　　)。

A. 应收账款周转率　　B. 总资产报酬率
C. 利息保障倍数　　D. 现金比率

4. 总资产报酬率是指(　　)与平均总资产的比率。

A. 利润总额　　B. 息税前利润　　C. 净利润　　D. 息前利润

5. 每股收益主要取决于每股账面价值和(　　)两个因素。

A. 净利润　　B. 普通股权益报酬率
C. 优先股股息　　D. 普通股股数

6. 某企业的流动比率为120%，假设该企业赊购一批材料，则流动比率将会(　　)。

A. 提高　　B. 降低　　C. 不变　　D. 不能确定

7. 流动资产占总资产的比重是影响(　　)指标变动的重要因素。

A. 总资产周转率　　B. 总资产产值率

C. 总资产收入率　　D. 总资产报酬率

8. 权益乘数越高,则(　　)。

A. 流动比率越高　　B. 存货周转率越高

C. 资产负债率越高　　D. 资产周转率越高

9. 某公司的部分年末数据为:流动负债为60万元,速动比率为2.5,流动比率为3,销售成本为50万元。若企业无待摊费用和待处理财产损失,则存货周转次数为(　　)。

A. 1.2次　　B. 2.4次　　C. 1.67次　　D. 以上都不对

10. 产权比率为3/4,则权益乘数为(　　)。

A. 4/3　　B. 7/4　　C. 7/3　　D. 3/4

二、多项选择题

1. 短期偿债能力的评价方法有(　　)。

A. 评价流动负债与流动资产的数量关系

B. 评价资产的流动性

C. 评价负债的流动性

D. 比较1年内产生的债务和现金流出

2. 流动比率本身存在一定局限性,包括(　　)。

A. 流动比率是一个静态指标

B. 流动比率是一个动态指标

C. 流动比率的计算过于复杂

D. 流动比率中的流动资产包含流动性较差的应收账款、存货等

3. 计算速动比率时要从流动资产中剔除存货的原因是(　　)。

A. 在流动资产中存货的变现速度最慢

B. 在流动资产中存货占比较小

C. 由于某种原因,存货中可能含有已报废但还没做处理的不能变现的存货

D. 部分存货可能已经抵押给某债权人

4. 下列各项中,对应收账款周转率的正确计算有较大影响的有(　　)。

A. 季节性经营的企业使用这个指标时不能反映实际情况

B. 大量使用分期付款结算方式

C. 大量销售为现销

D. 企业提高应收账款回收效率

5. 对不同的报表使用者而言,营运能力分析具有不一样的意义,对此理解正确的是(　　)。

A. 对经营者而言,营运能力分析有助于优化资产结构

B. 对经营者而言,营运能力分析有助于改善财务状况

C. 对企业的现有股东而言,营运能力分析有助于判断企业财务的安全性和资本保全程度

D. 对企业的潜在投资者而言,营运能力分析有助于判断企业资产实现收益的能力

6. 下列项目中，属于速动资产的有（　　）。

A. 现金　B. 应收账款　C. 其他应收款　D. 固定资产

7. 下列各项指标中，反映短期偿债能力的有（　　）。

A. 流动比率　B. 速动比率　C. 资产负债率　D. 净资产负债率

8. 某企业的流动比率为2，以下业务中会使该比率下降的有（　　）。

A. 收回应收账款　B. 赊购商品与材料

C. 偿还应付账款　D. 从银行取得短期借款已入账

9. 下列各项中，反映企业获利能力的财务比率有（　　）。

A. 资本保值增值率　B. 利息保障倍数

C. 销售净利率　D. 应收账款周转率

10. 影响净资产收益率的因素主要有（　　）。

A. 总资产报酬率　B. 负债利息率

C. 企业资本结构　D. 总资产周转率

三、判断题

1. 对债权人而言，企业的资产负债率越高越好。（　　）

2. 对任何企业而言，速动比率都应该大于1才是正常的。（　　）

3. 现销业务越多，应收账款周转率越高。（　　）

4. 流动比率越高表明企业资产运用效果越好。（　　）

5. 获利能力强的企业偿债能力也强。（　　）

6. 存货周转率越高，未必说明存货管理得好。（　　）

7. 企业的负债最终要以企业的资产去偿还。（　　）

8. 如果期末存货少计，会引起存货周转率偏低。（　　）

9. 产权比率反映企业投资者权益对债权人权益的保障程度。该比率越高，表明企业的长期偿债能力越强。（　　）

10. 权益乘数与资产负债率之和为1。（　　）

四、简答题

1. 财务分析的目的是什么？

2. 影响企业长期偿债能力的主要因素有哪些？

3. 盈利能力与发展能力的关系如何？

4. 每股收益与每股股利的关系如何？

5. 资产负债率的高低对企业的债权人、投资者及经营者有何影响？

五、业务题

1. 某企业流动负债为200万元、流动资产为400万元，其中，应收票据为50万元、存货为90万元、待摊费用为2万元、预付账款为7万元、应收账款为200万元（坏账损失率为5‰）。

要求：计算该企业的流动比率和速动比率。

2. 某公司2015年销售收入为144万元，税后净利润为14.4万元，资产总额为90万元，负债总额为 27 万元。

要求：计算该企业的总资产周转率、总资产收益率和权益乘数(计算结果保留四位小数，资产负债表数据均使用期末数)。

六、综合分析题

W 公司 2013～2015 年有关资料如下(单位：万元)：

项　目	2013 年	2014 年	2015 年
期末流动资产	1 500	2 050	2 580
期末固定资产	1 360	1 000	1 100
期末总资产	2 860	3 050	3 680
销售收入	8 640	8 875	9 260
净利润	510	532.5	578.75

要求：

(1)根据上述资料分别计算 2013 年及 2015 年的流动资产周转率、流动资产收益率和固定资产收益率

(2)根据计算结果，做出简要的分析与评价。

第八章　会计报表综合分析

学习目标

本章重点介绍了综合财务分析方法、杜邦财务分析体系和沃尔比重分析法。通过本章的学习，理解综合财务分析的目的和意义，了解综合财务分析的作用；了解综合财务分析的方法体系，重点掌握杜邦财务分析体系和沃尔比重分析法的原理及应用；理解会计报表综合分析对了解企业的战略和竞争力的意义。

引导案例

常林股份2003年半年年报显示，该公司上半年实现主营业务收入80 197.44万元，同比增长54.77%；实现主营业务利润12 380.94万元，同比增长67.02%；实现净利润10 589.72万元，同比增长508.53%。该公司所属工程机械行业受我国基础设施建设投资力度加大、城镇化建设及西部大开发战略加速实施、国家重点工程建设进入高峰期等的影响，保持了快速增长。因此，常林股份作为国内主要工程机械制造商之一，其主营业务收入也出现了大幅增长。

从主营业务收入构成看，该公司装载机收入达到49 419.76万元，占61.63%，毛利率约为15.68%；挖掘机结构件收入约为14 785.22万元，占18.44%，毛利率为7.78%。毛利率与其他行业相比并不算高，因此，该公司主营业务利润快速增长主要得益于销售额的增加。

但从财务会计报告分析，该公司每股经营活动产生的现金流量净额为0.10元，远低于每股收益0.321元，且公司应收账款余额由年初的11 338.11万元增至报告期末的17 375.08万元，增幅达到53.24%。另外，该公司投资收益达到7 285.37万元，占上半年净利润的68.8%，该项收入较去年同期增加6 014.98万元，是2003年中期业绩提升的重要原因。但据公司半年报，其持股40%的参股公司——常州现代工程机械有限公司权益增加带来的投资收益为7 516.16万元，是其投资收益的主要来源，对于该笔收入的确认方式为权益法。另据公司报表，常州现代工程机械有限公司的销售额占常林股份的18.24%。此外，该公司的库存主要是产成品，2002年中期为16 944.64万元，2003年中期增至23 615.69万元，这部分产品的销售情况将直接影响之后的业绩。

(http://stock.stickstar.com/JA2008111000041308.shtml.)

[**思考**]　如何评价该公司2003年上半年的经营业绩？可以用什么方法评价该公司的业绩？导致该公司每股经营活动产生的现金流量净额远低于每股收益的原因是什么？

第一节　财务综合分析方法

一、财务综合分析概述

(一)财务综合分析的概念

在前面各章节中,我们已经介绍了企业偿债能力、营运能力、盈利能力、发展能力以及现金流量等各种财务分析指标。但单独分析任何一项财务指标就跟盲人摸象一样,不能全面评价企业的经营和财务状况。要全面分析,必须采取适当的方法,对企业财务进行综合分析与评价。所谓财务综合分析,就是将企业偿债能力、盈利能力和营运能力等方面的分析纳入一个有机的分析系统中,全面地对企业财务状况、经营状况进行剖析和分析,从而对企业经济效益做出较为准确的评价和判断。

(二)财务综合分析信息需求者

财务综合分析信息需求者主要包括权益投资者、债权人、经理人员、政府机构和其他与企业有利益关系的人。他们出于不同的利益考虑使用会计报表,对财务信息有着不同的要求。

1. 债权人

债权人是指借款给企业并得到企业还款承诺的人。债权人关心企业是否具有偿还债务的能力,可以分为短期债权人和长期债权人。

债权人的主要决策是决定是否给企业提供信用,以及是否需要提前收回债权。他们进行财务综合分析是为了回答以下几个问题:(1)企业为什么需要额外筹集资金;(2)企业还本付息所需资金的可能来源是什么;(3)企业对于以前的短期借款和长期借款是否按期偿还;(4)企业将来在哪些方面需要借款;等等。

2. 投资者

投资者是指企业的权益投资者,即普通股股东。普通股股东投资企业的目的是扩大自己的财富。他们所关心的是资本的保值增值状况、获利能力及风险等。

权益投资者进行财务综合分析是为了回答以下几个问题:(1)企业当期和长期的收益水平高低,以及企业收益是否容易受到重大变动的影响;(2)企业目前的财务状况如何,资本结构决定的风险和报酬如何;(3)与其他竞争者相比,企业处于何种地位;等等。

3. 经理人员

经理人员是指由被所有者聘用的、对企业资产和负债进行管理的个人所组成的团队,有时称为管理当局。

经理人员关心的是企业的财务状况、盈利能力和持续发展能力。经理人员可以获取外部使用人无法得到的内部信息。他们分析会计报表的主要目的是改善报表。

4. 政府机构有关人员

政府机构有关人员也是企业会计报表的使用人,包括税务部门、国有企业的管理部门、证券管理机构、会计监管机构和社会保障部门的有关人员。他们使用会计报表是为了履行自己的监督管理职责。

5. 其他人员

其他人员是指除上述 4 类以外的财务综合分析信息需求者。

(三)财务综合分析的目的和意义

财务综合分析正是要满足以上所述报表使用人的需求。一般来说,会计报表分析从偿债能力、营运能力、盈利能力和发展能力等角度对企业各项经济活动进行深入分析,对各个报表使用者了解企业的财务状况与财务成效,判断企业在某一方面的状况与业绩是十分有用的,但又很难对企业财务总体状况得出总体结论,因此,有必要在会计报表分析的基础上进行财务综合分析。财务综合分析不仅能够明确企业盈利能力、营运能力、偿债能力和发展能力之间的相互联系,找出制约企业发展的“瓶颈”,而且会计报表综合分析是财务综合评价的基础,通过财务综合分析有利于综合评价企业经营业绩,明确企业的经营水平与在行业中的位置。

二、财务综合分析的特点

财务综合分析的特点体现在其对财务指标体系的要求上。一个健全有效的综合财务指标体系必须具备以下三个基本特点:

(一)指标要素齐全适当

这是指所设置的评价指标必须能够满足对企业营运能力、偿债能力和盈利能力等诸方面总体考核的要求。

(二)主、辅指标功能匹配

这里强调两个方面:一是在确立营运能力、偿债能力和盈利能力诸多方面评价的主要指标与辅助指标的同时,进一步明晰总体结构中各项指标的主、辅地位;二是不同范畴的主要考核指标所反映的企业经营状况、财务状况的不同侧面与不同层次的信息有机统一,应当能够全面而翔实地揭示企业经营理财的实绩。

(三)满足多方面信息需要

这要求评价指标体系必须能够提供多层次、多角度的信息资料,既能满足企业内部管理当局实施决策的需要,又能满足外部投资者和政府经济管理机构凭以决策和实施宏观调控的要求。

三、财务综合分析的方法体系

(一)传统财务分析评价体系

运用较广泛的传统财务分析评价方法主要包括杜邦财务分析体系和沃尔比重评分法。杜邦财务分析体系是利用各财务指标之间的内在关系,对企业综合经营理财及经济效益进行评价的方法。其中,净资产收益率是一个综合性最强的财务指标,是杜邦指标系统的核心。

沃尔比重评分法将流动比率、产权比率、固定资产比率、存货周转率、应收账款周转率、固定资产周转率与自有资产周转率 7 项指标用线性关系结合起来,并分别给定各自的分数比重,然后通过与标准比率进行比较确定各项指标的得分及总体指标的累计分数,从而对企业的信用水平做出评价。

(二)现代财务分析评价方法

自亚历山大·沃尔创建沃尔比重评分法以来,财务评价问题一直是国外财务学界研究的热点,并出现了诸多财务评价方法,如平衡计分卡、经济增加值及供应链绩效衡量等,虽然我国的不少企业已将它们运用于实践,但仍存在问题。

四、财务综合分析方法的应用原则

(一)信息资料充分原则

信息资料充分原则是进行财务综合分析的前提,只有拥有充分的资料,才能使分析结果具有可靠性,充分说明分析结果。

(二)定性分析与定量分析相结合原则

定性分析就是对研究对象进行质的方面的分析,具体地说,是运用归纳和演绎、分析和综合以及抽象和概括等方法,对获得的各种材料进行思维加工,从而能去粗取精、去伪存真、由此及彼、由表及里,达到认识事物本质、揭示内在规律的目的。定量分析可以使人们对研究对象的认识进一步精确化,更加科学地揭示规律、把握本质、理清关系,预测事物的发展趋势。进行财务综合分析时,定量分析同样是必不可少的。定性分析是对事物质的判断,而定量分析是通过一定的量去反映质的状态和变化,两者充分结合,从而全面系统地得出分析结论,提高分析结果的全面性和可使用性。

(三)静态分析与动态分析相结合原则

静态分析就是分析经济现象的均衡状态以及有关的经济变量达到均衡状态所具备的条件,它完全抽象掉了时间因素和具体的变化过程,是一种静止地、孤立地考察某种经济事物的方法。静态分析只分析经济现象达到均衡时的状态和均衡条件,不考虑经济现象达到均衡状态的过程。而动态分析是对经济变动的实际过程进行的分析,其中包括分析有关变量在一段时间内的变动、这些经济变量在变动过程中相互影响和彼此制约的关系,以及它们在每一个时点上变动的速率等。动态分析法的一个重要特点是考虑时间因素的影响,并把经济现象的变化当作一个连续的过程看待。静态分析能说明某一时点上的状态,动态分析能反映某一时间段内相关数据变动的方向及发展趋势,两者结合运用为进行预测、决策等多方面分析提供了很好的依据。

第二节　杜邦财务分析体系

一、杜邦分析体系的含义和特点

杜邦分析体系又称杜邦财务分析体系,简称杜邦体系,是利用各主要财务比率之间的内在联系,对企业财务状况和经营成果进行综合系统评价的方法。该体系是以权益净利率为"龙头",以总资产净利率和权益乘数为核心,重点揭示企业获利能力及杠杆水平对权益净利率的影响,以及各相关指标之间的相互作用关系。因其最初由美国杜邦公司成功应用,所以得名。

杜邦分析法的特点在于:它通过集中主要财务比率之间的相互关系,全面、系统、直观地反映企业的财务状况,从而大大节省了会计报表使用者的时间。

二、杜邦分析法的步骤

第一步,从净资产收益率开始,根据会计资料(主要是资产负债表和利润表)逐步分解计算各指标。由于杜邦分析法已经找出各个主要指标的内在关系，因此，首先要把这些指标分解，直接从资产负债表或者利润表取得数据并计算得出结果。

第二步，将计算出的指标填入杜邦分析图。杜邦分析图清楚地列示了各个指标之间的关系，把计算出的结果填入图中更有利于进行综合分析。

第三步，逐步进行前后期对比分析，也可以进一步进行企业之间的横向对比分析。取得各指标数据后，就可以采用各种方法来评价企业各个期间以及不同企业之间的财务差异。

三、杜邦分析体系的基本框架

(一)杜邦分析法的图解

图 8－1 是杜邦分析法的图解，从中可以看到指标的分解过程及各指标间的联系。它给出了一个相对完整的指标体系。

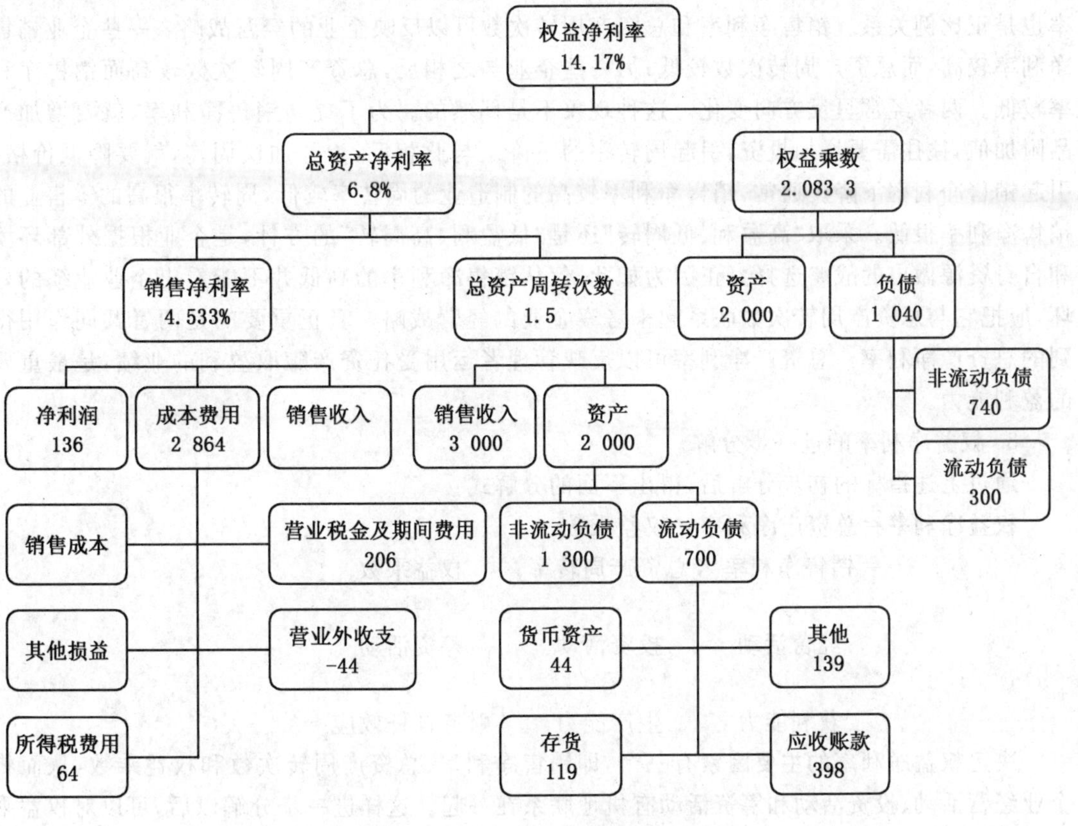

图 8－1　杜邦分析体系的基本框架

该体系是一个多层次的财务比率分解体系。各项财务比率可在每个层次上与本企业历史或同业财务比率比较，之后向下一级分解，逐级分解，逐步覆盖企业经营活动的每个环节，以实现系统、全面评价企业经营成果和财务状况的目的。

1. 权益净利率的分解

权益净利率是分析体系的核心比率，具有很好的可比性，可用于不同企业之间的比较。由于资本具有逐利性，总是流向投资报酬率高的行业和企业，因此，各企业的权益净利率比较接近。如果一个企业的净利率经常高于其他企业，就会引来竞争者，迫使该企业的权益净利率回到平均水平。如果一个企业的权益净利率经常低于其他企业，就得不到资金，会被市场驱逐，从而使幸存企业的权益净利率提升到平均水平。权益净利率不仅有很好的可比性，而且有很强的综合性。杜邦分析图中第一层次的分解是把权益净利率分解为总资产净利率和权益乘数的乘积，那么，总资产净利率和权益乘数与权益净利率呈正比例关系。无论是提高总资产净利率还是提高企业的权益乘数，都能达到提高企业权益净利率的目的，进而把总资产净利率分解为净利润和资产总额两个因素，把权益乘数分解为资产总额和所有者权益两个因素，揭示净利润的提高和所有者权益的相对减少会提高净资产收益率；反之则反是。其中，权益乘数的提高意味着企业负债的增加，反映财务杠杆的正效应对企业的有利影响。

2. 总资产净利率的分解

总资产净利率在杜邦分析体系中属于第二层次的指标，综合性也很强，对它的分解如下：把总资产净利率分解为销售净利率和总资产周转次数两个指标，并且两个指标和总资产净利率也是正比例关系。销售净利率和总资产周转次数可以反映企业的经营战略。一些企业销售净利率较高，而总资产周转次数较低；另一些企业与之相反，总资产周转次数较高而销售净利率较低。两者经常呈反方向变化。这种现象不是偶然的。为了提高销售净利率，就要增加产品附加值，往往需要增加投资，引起周转率的下降。与此相反，为了加快周转，就要降低价格，引起销售净利率下降。通常，销售净利率较高的制造业的周转率较低，周转率很高的零售业的销售净利率很低。采取“高盈利、低周转”还是“低盈利、高周转”的方针，是企业根据外部环境和自身资源做出的战略选择。正因为如此，仅从销售净利率的高低并不能看出企业业绩的好坏，应把它与总资产周转次数联系起来考察企业的经营战略。真正重要的是两者共同作用得到的总资产净利率。总资产净利率可以反映管理者运用受托资产赚取盈利的业绩，是最重要的盈利能力。

3. 权益净利率的进一步分解

通过上述指标的初步分解后，得出下面的分解式：

权益净利率＝总资产净利率×权益乘数

＝销售净利率×总资产周转率× 权益乘数

销售净利率	总资产周转率	权益乘数
⇩	⇩	⇩
经营活动	投资活动	筹资活动
⇩	⇩	⇩
获利能力	生产能力	财务杠杆效应

决定权益净利率的主要因素有三个，即销售净利率、总资产周转次数和权益乘数，从而将企业经营活动、投资活动和筹资活动有机地联系在一起。这样进一步分解以后，可以对权益乘数这一综合指标发生变化的原因进行更具体、更细化的分析。

4. 销售净利率的分解

为了更加清晰、深入地分析权益净利率变化的原因，可以对销售净利率做更细致的分解。销售净利率的分解式如下：

$$\text{销售净利率}=\frac{\text{净利润}}{\text{销售收入}}\times 100\%$$

式中的营业收入为扣除销售折扣、售后退回和销售折让后的营业收入净额；除了通常意义上的营业成本外，式中的营业成本还包含期间成本、税金及附加和资产减值损失。

对销售净利率的分解实际上就是间接地对权益净利率的分解，这样就对权益净利率进行了部分的层层分解。当然，这种分解还可以继续进行下去。之所以进行这样的分解，实际上是要找出引起权益净利率变动的真正原因，然后发挥优势、改进劣势，使企业向着更健康的方向发展。

5. 权益乘数的分解

权益乘数表示企业的负债程度，反映了企业利用财务杠杆进行经营活动的程度。资产负债率高，权益乘数就大，则企业负债程度就高，企业会有较多的杠杆利益，但风险也大；反之，资产负债率低，权益乘数就小，则企业负债程度低，企业会有较少的杠杆利益，但相应所承担的风险也小。权益乘数的分解式如下：

$$\text{权益乘数}=\frac{\text{资产总额}}{\text{股东权益总额}}=\frac{1}{1-\text{资产负债率}}$$

从公式可以看出，负债比重越高，资产负债率越大，权益乘数越高，即权益乘数与负债比重同方向变动。

(二)杜邦分析法信息解读

1. 企业获利能力信息

权益净利率是杜邦分析体系的核心指标，其他各项指标都是围绕这一核心，通过研究彼此之间的依存制约关系，揭示企业的获利能力及其前因后果。财务管理的目标是使所有者财富最大化。权益净利率反映所有者投入资金的获利能力，反映筹资、投资、资产营运等活动的效率，提高权益净利率是实现财务管理目标的基本保证。权益净利率取决于企业总资产净利率和权益乘数。总资产净利率主要反映企业运用资产进行生产经营活动的效率，而权益乘数则主要反映企业的资金来源结构。

2. 企业经营效率信息

总资产净利率又称总资产收益率，是反映企业活力的一个重要的财务比率，它揭示了企业生产经营活动的效率，综合性极强。企业的营业收入、成本费用、资产结构、资产周转速度以及资金占用量等各种因素都直接影响总资产净利率的高低。总资产净利率是销售净利率与总资产周转率的乘积，因此，可以从企业的销售活动与资产管理两个方面进行分析。

3. 企业生存能力信息

反映企业盈利能力、生产能力、成本管理水平等信息的指标是销售净利率(也称销售利润率)。销售净利率反映了企业净利润与营业收入的关系，是提高权益净利率的关键指标，也是企业生存的关键因素之一。在企业的销售净利率为正数时，企业营业收入和净利润增加。但是，要提高企业的销售净利率，单单靠提高营业收入是不行的。销售净利率是一个相对指标，它的提高主要靠改变成本总额与营业收入的比例，也就是降低成本费用。杜邦分析体系分析列示了各项成本费用。通过分析成本费用的结构是否合理，可以发现企业在成本费用方面存在的问题，为加强成本费用管理提供依据；同时，通过对成本费用的分析，找出降低成本费用的关键所在，降低耗费，增加利润。提高企业的销售收入是一个复杂的问题。要提高销售收入，必然要占领市场。而要占领市场，一定要有较强的生产能力、产品创新能力、产品质量保证能力和产品营运能力。

4. 企业资产方面信息

(1)分析企业的资产结构是否合理，即流动资产与非流动资产的比例是否合理。资产结构实际上反映了企业资产的流动性，它不仅关系到企业的偿债能力，而且会影响企业的获利能力。一般来说，如果企业的流动资产中货币资金占的比重过大，就应当分析企业现金持有量是否合理，有无现金闲置现象，因为过量的现金会影响企业的获利能力；如果流动资产中的存货和应收账款过多，就会占用大量资金，影响企业的资金周转。

(2)结合营业收入，分析企业的资产周转情况。资产周转速度直接影响企业的获利能力。如果企业资产周转较慢，就会占用大量资金，增加资金成本，减少利润。对企业资产周转情况的分析，不仅要分析企业总资产周转率，更要分析企业的存货周转率和应收账款周转率，并将其周转情况与资金占用情况结合分析。

从上述两个方面的分析可以发现企业资产管理方面存在的问题，以便加强管理，提高资产的利用效率。

从杜邦分析体系可以看出，企业的获利能力涉及生产经营活动的方方面面。权益净利率与企业的筹资结构、销售规模、成本水平、资产管理等因素密切相关，这些因素构成一个完整的系统，系统内部各因素之间相互作用。只有协调好系统内部各个因素之间关系，才能使权益净利率得到提高，从而实现企业价值最大化的理财目标。

四、权益净利率的驱动因素分解

该分析体系要求在每一个层次上进行财务比率的比较和分解。通过与上年比较可以识别变动的趋势，通过与同业比较可以识别存在的差距。分解的目的是识别引起变动(或产生差距)的原因并衡量其重要性，为后续分析指明方向。

【例8－1】 某公司权益净利率本年与上年的比较和分解如下：

权益净利率＝销售净利率×总资产周转次数×权益乘数

本年权益净利率＝4.533％×1.5×2.083 3＝14.17％

上年权益净利率＝5.614％×1.696 4×1.909 1＝18.18％

权益净利率变动＝14.17％－18.18％＝－4.01％

与上年相比，该公司股东的报酬率下降了，公司整体业绩不如上年。影响权益净利率变动的不利因素是销售净利率和总资产周转次数下降，有利因素是财务杠杆提高。

利用连环替代法可以定量分析它们对权益净利率变动的影响程度：

(一)销售净利率变动的影响

按本年销售净利率计算的上年权益净利率＝4.533％×1.696 4×1.909 1＝14.68％

销售净利率变动的影响＝14.68％－18.18％＝－3.5％

(二)总资产周转次数变动的影响

按本年销售净利率、总资产周转次数计算的上年权益净利率＝4.533％×1.5×1.909 1＝12.98％

总资产周转次数变动的影响＝12.98％－14.68％＝－1.7％

(三)财务杠杆变动的影响

通过分析可知，最重要的不利因素是销售净利率降低，使权益净利率减少3.5％；其次是总资产周转次数降低，使权益净利率减少1.7％。有利的因素是权益乘数提高，使权益净利率增加1.19％。不利因素超过有利因素，所以权益净利率减少4.01％。由此应重点关注销售净利率降低的原因。

在分解之后进入下一层次的分析，分别考察销售净利率、总资产周转次数和财务杠杆的变动原因。

五、杜邦分析体系的局限性

杜邦分析体系虽然被广泛使用，但也存在某些局限性：

(一)计算总资产净利率的“总资产”与“净利润”不匹配

总资产为全部资产提供者享有，而净利润则专属于股东，两者不匹配。由于总资产利润率的“投入”与“产出”不匹配，因此，该指标不能反映实际的报酬率。为了改善该比率，要调整分子和分母。

为企业提供资产的人包括无息负债的债权人、有息负债的债权人和股东。无息负债的债权人不要求分享收益，要求分享收益的是股东和有息负债的债权人。因此，需要计算股东和有息负债债权人投入的资本，并且计量这些资本产生的收益，两者相除才是合乎逻辑的总资产净利率，才能准确反映企业的基本盈利能力。

(二)没有区分经营活动损益和金融活动损益

杜邦分析体系没有区分经营活动和金融活动。对于大多数企业来说，在金融市场上主要是筹资，而不是投资。筹资活动不产生净利润，而是支出净费用。这种筹资费用是否属于经营活动费用，在会计准则制定过程中存在很大争议，各国会计准则对此的处理不尽相同。从财务管理角度看，企业的金融资产是尚未投入实际经营活动的资产，应将其与经营资产相区别。与此相对应，金融损益也应与经营损益相区别，才能使经营资产与经营损益匹配。因此，正确计量基本盈利能力的前提是区分经营资产和金融资产、经营损益和金融损益。

(三)没有区分金融负债与经营负债

既然要把金融活动分离出来单独考察，就需要单独计量筹资活动成本。负债的成本(利息支出)仅仅是金融负债的成本。经营负债是无息负债。因此，必须区分金融负债与经营负债，利息与金融负债相除才是真正的平均利息率。此外，区分金融负债与经营负债后，金融负债与股东权益相除，可以得到更符合实际的财务杠杆。经营负债没有固定成本，本来就没有杠杆作用，将其计入财务杠杆会歪曲杠杆的实际效应。

第三节　沃尔比重分析法

一、沃尔比重分析法的原理

沃尔比重分析法是由美国银行家亚历山大·沃尔在20世纪初提出并使用的方法。他选择了7个财务比率，即流动比率、产权比率、固定资产比率、存货周转率、应收账款周转率、固定资产周转率和自有资金周转率，分别给定各指标的比重，然后确定标准比率(以行业平均数为基础)，将实际比率与标准比率相比，得出相对比率，将此相对比率与各指标比重相乘得出总评分，总和为100分。后来，亚历山大·沃尔又提出了综合比率评价体系，把若干个财务比率用线性关系结合起来，以此来评价企业的财务状况。沃尔比重分析法是将选定的财务比率用线性关系结合起来，并分别给定各自的分数比重，然后通过与标准比率进行比较，确定各项指标的得分及总体指标的累计分数，从而对企业的信用水平做出评价的方法。

二、沃尔比重分析法的基本程序

（一）选定评价企业财务状况的财务指标

财务指标的选择首先要符合现行财务制度的规定，所选择的指标要能反映财务特征，数量既要充分，又要适当。所选各项指标应尽量保持方向上的一致性，尽量选择正指标，不要选择负指标。评价企业的财务状况不外乎从盈利能力、偿债能力、营运能力和发展能力等各方面考虑，所以指标的选择要囊括这几个方面。1995 年财政部颁布了一套企业经济效益评价指标体系，主要包括：

①销售净利率＝净利润÷销售收入

②总资产净利率＝净利润÷平均资产总额

③资本收益率＝净利润÷实收资本

④资本保值增值率＝期末所有者权益总额÷期初所有者权益总额

⑤资产负债率＝负债总额÷资产总额

⑥流动比率（速动比率）＝流动资产（速动资产）÷流动负债

⑦应收账款周转率＝赊销净额÷平均应收账款余额

⑧存货周转率＝产品销售成本÷平均存货成本

⑨社会贡献率＝企业社会贡献总额÷平均资产总额

⑩社会累计率＝上缴国家财政总额÷平均资产总额

上述指标可以分成四类：①～④为获利能力指标，⑤和⑥为偿债能力指标，⑦和⑧为营运能力指标，⑨和⑩为社会贡献指标。

（二）确定重要性系数

重要性系数是指某项指标达到其标准值（行业平均水平或理想值）时可以得到的分数，或称标准评分值，也就是各项财务指标得分的权重。各项财务指标的标准评分值之和应等于 100 分。

重要性系数的确定是财务比率综合评分法的一个重要问题，直接影响对企业财务状况的评分。重要性系数应根据各项财务指标的重要程度加以确定。某项指标的重要程度应根据企业的经营活动性质、生产经营规模、市场形象和分析者的分析目的等因素来确定。例如，上述财政部颁布的企业经济效益评价指标体系标准值的重要性权数总计为 100 分，其中销售净利率为 15 分、总资产净利率为 15 分、资本收益率为 15 分、资本保值增值率为 10 分、资产负债率为 5 分、流动比率（速动比率）为 5 分、应收账款周转率为 5 分、存货周转率为 5 分、社会贡献率为 10 分、社会累计率为 15 分。

（三）确定各项财务指标的标准值

财务指标的标准值是指各指标在本行业现实条件下的理想数值。标准的财务指标是指特定的国家、行业、时期的财务指标，通常是行业平均指标。行业平均指标一般是根据行业中部分企业抽样调查得来的，因为行业中不同企业所采用的会计方法不一定相同，每个企业的经营状况也可能存在较大差异，这些都会影响指标限值的代表性。因此，要根据实际情况对行业平均财务指标进行必要的修正，尽量保证财务指标限值的科学性、代表性。

(四)计算企业在一定时期各项财务指标的实际值

$$资产净利率=\frac{净利润}{资产总额}\times 100\%$$

$$销售净利率=\frac{净利润}{销售收入}\times 100\%$$

$$净值报酬率=\frac{净利润}{净资产}\times 100\%$$

$$自有资本比率=\frac{净资产}{资产总额}\times 100\%$$

$$流动比率=\frac{流动资产}{流动负债}\times 100\%$$

$$应收账款周转率=\frac{赊销净额}{平均应收账款余额}\times 100\%$$

$$存货周转率=\frac{产品销售成本}{平均存货成本}$$

$$销售增长率=\frac{销售增长额}{基期销售额}\times 100\%$$

$$净利增长率=\frac{净利增长额}{基期净利}\times 100\%$$

$$资产增长率=\frac{资产增长额}{基期资产总额}\times 100\%$$

(五)计算关系比率

计算各项财务指标实际值与标准值的比率，即关系比率。关系比率总的来说等于财务指标的实际值与标准值的比值，具体计算方法要区分以下三种情况：

凡实际值大于标准值为理想的，其计算公式为：

$$关系比率=1+\frac{实际值-标准值}{标准值}$$

$$或=\frac{实际值}{标准值}$$

凡实际值小于标准值为理想的，其计算公式为：

$$关系比率=1+\frac{标准值-实际值}{实际值}$$

凡实际值脱离标准值为不理想的，其计算公式为：

$$关系比率=1+\frac{|实际值-标准值|}{标准值}$$

(六)计算各项财务指标的实际得分

各项财务指标的实际得分是关系比率和标准评分值(权数)的乘积，每项财务指标的得分都不得超过上限或下限，所有各项财务指标实际得分的合计数就是企业财务状况的综合得分。如果综合得分接近或大于100分，说明企业财务状况良好，符合或高于行业平均水平。如果综合得分低于100分，说明企业财务状况存在问题，各项财务能力较差。综合实际得分的计算公式如下：

$$综合实际得分=\sum 权数\times 关系比率$$

沃尔比重分析法是评价总体财务状况的一种比较可取的方法，但这一方法的正确性取决于指标的选定、标准值的合理程度、标准值重要性权数的确定等。

三、沃尔比重分析法的应用举例

【例8—2】 某公司相关指标的计算见表8—1。

表8—1 **沃尔比重分析法**

项数	指　标	评分值 ①	标准值 ②	实际值 ③	关系比率 ④=③÷②	得分值 ⑤=①×④
1	流动比率	15	2	2.96	1.48	22.20
2	速动比率	10	1	2.42	2.42	24.20
3	资产负债率	10	50%	21.88%	0.44	4.40
4	应收账款周转率	5	6	3.52	0.59	2.95
5	存货周转率	10	5	6.90	1.38	13.80
6	资产周转率	15	1	1.07	1.07	16.05
7	销售利润率	10	20%	23.63%	1.18	11.80
8	资产收益率	10	15%	25.37%	1.69	16.90
9	净资产收益率	15	28%	33.24%	1.19	17.85
10	合　计	100				130.15

上述指标中,1～3项是评价企业偿债能力的指标,4～6项是评价企业营运能力的指标,7～9项是评价企业盈利能力的指标。这9项指标为沃尔比重分析法的主要指标,在操作时可以根据实际情况进行适当增减。另外,在这些指标中,还缺少反映企业贡献能力和成长能力的指标,也应该加以考虑。

从表8—1可以看出,该公司的得分为130.15分,说明其财务状况良好。除了资产负债率和应收账款周转率外,其他指标都高于行业平均水平,这说明该公司的盈利能力很强,盈利水平较高。资产负债率反映企业偿还债务的综合能力,一般情况下,资产负债率越小,表明公司长期偿债能力越强,如果该指标过小,则表明公司对财务杠杆利用不够。该公司21.88%的资产负债率是很低的,不及标准值的一半。这一方面说明该公司资产安全性较强,权益资本较多,资产对负债的保障程度较高,长期偿债能力较强,降低了公司的财务风险;另一方面说明公司利用较多的自有资本投资形成生产经营用资产,财务杠杆利用不充分。该公司流动比率和速动比率都高于标准值,说明公司短期偿债能力较强,符合短期债权人的利益。但从公司经营角度看,过高的流动比率通常意味着公司闲置现金持有量过多,必然造成公司机会成本的增加和获利能力的降低。一般情况下,应收账款周转率越高越好。应收账款周转率高,表明收账迅速,账龄较短;资产流动性强,短期偿债能力强;可以减少收账费用和坏账损失,从而相对增加公司流动资产的投资收益。该公司较低的应收账款周转率(3.52次)应引起足够重视,这是否会影响公司的短期偿债能力需要加以关注。较低的应收账款周转率将增加公司的收账费用和坏账损失,降低公司资产的营运能力和流动资产的投资收益。

四、沃尔比重分析法的缺陷及改进

(一)沃尔比重分析法的主要缺陷

第一,沃尔比重分析法选择的指标并不能全面地反映企业的财务状况。表 8—1 中的比例主要是衡量企业的短期流动性(周转速度是其重要影响因素),用它来评价企业的短期偿债能力尚可,但若用于更广泛或更综合的财务分析则显然不够。即便在后来的应用中增加了其他的比率项目,仍然不能很好地解决比率选择上主观随意性较强的问题。

第二,对这些比率权重的赋予具有很大的主观随意性。例如,上述案例中,给流动比率 15 分,而应收账款周转率只给 5 分。实际上,后者衡量的周转速度是决定前者中流动资产质量(流动性强弱)的重要因素,这么做是厚此薄彼。

第三,财务比率标准值的确定显然也是经验性的。不同行业、不同规模的企业,甚至同一企业的不同时期,对各个财务比率所要求的"合理状态"是千差万别的,选择一个唯一性的数值作为标准是不合理的。

第四,评分规则很不合理。从该方法的评分规则看,比率的实际值越高,其单项得分就越高,企业的总体评价就越好,这并不符合企业的实际与常识。例如,流动比率并非越高越好,因为这将对企业的盈利能力与发展能力造成不利影响,并削弱其长期偿债能力。

(二)沃尔比重分析法的改进

第一,财务比率的选择要有个相对系统、全面、灵活而有针对性的框架。系统性就是要兼顾企业的偿债能力、资产营运能力、盈利能力、发展能力等几个基本方面;全面性就是这几个基本方面要选择足够的、能较充分地衡量它的财务比率;灵活性与针对性是指可以根据不同的分析目的对这几个基本方面所赋予的权重进行调整。

第二,对各财务比率权重的赋予要更谨慎、更合理地在以上几个基本方面进行分配,还要注意财务比率之间的联系,越是基础的比率应赋予越高的权重。例如,在反映企业短期偿债能力的财务比率中,速动比率就应赋予比流动比率更高的权重。

第三,财务比率的标准值既然是经验性的,也就不存在绝对正确、唯一的"标准答案",因而用一个合理的区间来代替某个具体的值显然更合理,也更稳健。

第四,改进评分规则,使理论得分值能更符合企业的实际状况。例如表 8—1 对流动比率的评分,既然流动比率不能过低(会危及偿债能力),也不能过高(会削弱盈利能力与发展能力),那么,合理的评分规则就应改进如下:设实际值为 r,得分为 S,权重为 w。当 $r<2$ 时,$S=w$,此时实际值越低越不好;当 $r>3$ 时,$S=w$,此时实际值越高越不好。其中,2.5 是 2～3 这个区间的平均值。

沃尔比重分析法的应用需要一定的改进以适应综合财务分析的对象。除此之外,即便对这种方法不断予以改进,也难以完全解决该方法本身必然具有的主观随意性问题,因为它的应用要求较多的经验性或意会性知识。因此,这种方法最好是用于企业对自身的分析和评价。若用于外部人员对企业的评价,则即便是让专家来打分,也难以弥补他们在所需的"意会性知识"上存在的较严重的不足。

本章小结

会计报表综合分析是系统、全面、综合地对企业财务状况、经营成果及现金流量进行剖析、解释和评价，说明企业整体财务状况和效益的优势。本章分别介绍了综合财务分析方法、杜邦财务分析体系和沃尔比重分析法。

会计报表综合分析与财务单项分析相比，分析目的、分析方法、分析重点和比较基准不同。

杜邦财务分析体系综合考虑了企业的盈利能力、资产营运能力与利用财务杠杆的程度，利用这些指标的内在联系，综合、系统地分析企业的财务状况及其经济效益。杜邦财务分析体系的关键在于对指标的理解和运用。

沃尔比重分析法是较早的财务状况综合评价理论。虽然它在理论上还有待证明，在技术上也不完善，但它在实践中应用广泛。

练习题

一、单项选择题

1. 下列财务比率中，综合性最强、最具有代表性的指标是（　　）。

A. 总资产周转率　　　　B. 净资产周转率

C. 销售净利率　　　　D. 成本利润率

2. 在杜邦财务分析体系中，假设其他情况相同，下列说法中错误的是（　　）。

A. 权益乘数越大，则财务风险越大

B. 权益乘数越大，则资产净利率越大

C. 权益乘数越大，则净资产利润率越大

D. 权益净利率是产权比率的倒数

3. 通过杜邦财务分析体系可知，提高净资产利润率的途径不包括（　　）。

A. 加强销售管理，提高销售净利率

B. 加强资产管理，提高其利用率和周转率

C. 加强负债管理，降低资产负债率

D. 加强负债管理，提高产权比率

4. 评价企业短期偿债能力强弱最可信的指标是（　　）。

A. 已获利息倍数　　　　B. 速动比率

C. 流动比率　　　　D. 现金流动负债比率

5. 产权比率和权益乘数的关系是（　　）。

A. 权益乘数＝1＋产权比率

B. 权益乘数＝1÷(1－产权比率)

C. 权益乘数＝(1＋产权比率)÷产权比率

D. 权益乘数＝产权比率

6. 在其他条件不变的情况下，下列经济业务中可能导致总资产报酬率下降的是（　　）

A. 用银行存款购入一台设备　　B. 用银行账款支付一笔销售费用
C. 将可转换债券转换为优先股　　D. 用银行存款归还银行借款

7. 采用沃尔比重分析法计算企业综合评分大于100分的，说明该企业财务状况(　　)。
A. 良好　　B. 一般　　C. 较差　　D. 不反映财务状况

二、多项选择题

1. 下列各项中，属于反映企业对国家或社会贡献情况的指标有(　　)。
A. 社会贡献率　　B. 资本保值增值率
C. 社会积累率　　D. 总资产净利率

2. 净资产收益率指标的影响因素有(　　)。
A. 销售净利率　　B. 成本利润率
C. 总资产周转率　　D. 权益乘数

3. 根据沃尔比重分析法原理，评价企业综合财务状况的指标体系中包括(　　)。
A. 资产负债率　　B. 净资产收益率
C. 总资产周转率　　D. 销售增长率

4. 提高净资产收益率的途径有(　　)。
A. 扩大销售收入　　B. 节约成本费用
C. 减少不必要的资金占用　　D. 提高资产负债率

5. 提高主营业务净利率最直接的途径有(　　)。
A. 增强偿债能力　　B. 扩大主营业务收入
C. 降低成本费用　　D. 提高发展能力

6. 杜邦分析体系提供的财务信息可以为(　　)提供基本思路。
A. 决策者优化理财结构　　B. 提高净值利润率的根本途径
C. 揭示财务指标变动的原因和趋势　　D. 决策者优化经营结构

三、判断题

1. 综合分析可以分为流动性分析、盈利性分析、财务风险分析等。(　　)
2. 最能体现企业经营目标的财务指标是净资产收益率。(　　)
3. 杜邦财务分析法与沃尔比重分析法都可用于企业财务状况综合分析。(　　)
4. 权益乘数的大小取决于企业的资本结构，负债比率越高，权益乘数越大，财务风险越大。(　　)
5. 在总资产净利率不变的情况下，资产负债率越低，企业净资产收益率就越高。(　　)

四、简答题

1. 简述会计报表综合分析及其特点。
2. 杜邦分析体系涉及的主要指标有哪些？它们之间存在怎样的关系？
3. 简述杜邦分析法的缺陷。
4. 简述沃尔比重分析法的内容及其应用价值。

五、业务题

ABC股份有限公司2012年的销售净利率为16%，总资产周转率为0.5次，权益乘数为2.5，权益净利率为20%；2013年销售收入为400万元，实现净利润70万元。该公司2013年简易资产负债如表8—2所示。

表8—2 **资产负债表(简表)**

编制单位：ABC股份有限公司 2013年度 单位：万元

资　产	年初数	年末数	负债和所有者权益	年初数	年末数
流动资产			流动负债合计	115	140
货币资产	50	45	长期负债合计	235	230
应收账款	60	90	负债合计	350	370
存货	95	144	所有者权益合计	350	380
待摊费用	20	36			
流动资产合计	225	315			
固定资产	475	435			
资产总计	700	750	负债与所有者权益总计	700	750

要求：

(1)分析ABC股份有限公司2013年的流动比率、速动比率、资产负债率和权益乘数。

(2)分析计算ABC股份有限公司2013年的总资产周转率、销售净利率和权益净利率。

(3)运用杜邦财务分析体系对ABC股份有限公司的财务状况进行综合分析，并画出杜邦分析图。

第九章 财务分析报告

学习目标

本章重点介绍了财务分析报告的含义、作用、撰写方法和步骤。通过本章学习，了解财务分析报告的类型、特点及撰写时应注意的问题。

引导案例

在《财报就像一本故事书》中，作者将资产负债表比喻成了企业财务管理工作最重要的利器，把利润表当作正确评价经理人绩效的工具，借助现金流量表来评估企业能否在市场中继续存活和竞争，提醒企业在加速前进的同时别忘记时刻注意油箱里的油量，把股东权益变动表视为管理层是否公平对待股东的最重要信息，让投资者明白到底是谁"动了我的奶酪"。财务报表如此重要，我们当然要分析它。进行财务报表分析后必须出具分析报告，以反映分析的结果，尤其是半年度和年度财务报表分析后一般需要撰写一份财务综合分析报告。财务分析报告在经济管理工作中的应用十分广泛。因此，财务分析报告的撰写首先要结合当前生产经营的情况和财务管理的具体要求，抓住重点、关键问题，然后层层分解，抓住问题产生的本质原因，切忌面面俱到。同时，要定性分析与定量分析相结合，肯定成绩与剖析缺点相结合，分析结论要有确凿的数据作依据，并且做到层次清楚、语言简练。

[**思考**] 财务分析报告的类型和特点是什么？撰写财务分析报告的步骤有哪些？

第一节 财务分析报告概述

一、财务分析报告的含义

财务分析报告是反映企业财务状况和财务成果的报告性书面文件。撰写财务分析报告是对财务分析工作的概括和总结的重要环节。财务分析人员将财务分析评价结果向会计报表使用者报告，以便他们通过财务分析报告了解企业的财务状况、经营成果、发展前景及存在的问题，从而做出科学、合理的决策；同时，财务分析报告也是财务分析人员分析工作的最终成果，其撰写质量的高低直接反映报表分析人员的业务能力。可见，财务分析报告是会计报表使用者做出决策的依据，也是财务分析人员工作能力的最好体现，相关人员应予以足够的重视。

二、财务分析报告的作用

财务分析报告是投资者、债权人、经营者、政府有关部门及其他财务报表使用者客观地了解企业财务状况和经营成果必不可少的资料，历年的财务分析报告也是企业进行财务管理的动态分析、科学预测和决策的依据。因此，财务分析报告对于各个会计报表使用者而言，具有十分重要的作用。但因财务分析主体的不同，财务分析报告的作用也不同。

(一)企业的投资者

通过财务分析报告，企业的投资者可以总括地了解企业的盈利能力和经营风险，做出是否投资的决策。

在一般情况下，投资者并不参与企业的经营管理，但企业经营情况关系到其切身利益，他们只能通过专门从事报表分析的人员提供的财务分析报告来了解企业的资产运营和盈利能力、财务分配政策、财务结构、资产结构和财务规划，预测企业的发展趋势。如果企业的经营前景较好，投资者可以维持并追加投资；否则，就将转让股份以避免损失。

(二)企业的债权人

通过财务分析报告，企业的债权人可以总括地了解企业的盈利能力和偿债能力，做出是否出借资金或提供商业信用的决策。

债权人最关心的是企业能否按时偿还债务本金和利息。获利能力对偿债能力的影响很大，债权人常通过对获利能力和偿债能力进行专题分析而撰写的财务分析报告来获得企业短期和长期偿债能力以及债权人本身所承担的违约风险程度等信息，从而做出出借资金的数额及条件、利率水平、限制性条款以及提供商业信用的条件等决策。

(三)企业的经营者

通过财务分析报告，企业经营者可以及时了解企业当前的财务状况、经营成果和营运状况的全貌，并能针对企业经营活动中存在的各种问题及时提出改进措施，加强对企业的经营管理，提高企业的偿债能力、盈利能力、营运能力和资本周转能力。经营者还可以根据历年的财务分析报告对企业经营管理活动进行动态分析，并以其作为进行科学预测和决策的依据。

企业经营者进行财务分析是为了了解企业资产的收益能力和流动性，企业资产存量结构、权益结构，预测企业未来的收益能力和流动性，进行财务筹资、投资决策，评价企业各项决策的执行情况；是为了取得投资者和债权人的支持，改善财务决策，其所做的财务分析报告最全面、最具有代表性，也最有说服力。

(四)政府有关部门

通过财务分析报告，上级主管部门与财政、税务部门等政府部门要关注企业投资所产生的社会效应和经济效益，在谋求资本保全的前提下，期望能够同时带来稳定增长的财政收入。政府考核企业经营理财状况，不仅需要了解企业资金占用的使用效率、为国家纳税的情况，有效地组织和调整社会资金的配置，而且要借助财务会计报告分析检查企业是否存在违法违纪问题，最后通过综合分析，对企业的发展后劲以及对社会的贡献程度进行分析考察。

三、财务分析报告的类型及其特点

了解财务分析报告的分类有助于掌握各类不同内容分析报告的特点，按不同的要求撰写财务分析报告。财务分析报告可按不同标准进行分类：

(一)财务分析报告按其分析的内容范围分类

企业一般应根据企业财务通则和行业会计制度的规定,结合其业务特点,既要对企业的财务活动进行综合分析,又要进行专题分析,有时根据具体需要进行简要分析,相应的财务分析报告也就是综合分析报告、专题分析报告和简要分析报告,各有不同的特点。

1. 综合分析报告

综合分析报告又称全面分析报告,是企业通过资产负债表、利润表、现金流量表、所有者权益变动表、会计报表附注及财务情况说明书、财务和经济活动所提供的信息及内在联系,运用一定的科学分析方法,对企业的业务经营情况,利润实现情况和分配情况,资金增减变动和周转利用情况,税金缴纳情况,存货、固定资产等主要财产的盘盈、盘亏、毁损变动情况及对本期或下期财务状况将发生重大影响的事项等做出客观、全面、系统的分析和评价,并进行必要的科学预测和决策而形成的书面报告。一般在对年度或半年度分析时采用这种类型。

综合分析报告具有内容丰富,涉及面广,对会计报表使用者做出各项决策有深远影响的特点。它还具有以下两个方面的明显作用:

(1)为当前企业财务管理及宏观上的重大财务决策提供科学依据。由于综合分析报告几乎涵盖了对企业财务各项指标的对比、分析和评价,通过分析,能够对企业经营成果和财务状况一目了然,及时发现存在的问题,因此,综合分析报告给企业的经营管理者做出当前和今后的财务决策提供了科学依据,也为政府部门、企业主管部门、投资者、债权人提供了多方面的财务信息。

(2)作为今后企业进行财务管理动态分析等的重要参考资料。综合分析报告主要在进行半年度、年度财务分析时撰写,必须对分析的各项母体内容的轻重缓急做出合理安排,既要全面又要抓住重点,还要结合上级主管部门和财税部门的具体要求进行,切忌力量均等、事无巨细、面面俱到。一般来说,对某些当前企业管理及宏观决策有直接、关键影响的问题做出重点分析,对其他问题则可相对粗略些,甚至可一笔带过。

2. 简要分析报告

简要分析报告是指对一些主要经济指标或在一定时期内存在的比较突出的问题进行扼要的分析,以观察企业财务活动的基本趋势和经营管理的改进情况而形成的书面报告。

简要分析报告具有简明扼要、切中要害的特点。通过分析,能反映和说明企业在分析期内业务经营基本情况、企业内累计完成各项经济指标的情况,并预测发展趋势。简要分析报告主要适用于定期分析,可按月、按季等编制。

3. 专题分析报告

专题分析报告又称单项分析报告,是指针对某一时期企业经营中的某些关键问题、重大经济措施或薄弱环节等进行专门分析后形成的书面报告。一些投资项目的效益测算报告也属于这种形式。

专题分析报告具有不受时间限制、一事一议、易被经营者接受、收效快的特点。因此,专题分析报告在企业经营工作中发挥着不可缺少的作用,主要体现在:

(1)专题分析报告一般采用两种形式:一种是对涉及面虽小,但对企业财务管理和生产经营状况有普遍或深远影响的事例进行专题分析,如银行降息对企业的影响等;另一种是涉及面宽,抓住其中的重点问题进行深入分析,如我国加入 WTO 后对企业影响的专题分析等。只要做到论据充分、分析有理,专题分析报告就能不断总结经验,引起有关领导和业务部门重视,从而提高管理水平。

(2)专题分析报告有助于对宏观、微观财务管理问题的进一步研究,为做出更高层次的财务管理决策提供有价值的思路。专题分析的内容很多,如关于企业清理积压库存、处理逾期应收账款方面的经验,企业对资金、成本、费用、利润等方面的预测分析等。如何处理母公司与分公司、子公司各方面的关系等问题均可进行专题分析和论述,从而为各级领导做出决策提供现实依据。专题分析不受时间约束,可根据经营管理的实际需要,不定期地进行,并形成专题分析报告,有利于总结经验、解决问题。

4. 典型分析报告

典型分析报告是指对某些典型事例或典型企业采取解剖"麻雀"的方法,详细进行各方面分析,以点带面,推动全面工作。

5. 分列对比分析报告

分列对比分析报告是指对所属单位的主要财务指标进行分列对比分析,以便找出差距,采取措施。

(二)财务分析报告按其分析的时间分类

1. 定期分析报告

定期分析报告一般是上级主管部门或企业内部规定的每隔一段时间给予编制和上报的财务分析报告,如目前由企业主管部门布置的半年度、年度编制和上报的综合财务分析报告及企业内部规定的每半年或一季度自行编制、供有关领导参阅的财务分析报告等。

2. 不定期分析报告

不定期分析报告是从企业财务管理和业务经营的实际需要出发编制和上报的时间不做统一规定的财务分析报告,如上述的专题分析报告就属于不定期分析报告。

第二节　财务分析报告写作

为了便于会计报表使用者根据财务分析报告了解企业财务状况、经营成果和资金变动情况,以便做出相应决策,充分发挥财务分析报告的作用,企业应按半年、全年财务决策的要求撰写全面财务分析报告。

一、财务分析报告的撰写步骤

(一)撰写前的资料准备

完成财务分析报告必须做好撰写前的必要准备工作,具体分为收集资料阶段和整理、核实资料阶段。

1. 收集资料阶段

收集资料阶段实质上是一个调查过程,深入、全面的调查是科学分析的前提。但调查一定要有目的地进行,只有收集大量的、丰富的、生动活泼的财务会计有关数据资料,财务分析报告才不致成为"无源之水,无本之木"。

(1)财务分析报告资料的内容

财务分析人员可以在日常工作中根据粗略制定的会计分析内容要点,经常收集和积累有关资料。这些资料既包括间接的书面资料，又包括从直属企业取得的第一手资料。分析人员主要应该收集以下几个方面的资料：

①会计资料

这主要是指与分析内容有关的会计报表、账簿、凭证；与分析项目有关的历史资料，包括以前年度会计报表、账簿、历史统计台账、历史统计报表、历史文字总结、有关历史会议记录等。

编制年度财务分析报告时，其主要内容，如利润、成本、费用等的分析，都必须以企业历年会计报表所提供的正确、可靠的数据信息作为基础，并参照历年财务分析报告的数据及内容，使财务分析实现历年资料的动态对比，反映企业经营成果、经营活动的发展过程及企业管理工作的水平，特别是集团化企业，由于各直属公司的财务分析报告记载其各自的财务信息和特征，内容具体生动，因此，作为总公司或集团公司财务总部，参阅这些资料有助于有重点、具体地分析某一问题，为财务分析报告起到锦上添花的作用。此外，如发现疑问或矛盾之处，也可对其会计报表进行必要的核查。

会计报表的编制者往往与报表使用者存在利益冲突，并由此产生粉饰业绩、歪曲报表数据的倾向，因此，需要一个与任何一方均无利害关系的第三方对会计报表进行审计。按照我国现行规定，上市公司、国有企业、国有控股或占主导地位的企业的年度报表要经过注册会计师审计，对会计报表发表审计意见。报表使用者无法自己证实公司财务报告的可靠性，必须依赖审计人员的意见。

必须强调，审计的有用性依赖于它的独立性和能力性。审计的独立性是人们依赖审计人员的首要因素，但被审计客户是审计人员服务费用的支付主体，与审计独立性存在重大矛盾。审计的能力性是人们依赖审计人员的第二位因素，但是谁也不能保证每一个审计人员都是胜任的。因此，分析人员应当关注可能出现的欺诈、疏忽或不遵守审计准则的行为，始终对审计意见保持谨慎态度。

②业务资料

这主要是指各类商品的货源、采购、销售、存储、运输以及经济合同、客户变化等业务经营管理方面的资料。

一般来说，企业的财务计划主要是由财务部门根据统计资料编制的，有的企业将会计、统计、财务工作“合三为一”，统一由财务部门从事，因此获取有关统计资料或年度财务计划资料就十分便利。企业应收集年度计划情况表，主要商品销售情况统计表，企业预算、计划、总结、规划的材料等资料，以利于本期实际与财务计划进行对比分析，从中发现问题，并对企业生产经营和展望未来进行评价。对于上市公司，还要特别关注企业股票市价及股票发行情况。

③对比资料

这主要是指本行业的平均数指标、典型企业的财务资料、有关部门对比分析所需的材料、与分析报告内容有关的计划列入国家或上级考核的经济技术指标。

掌握有关计划资料、历史资料和同行业的先进资料，可以全面深入地分析企业的财务状况、经营成果和现金流量。将所收集的各项报表资料反映的各项经济指标与有关的计划、历史资料、同行业的先进资料进行对比，有利于找出差距和应深入分析的重点。

④其他资料

这主要是指与分析报告内容有关的文字资料，不包括计划编制说明、有关会议记录、上期财务分析报告记录及反映企业所在系统重大事件的文件等方面的资料。

财务分析人员要善于发现企业所在系统的新情况和新事物，分析其发展趋势及其对本企业的影响。涉及本行业的重大事件，如资产重组、股份制改组、加入 WTO 等的有关文件均属于资料收集和积累的范围以及企业外部的资料，包括有关国家财经法律法规、政策、技术、经济标准、市场动态及变化趋势、同行业生产经营水平、企业绩效评价的计算公式及其他分析需要的计算公式等。

(2)财务分析报告的资料来源

以上财务分析需要的资料可以由以下渠道取得：①财务分析服务机构、投资咨询服务机构，如标准普尔、穆迪等；②经济研究机构，如布鲁金斯学会等；③证券交易所；④网络，如万维网、金融街等网站；⑤行业性协会和财务专家；⑥全国电算化会计数据库；⑦各种商业和金融业刊物；⑧各种媒体及记者；⑨政府出版的经济公报和年鉴；⑩企业的竞争者。

2. 整理、核实资料阶段

各种资料收集齐全后要加以整理、核实，保证其合法性、正确性和真实性，同时根据所指定的财务分析报告的内容要点进行分类。整理、核实资料是整个财务分析的中间环节，起着承上启下的作用。

在整理资料的过程中，应经常根据分析的内容要点做些摘记，这将对分析报告的编写十分有利。对于重点分析内容，如准备分析本年度销售收入与效益的关系问题，则可以在此题目下记录所有收集的销售收入、利润等重要数据和观点，并简要写上与此观点有关的各种类别内容的索引参考资料，以备在正式编制财务分析报告时迅速查找到所需的资料。对于一般分析的内容，也可按其特点做好不同形式的摘记。有时会遇到一些资料同时适用于多项内容的情况，也只需在各内容项下的摘记中写清即可。总之，要遵循资料翔实、分类清楚、查找方便的原则。

收集资料和整理、核实资料并非是决然分开的两个阶段，一般可以边收集，边核实、整理，相互交叉、相互结合进行；同时，这项工作应贯穿日常生活，切忌临近编制财务分析报告时再去着手此项工作。这样收集的资料才能涉及面广、内容丰富，就可在正式进行财务分析时胸有成竹、忙而不乱。

(二)财务分析报告的选题

由于财务分析报告的形式多种多样，因此，报告的选题也没有统一标准和模式，一般可以根据报告所分析的内容和提供的信息确定报告的选题，如“某月份简要财务分析”“资产运用效率分析”“存贷款利率的调整对企业损益影响分析”“某年度会计报表综合分析”等都是较合适的选题。报告的选题应能准确地反映报告的主题思想。报告的选题一旦确定，就应紧紧围绕为完成对它的分析所收集整理的资料进行分析并编制分析报告。

(三)财务分析报告的起草

在收集整理了资料、确定了选题后，就可以根据企业管理的需要进入财务分析报告的编制阶段。这一阶段的首要工作就是报告的起草。财务分析人员应当不偏不倚、客观公正、思维敏锐、文笔表述能力强、财务会计知识全面、业务能力强、懂财经法规、有较强的分析问题和解决问题的能力等，对企业的财务活动过程及企业的分公司或子公司的生产经营情况了如指掌，善于在日常工作中寻找和发现问题，才能胜任编制财务分析报告这一重要工作。

报告的起草应围绕报告的选题并按报告的结构进行，特别是专题分析报告，应将问题分析透彻，真正地分析问题、解决问题。例如，对管理费用超计划(预算)情况进行分析，应从构成管理费用的各项目入手，分析各项目超支的绝对数或相对数，并注意分析是什么原因造成的超支——是客观原因，还是主观原因；属于经营管理问题，还是违法乱纪问题等。从超支的各种原因中找出解决问题的途径，并提出切实可行的建议。对综合分析报告的起草最好先拟订报告的编写提纲，提纲必须能提纲挈领地反映综合分析报告的内容，然后只需在提纲框架的基础上，依据所收集、整理的资料选择恰当的分析方法，起草综合分析报告即可。

(四)财务分析报告的修改和审定

财务分析报告起草后形成的初稿可交由财务分析报告的直接使用者审阅，并征求使用者的意见和建议，充实新的内容，使之更加完善，直至最后由直接使用者审定即可定稿并加盖公章。

二、财务分析报告的结构

财务分析报告的结构根据内容可以多种多样，没有固定的格式。财务分析报告评价要客观、全面、准确。一般来说，综合分析报告的结构大致如下：

(一)标题

标题是对财务分析报告最精炼的概括，不仅要确切地体现分析报告的主题思想，而且要用语简洁、醒目。由于财务分析报告的内容不同，其标题也就没有统一标准和固定模式，应根据具体的分析内容而定，如“某月份简要财务分析报告”“某年度综合财务分析报告”“资产使用效率分析报告”等都是较合适的标题。

(二)报告目录

报告目录说明本报告所分析的内容及所在页码。

(三)重要提示

重要提示主要是针对本期报告新增的内容或须加以重点关注的问题事先做出说明。

(四)报告摘要

报告摘要是概括企业的综合情况，让财务报告接受者对财务分析说明有一个总结性的认识，是对本期报告内容的高度浓缩，要求言简意赅、点到为止。

以上几个部分的目的是让阅读者在最短的时间内获得对报告的整体性认识以及本期报告中将告知的重大事项。

(五)说明段

说明段是对企业运营及财务现状的介绍。该部分要求文字表述恰当、数据引用准确。对经济指标进行说明时可适当运用绝对数、比较数和复合指标数。特别要关注企业当前运作的重心，对重要事项要单独反映。企业在不同阶段、不同月份的工作重点有所不同，所需要的财务分析重点也不同。例如，企业正进行新产品的投产、市场开发，则企业各阶层需要对新产品的成本、汇款、利润数据进行分析的财务分析报告。

(六)分析段

分析段是对企业的经营情况进行分析研究，在说明问题的同时还要分析问题，寻找问题的原因和症结，以达到解决问题的目的。财务分析一定要有理有据，要细化分解各项指标，因为有些报表的数据是比较含糊和笼统的，要善于运用表格、图示，突出表达分析的内容。分析问题一定要善于抓住当前要点，多反映企业的经营焦点和易于忽视的问题。

(七)评价段

在做出财务说明和分析后，对于企业的经营情况、财务状况、盈利业绩，应该从财务角度给予公正、客观的评价和预测。财务评价不能运用似是而非、可进可退、左右摇摆等不负责任的语言，评价要从正面和负面两个方面进行，评价既可以单独分段进行，也可以将评价内容穿插在说明段部分和分析段部分。

有时为了使财务分析报告清晰明了，应编制财务分析报表，即根据分析报表的目的将会计报表资料及有关经济活动资料经过科学再分类、再组合，适当补充资料，配以分析计算栏目，采用表格、柱状图等形式，简明扼要地表达资料各项目之间的内在联系。财务分析报告有助于层次清晰地显示各指标之间的差异及变动趋势，使论证的内容更形象，如编制主要财务指标情况表、盈亏情况分析表、流动资金分析表、主要销售收入情况表、费用明细表等。

（八）具体改进措施和建议部分

财务分析报告应根据企业的具体情况，有针对性地提出意见和建议。对企业经营管理中的成败和经验，应提出加以推广的建议；对从财务分析过程中发现的矛盾和问题，应提出挖掘潜力、有建设性的改进措施、意见和建议。如果能对今后的发展提出预测性意见，则具有更大的作用。

（九）编制单位及编制日期

审定后的财务分析报告应写明编制单位和编制日期。

简要分析报告的结构与上述综合分析报告的结构大体一致，只是内容较综合分析报告更加简明扼要。专题分析报告一般一事一议，其结构可灵活多样，这里不再赘述。

本章小结

财务分析报告是反映企业财务状况和经营成果的报告性书面文件，是财务分析人员对企业会计报表上的有关数据资料，运用科学方法，对企业财务状况和经营成果进行比较、分析、评价并加以整理后撰写的书面报告。

财务分析报告按不同标准可分为不同类型：按其分析的内容范围可分为综合分析报告、专题分析报告、简要分析报告三种；按分析的时间可分为定期分析报告和不定期分析报告两种。这几种报告在实践中各有特点，发挥着各自的作用。财务分析报告的撰写涉及以下几个步骤：一是撰写前的准备，主要是收集、整理、核实资料；二是选题，报告的选题可以灵活多样，但应能反映报告的主题思想；三是报告的起草，这时已进入了报告的编制阶段，一般先拟提纲，再扩充报告的内容；四是报告的修改和审定。财务分析报告的结构包括标题、报告目录、重要提示、报告摘要、说明段、分析段、评价段、具体改进措施和建议部分、编制单位及编制日期。最后提出在编制财务分析报告时应该注意的问题。

练习题

一、单项选择题

1. 债权人最关心的是（　）。

A. 企业能否按时偿还债务本金和利息

B. 企业当前的财务状况、经营成果和营运状况的全貌

C. 考核企业经营理财状况

D. 对企业的发展后劲以及对社会的贡献程度进行分析考察

2. 综合分析报告又称(　　)。

A. 全面分析报告　　B. 简要分析报告

C. 定期分析报告　　D. 典型分析报告

3. (　　)具有简明扼要、切中要害的特点。

A. 定期分析报告　　B. 专题分析报告

C. 不定期分析报告　　D. 简要分析报告

4. (　　)具有不受时间限制、一事一议的特点。

A. 典型分析报告　　B. 简要分析报告

C. 专题分析报告　　D. 全面分析报告

二、多项选择题

1. 财务分析报告按其分析的时间,分为(　　)。

A. 定期分析报告　　B. 典型分析报告

C. 不定期分析报告　　D. 专题分析报告

2. 财务分析报告资料的内容包括(　　)。

A. 会计资料　　B. 业务资料　　C. 对比资料　　D. 其他资料

3. 财务分析报告按其分析的内容范围,分为(　　)。

A. 典型分析报告　　B. 简要分析报告

C. 专题分析报告　　D. 全面分析报告

4. 财务分析报告的结构包括(　　)。

A. 标题　　B. 报告目录　　C. 报告摘要　　D. 说明段

三、判断题

1. 专题分析报告一般一事一议。　　(　　)

2. 财务分析报告按不同标准可分为不同类型。　　(　　)

3. 简要分析报告的结构与综合分析报告的结构是不一致的。　　(　　)

4. 企业应按半年、全年财务决策的要求撰写全面的财务分析报告。　　(　　)

5. 定期分析报告是指对某些典型事例或典型企业采取解剖"麻雀"的方法,详细进行各方面的分析,以点带面,推动全面工作。　　(　　)

四、简答题

1. 简述财务分析报告的含义和作用。

2. 简述财务分析报告的基本结构。

3. 编写财务分析报告的一般要求是什么?

4. 财务分析报告揭示的主要内容有哪些?

第十章 财务报表的粉饰与识别

学习目标

本章重点介绍财务报表粉饰行为的动机、财务报表粉饰常用的方法和对其的识别与防范。通过本章学习，了解财务报表粉饰的根本动机和具体动机，了解财务报表粉饰的常用方法，掌握财务报表粉饰识别和防范的方法及其重要的理论和现实意义。

引导案例

“银广夏”于1994年6月17日上市，上市后业绩一直平平，但从1988年开始，其业绩发生了“奇迹性”的转折，传出了来自天津的“好消息”——天津广夏与德国多家公司签订了出口供货协议。2000年年初，“银广夏”公布了1999年年报，每股盈利0.51元(其中，利润的75%来自天津广夏)，并实行公司历史上首次10股转赠10股的分红方案。“银广夏”的股价更是先知先觉，从1999年12月30日的13.97元启动，一路狂升，至2000年4月19日上涨至35.83元。2001年3月1日，“银广夏”发布公告，称与德国诚信公司签订连续3年总金额为60亿元的萃取产品订货总协议。仅仅依此合同推算，2001年“银广夏”每股收益就将达到2～3元！

2001年8月，《财经》杂志发表封面文章《银广夏陷阱》，“银广夏”虚构财务报表事件曝光。2001年8月3日，中国证监会对“银广夏”正式立案稽查。经查明，“银广夏”自1998～2001年期间累计虚构销售收入104 962.60万元，少计费用4 945.34万元，导致虚增利润77 156.7万元。其中，1998年虚增利润1 776.1万元，由于公司主要控股子公司天津广夏1998年及以前年度的财务资料丢失，公司1998年度利润的真实性无法确定；1999年、2000年、2001年1～6月份虚增利润17 781.86万元、56 704.74万元、894万元。

此外，公司还存在隐瞒下属公司的设立、关停情况，虚增披露配股资金使用情况及对外投资等违规事实。

由此可见，“银广夏”的报表与实际存在很大的差异，严重影响了投资者等报表使用者对上市公司状况的判断。

[**思考**] 这样的情景是如何形成的？

第一节　粉饰财务报表的动机

一、财务报表粉饰的根本动机

从经济学的角度来看，财务报表粉饰的根本动机是理性经济人追逐自身效用最大化。西方经济学中有一个重要的假设前提就是"经济人"假设。"经济人"假设是指人总以利己作为其行为的根本动力。具体而言，人们要么是在给定的经济代价下追求自身经济利益最大化，要么是在寻求给定的经济利益下所付出的经济代价最小。经济人是不懈地追求自身最大限度满足的理性人。"经济人"在一切经济活动中的行为都是合乎所谓的"理性"的，即都是以利己为动机，力图以最小的经济代价获得自身最大的经济利益。因此，企业作为一个理性的"经济人"，他的一切行为也必然是以追求自身经济利益最大化为根本宗旨的。

财务报表作为为企业各利益相关者提供信息的工具，应当能够为现有和潜在的投资者、债权人以及其他使用者提供其做出理性投资、信贷和相似决策所需的有用信息。然而，根据现代企业理论，企业的实质是"一系列契约的联结"，而且各契约关系人之间又存在着利害冲突，当我们承认"经济人"的逐利本质、契约的不完备性和部分契约是以会计数据为基础等前提条件时，部分契约关系人（如企业管理当局）便有动机和机会进行利润操纵，以实现自身利益最大化。在信息不对称现象普遍存在的情况下，由于代理人总是比委托人拥有更多信息，因此，代理人便有动机进行利润操纵，将信息优势转化为利益优势。

由于财务报表本身是企业提供的，企业的管理层能够完全控制财务报表产生的整个过程，因此，它实质上体现了管理层进行会计政策和会计估计选择的偏好，管理层很可能利用不对称信息为己谋私利。审计的产生虽然可以在一定程度上减少会计信息的不对称，但如果审计的独立性受到质疑，审计人员的利益也会导致审计人员利用不对称的信息。即便审计人员很独立，他们与经营者之间的信息不对称也使审计不能发现虚假风险的存在。那么，财务报告的虚假就无可避免地产生了。

二、财务报表粉饰的具体动机

判断公司管理层粉饰财务报表的动机是有效地分析和利用财务报表的关键。企业粉饰财务报表的根本目的是使自身利益最大化。在实务中，企业对财务报表进行粉饰有着各种各样的具体动机，主要有以下几个方面：

（一）最大限度地筹集资本金

随着我国证券市场的迅速发展，通过证券市场发行股票成为企业筹集资金的又一重要渠道。股票发行分为首次发行（IPO）和后续发行（SEO）。后续发行主要是指上市公司的配股或增发。

在首次发行情况下，根据《公司法》等法律法规的规定，企业申请上市必须具备一系列条件，企业的注册资本、发行规模、社会流通股比例、内部职工股比例、组织机构、财务状况、盈利能力等要达到一定的标准，才能通过证监会的审批或核准，公开发行股票。这些标准对众多企业而言，是一道难以轻易跨越的门槛。为了顺利通过发行审核，尽可能多地募集资金，降低募集资金的成本，拟上市公司往往对财务报表进行包装、粉饰。

对于上市公司来说，要想顺利地从资本市场上再次筹集到所需资金，必须符合我国证监会关于后续发行的政策规定。关于后续发行的条件，证监会进行过多次修订。在配股情况下，自1996年起，根据证监会《关于1996年上市公司配股工作的通知》，企业最近3年的净资产收益率(ROE)每年必须在10%以上，才能予以配股。因此，10%的净资产收益率成为上市公司的"生命线"。到了1999年，证监会发布了《关于上市公司配股工作有关问题的通知》，修改了配股条件，要求配股企业最近3个完整会计年度的净资产收益率平均在10%以上，并且其中任何一年的净资产收益率都不得低于6%，否则不具备配股资格。2001年，证监会发布的《关于做好上市公司新股发行工作的通知》中再次对配股条件进行了修正，要求配股企业最近3个会计年度净资产收益率平均不低于6%，并且按扣除非经常性损益前后的净利润孰低的标准计算净资产收益率。

在增发情况下，根据我国证监会《关于上市公司增发新股有关条件的通知》中的最新规定，拟增发的上市公司最近3个会计年度的净资产收益率平均不得低于10%，且最近一个会计年度的净资产收益率不得低于10%，其中，净资产收益率按扣除非经常性损益前后的净利润孰低标准计算。

2006年5月7日，中国证监会根据《证券法》和《公司法》的规定，在向广大投资者和社会各界广泛征求意见或建议后，正式发布了《上市公司证券发行管理办法》，并于同年5月8日开始施行。原《上市公司新股发行管理办法》《关于做好上市公司新股发行工作的通知》《关于做好上市公司增发新股有关条件的通知》《上市公司发行可转换公司债券实施办法》和《关于做好上市公司可转换公司债券发行工作的通知》同时废止。《上市公司证券发行管理办法》对于配股和增发条件又做出了新的规定：对于拟配股的上市公司，要求其最近3个会计年度连续盈利，以扣除非经常性损益后的净利润与扣除前的净利润相比孰低者作为计算依据；对于拟增发的上市公司，要求其最近3个会计年度加权平均净资产收益率平均不得低于6%，以扣除非经常性损益后的净利润与扣除前的净利润相比孰低者作为计算依据。

因此，不符合有关政策规定的上市公司要想进行配股或增发新股，就会进行财务包装，发布虚假的财务会计报告。而且，通过粉饰财务报表塑造出"绩优"形象也有利于吸引投资者，所以，上市公司为了再融资而进行会计造假的强烈动机并不亚于首次发行股票。每次融资政策的变更对公司业绩财务指标要求的变化自然也成为上市公司粉饰财务报表的"风向标"。

(二)提高信贷融资能力

自改革开放以来，我国证券市场得到迅速发展，但总体上仍属于新兴市场，其深度和广度不能与发达国家的证券市场相提并论。由于上市的资源有限，很多企业仍然无法通过证券市场筹集资金。因此，这些企业所需要的资金绝大部分来自银行等金融机构。在市场经济条件下，资金是企业在市场竞争中取胜的四大要素(产品质量、资金实力、人力资源、信息资源)之一。然而，银行等金融机构出于风险考虑和自我保护的需要，一般不愿意贷款给亏损企业和缺乏资信的企业。银行的信贷总是热衷于"锦上添花"，而不愿意"雪中送炭"。而那些经营业绩欠佳的企业往往迫切需要资金来改善经营状况。面对这种供需矛盾，为了获得金融机构的信贷资金或其他供应商的商业信用，那些经营业绩欠佳、财务状况不健全的企业，难免要对其财务报表进行粉饰。

另外，即使企业从银行获得了贷款，银行与企业签订的贷款合同也越来越多地依赖于会计信息。银行为了控制风险,往往对贷款企业的财务指标提出限制性要求,有些条款甚至对贷款企业的继续举债、利润分配、收购兼并做出限制。这些条款对上市公司经营起到了强有力的约束作用,进而抑制经理人员对高风险项目的过度投机行为。这意味着,如果违反了与银行签订的以会计数据为基础的债务契约,企业将面临许多严重的经济后果,如银行可能提高贷款利率、要求追加抵押或质押品、提高信用担保条件、提前收回贷款等。所有这些都会增加企业的借款成本。尽管债权人特别是国有银行对上市公司预算约束软化的问题没有得到根本的解决,但随着金融体制改革的深入,债务还本付息的刚性特点正在加强,破产及其成本对企业的威胁日益显著。企业必须考虑在债务到期时,有足够的现金流偿还债务,负债过多或财务杠杆比例过高,增加了企业破产的可能性,破产意味着经理人员将失去对企业的所有控制收益。因此,为了避免违反以会计数据为基础的债务契约,企业可能会采取财务报表粉饰手段。换言之,这种情形下的财务报表粉饰可以降低违反债务契约的风险,从而达到降低借款成本的目的。

(三)避免被摘牌

根据《证券法》的规定,证监会于 2001 年正式建立了上市公司退市制度。2001 年 2 月 22 日,证监会颁布《亏损上市公司暂停上市和终止上市实施办法》规定,若上市公司出现连续 3 年亏损的情况,自其公布第三年年度报告之日起(如公司未公布年度报告,则自规定的年度报告披露最后期限到期之日起),证券交易所应对其股票实施停牌,并在停牌后 5 个工作日内就该公司股票是否暂停上市做出决定。公司暂停上市后,可以在 45 天内向证券交易所申请宽限期以延长暂停上市的期限。宽限期为自暂停上市之日起 12 个月。在公司暂停上市期间,证券交易所可以为投资者提供股票特别转让服务。暂停上市的公司在宽限期内第一个会计年度盈利的,可以在年度报告公布后向中国证监会提出恢复上市的申请。在公司申请恢复上市期间,证券交易所应当暂时停止该公司股票的特别转让服务,并相应延长公司的宽限期。暂停上市的公司在宽限期内第一个会计年度继续亏损的,或者其财务会计报告被注册会计师出具否定意见或拒绝表示意见审计报告的,由中国证监会做出其股票终止上市的决定。证券交易所自该公司公布年度报告之日起暂停股票转让服务。

由此可见,根据上述规定,连续 3 年亏损必须暂停上市,而前后累计连续 4 年亏损就必须退市。在这一新的退市办法下,PT 水仙和 PT 粤金曼成为“先驱”,新退市办法出台 2 个月后,它们便被完全除牌(即真正意义上的终止上市)。

2001 年 12 月 5 日,证监会发布了《亏损上市公司暂停上市和终止上市实施办法(修订)》,规定公司出现最近 3 年连续亏损的情形,证券交易所应自公司公布年度报告之日起 10 个工作日内做出暂停其股票上市的决定。也就是说,连续 3 年亏损的公司不再被继续提供特别转让服务,从而宣告了 PT 制度的终结。

公司股票暂停上市后,符合下列条件的,可以在第一个半年度报告披露后的 1 个工作日内向证券交易所提出恢复上市申请:(1)在法定期限内披露暂停上市后的第一个半年度报告;(2)半年度财务会计报告显示公司已经盈利。公司在其股票恢复上市交易后至其披露恢复上市后的第一个年度报告期间,证券交易所对其股票交易实行特别处理(ST)。相比之下,“办法修订”后,退市条件更加严格,从而给予“连亏”公司更强的监管和更大的压力。

2003 年 3 月 28 日,证监会出台了《关于执行〈亏损上市公司暂停上市和终止上市实施办法(修订)〉的补充规定》。该“补充规定”在原“办法修订”的基础上做出了十分重要的一项补充:因财务会计报告存在重大会计差错或虚假记载,公司主动改正或被责令改正,对以前年度财务会计报告进行追溯调整,导致最近两年连续亏损的,如公司追溯调整行为发生当年继续亏损,证券交易所应自公司发布年度报告之日起10个工作日内做出暂停其股票上市的决定。这一规定直接揭示了“连亏”公司报表重组(或报表造假)的动机与恶念。

在加大退市力度、打击业绩造假的同时,为了更有效地警示投资者防范退市风险,2003年4月4日,深、沪两交易所同时推出退市风险警示制度,即通过建立警示“存在终止上市风险”的特别处理制度(即 * ST),充分揭示退市风险,从而不断完善退市程序。

这一系列警示和退市制度的出台给绩差公司带来了很大压力。摘牌作为交易费用昂贵的退出通道,对上市公司而言是巨大损失。因此,当一家上市公司被特别处理后,当务之急是使公司在第三年盈利,避免被摘牌。此时,公司对利润的追求是非常迫切的。然而,依靠公司自身的力量,在短期内形成核心竞争力,从而摘掉“ST帽子”是比较困难的。那么,为了保护具有筹资功能的“壳资源”,唯一的捷径就是美化财务报表。因此,濒临退市的上市公司,其报表粉饰动机就特别强烈。

(四)提高业绩评价

企业所有权与经营权的分离使企业所有者与经营者之间形成委托代理关系。经营者对所有者负有经营管理的代理责任,需要通过向所有者提供财务报表的形式来表明其经营管理的业绩。目前,对企业经营业绩的考核一般以财务指标为基础,重要的考核指标包括利润(或扭亏)计划的完成情况、投资回收率、产值、销售收入、国有资产保值增值率、资产周转率、销售利润率等。这些财务指标的计算都要以企业提供的会计数据为基础。除了内部考核外,对企业的外部考核,如各种行业排行榜,主要也是根据销售收入、资产总额、利润总额来确定的。因此,对经营业绩的考核不仅涉及对企业总体经营情况的评价,而且涉及对企业管理者经营管理业绩的评定,并与企业管理者的晋升、奖金福利等个人利益密切相关。企业的高管人员为了其自身利益,往往更看重企业的短期效益,希望在自己的任期内企业业绩能够大幅提升,从而体现自己的管理水平和能力,最大化自身利益。

(五)进行估价操作

上市公司的股票价格在很大程度上受公司业绩的影响,公司常会利用财务报告人为地维持股价或者控制股价按预期的趋势波动。例如,企业会与市场上的庄家勾结,通过财务报表粉饰操纵股价短期下跌或上涨,从而利用差价炒作股票获利。

(六)进行管理层收购

管理层收购是指目标公司的管理者或经理层利用借贷所融资本购买公司的股份,从而改变本公司所有者结构、控股结构和资产结构,进而达到重组本公司的目的并获得预期收益的一种收购行为。管理层收购(MBO)是杠杆收购(LBO)的一种特殊形式。杠杆收购是一种利用高负债融资,购买目标公司股份,以达到控制、重组该公司的目的,并从中获得超过正常收益回报的有效融资工具。当杠杆收购的主体是公司管理层时,杠杆收购就变成了经理层融资收购。公司管理层通过收购其所在的公司来达到控制公司、解决其内在激励问题的目的。由于管理层收购在激励内部人员积极性、降低代理成本、改善企业经营状况等方面起到了积极的作用,因此,它成为20世纪70~80年代流行于欧美国家的一种企业收购方式。20世纪90年代初期,管理层收购市场在国外盛极而衰。然而,作为我国国企产权多元化改革的一种探索方式,管理层收购最大的魅力在于能理清企业产权,实现所有者回归,建立企业的长期激励机制。在我国，虽然管理层收购自出现以来不乏成功案例，但在政策法规不健全的情况下，管理层收购演变成公司管理者向自身输送利益的工具，企业从国有股的“一股独大”演化成管理层的“一股独大”，内部控制的问题仍然没有得到解决。我国企业国有产权与集体产权严重虚置，高管人员与国有、集体产权的名义代表之间存在严重的信息不对称。有些上市公司高管人员通过调剂或隐藏利润的办法扩大上市公司的账面亏损，然后利用账面亏损逼迫地方政府低价转让股权，如果地方政府不同意，则继续操纵利润扩大账面亏损直至上市公司被ST、PT后再以更低的价格收购。一旦管理层收购完成，高管人员再通过操纵财务报表的方式使隐蔽的利润合法地出现，从而实现年底大量现金分红以缓解管理层融资收购带来的巨大财务压力。因此，当管理层收购成为管理者最大化自身利益的工具时，操纵和粉饰财务报表也就不可避免了。

(七)减少纳税

所得税是在会计利润的基础上，通过纳税调整，将会计利润调整为应纳税所得额，再乘以适用的所得税税率而得出的。因此，基于偷税、漏税、减少或推迟纳税等目的，企业往往对财务报表进行粉饰。当然，也有少数国有企业和上市公司基于资金筹措和操纵股价的目的，有时甚至不惜虚增利润，多缴所得税，以“证明”其盈利能力。

第二节　粉饰财务报表的常见手段

一、传统的财务报表粉饰手法

传统的财务报表粉饰手法主要包括：提前或推迟确认收入，或者确认虚假收入；利用虚拟资产高估利润；期间费用资本化；借助股权转让“炮制”利润；高估存货成本，少计销售成本；利用其他应收应付款隐瞒亏损或隐匿利润。

(一)操纵收入确认时间或确认虚假收入

利用收入确认粉饰报表的典型手法是提前或推后确认收入，或者确认虚假收入。收入是指企业在日常经营活动中形成的，会导致所有者权益增加的，与所有者投入资本无关的经济利益的总流入。收入包括销售商品收入、提供劳务收入和让渡资产使用权收入。正确确认企业在某一会计期间的收入是正确核算企业利润的基本条件。对于收入的确认、何时确认、确认多少收入需要大量职业判断。

收入准则对收入的确认主要着眼于经济实质，然而在实际操作中，存在着许多需要会计人员进行职业判断的方面，也为管理当局进行财务报表粉饰提供了余地。而且，对收入进行粉饰并不像后面几种报表粉饰手段，会计准则要求进行披露，较容易进行分析，因此，对收入进行粉饰，一般外部的投资者通过分析财务报表较难发现。

(二)利用虚拟资产高估利润

所谓虚拟资产，是指已经实际发生的费用或损失，但由于上市公司缺乏承受能力而暂时挂列为“长期待摊费用”“待处理财产损溢”等资产科目。广义的虚拟资产还包括资产潜亏，如潜在的坏账损失、潜在的存货跌价损失、潜在的长期资产(如长期股权投资、固定资产、在建工程和无形资产)价值减损。利用“虚拟资产”科目作为“蓄水池”，不及时确认、少摊销或不摊销已经发生的费用和损失，是上市公司粉饰财务报表、虚盈实亏的常用手法。

（三）期间费用资产化

根据现行会计制度的规定，上市公司发生的支出必须区分为资本性支出和收益性支出。资本性支出是指能够使上市公司在一个会计年度或一个经营周期以上的期间受益的支出，如购置固定资产和无形资产支出。收益性支出是指只能在一个会计年度或一个经营周期内使上市公司受益的支出，如管理费用和销售费用。根据这一要求，上市公司为在建工程和固定资产等长期资产借款而支付的利息费用，在这些长期资产投入使用之前可予以资本化，计入这些长期资产的成本。广告促销支出和研究开发支出有可能使上市公司在一个以上会计年度或经营周期受益，从理论上说属于资本性支出。然而，由于广告促销和研究开发支出所能带来的未来经济利益具有很大的不确定性，因此，我国现行会计制度和准则均要求将其当作期间费用，不得资本化。

（四）借助股权转让“炮制”利润

我国的产权交易市场还很不发达，对股权投资的会计规范尚处于起步阶段，有不少国有企业和上市公司利用股权投资调节利润。除了借助资产重组的机会、利用关联交易将不良股权投资以天价与关联公司置换股权获取“暴利”外，少数上市公司利用利润转投资掩盖虚假投资收益和投资项目合作分成等手段蓄意粉饰财务报表。

此外，近年来一些上市公司迫于利润压力，经常在会计年度即将结束之际，与关联公司签订股权转让协议，按权益法或通过合并财务报表，将被收购公司全年的利润纳入上市公司的财务报表。值得庆幸的是，财务部于 1998 年 5 月发布了通知，明确规定股权转让时，收购之日前被收购企业实现的利润只能作为收购成本，收购企业不得将其确认为投资收益。这一规定无疑将抑制国有企业和上市公司利用股权投资调节利润，粉饰财务报表。

（五）高估存货，少计销售成本

经营规模较大的上市公司，由于其存货品种繁多、构成复杂、存放地点分散、盘点工作量大、应收账款数量多，难以函证，很容易利用存货和应收账款调节利润，粉饰财务报表，典型做法如下：(1)利用存货难以直接盘点或计量误差，夸大期末存货或存货盘盈，少转主营业务成本；(2)向关联方高价销售商品或提供劳务，夸大主营业务收入，提高销售毛利率；(3)多提存货跌价准备，为未来会计期间拓展盈利空间；(4)空挂应收账款，虚构销售收入；(5)随意改变应收账款账龄结果或坏账准备计提比例，调节利润；(6)全额计提坏账准备，并在收回期间确认为当期收益。

（六）利用其他应收应付款隐瞒亏损或藏匿利润

根据现行会计制度的规定，“其他应收款”和“其他应付款”科目主要用于反映除应收账款、预付账款、应付账款、预收账款外的其他款项。在正常情况下，“其他应收款”和“其他应付款”的期末余额不应过大。然而，许多上市公司披露的年报显示，“其他应收款”和“其他应付款”期末余额巨大，往往与“应收账款”“预付账款”“应付账款”和“预收账款”的月末余额不相上下，甚至超过这些科目的余额。之所以出现这些异常现象，主要是因为许多上市公司利用这两个科目调节利润。事实上，老练的财务报表使用者已经将这两个科目戏称为“垃圾桶”和“聚宝盆”。一般而言，“其他应收款”主要用于隐藏潜亏、高估利润，而“其他应付款”主要用于隐瞒收入、低估利润。为此，通过分析这两个科目的明细构成项目和相应账龄，便可发现上市公司是否利用这两个科目调节利润，粉饰财务报表。

一般而言，其他应收账款余额特别巨大可能意味着：关联股东占用了上市公司的资金、变相的资金拆借、隐性投资、费用挂账、或有损失(将贷款担保发生的损失挂账)、误用会计科目。

二、现代的财务报表粉饰手法

现代的财务报表粉饰手法主要包括:以资产重组为名,行会计造假之实;通过关联交易,不断输送利益;随意追溯调整,逃避监管;借助补贴收入,编造经营业绩;利用收购兼并,玩数字游戏。与传统手段相比,现代手段具有粉饰效果立竿见影、粉饰手段没有逾越法律法规界限等特点,因此,其危害性更应当引起报表使用者的高度重视。

(一)以资产重组为名,行会计造假之实

资产重组是上市公司为了优化资本结构、调整产业结构、完成战略转移等目的而实施的资产置换和股权置换。然而,资产重组现已被滥用,提起资产重组,人们立即联想到做假账,近年来,在上市公司中,资产重组被广泛用于粉饰财务报表。

根据规定,如果上市公司连续3年亏损,其在证券交易所流通的股票或债券将被摘牌。此外,根据中国证监会的规定,上市公司如果要配股,必须符合"最近三年净资产收益率每年均在6%以上"的规定;若要增发,"最近三年平均净资产收益率达到10%以上,且最近一年的净资产收益率不得低于10%"。在我国,许多上市公司是通过国有企业局部改组而成的,鉴于上市公司具有很强的融资功能,即使我国已经放弃了沿用多年的"限报家数,总量控制"政策,由审批制改为核准制,上市公司的"壳资源"仍具有很大的价值。因此,当上市公司连续2年亏损时,其母公司(在多数情况下是非上市的国有企业)或所在地的地方政府往往以"资产重组"为名,十分慷慨地向这些陷入困境的上市公司伸出援助之手。

这类资产重组的目的实际上是转移利润,即由非上市的关联股东将利润转移至上市公司,以达到配股、增发或避免被摘牌的厄运。其典型做法如下:(1)借助关联交易,由非上市的关联股东以优质资产置换上市公司的劣质资产;(2)由非上市的关联股东将盈利能力较强的下属企业廉价出售给上市公司;(3)将损失子公司高价出售给关联股东;(4)将不良债权和股权出售给关联股东;(5)互购资产,哄抬利润和资产价值;(6)剥离资产和负债。

(二)通过关联交易,不断输送利益

我国的许多上市公司由国有企业改组而成,过去在实行行政审批制下,股票发行额度十分稀缺,上市公司往往通过对国有企业局部改组的方式设立。股份制改组后,上市公司与改组前的母公司及母公司控制的其他子公司之间普遍存在着错综复杂的关联关系和关联交易。利用关联交易粉饰财务报表,不断输送利益已成为上市公司乐此不疲的"游戏",其主要方式如下:(1)虚构经济业务,人为抬高上市公司效益;(2)采用大大高于或低于市场价格的方式进行购销活动或资产置换;(3)以旱涝保收的方式委托经营或受托经营,虚构上市公司经营业绩;(4)以低息或高息发生资金往来,调节财务费用;(5)以收取或支付管理费或分摊共同费用调节利润;(6)隐瞒关联关系,为关联企业提供贷款担保。

(三)滥用减值准备,利用准则的变化调整报表

会计制度和准则作为确认、计量和报告经济活动的规范手段,必须与时俱进,根据宏观经济环境和企业经营模式的变迁,不断做出动态调整和完善。进入20世纪90年代,不论是美国还是中国,会计制度和准则均发生了巨大的变化。美国从20世纪90年代中期开始,逐步淡化配比原则,转而以资产负债观作为收益确定基础。我国从1998年开始要求上市公司计提"四项准备",2001年进一步升格为"八项准备",2006年新准则中改为"七项准备",2000年还颁布

了“或有事项”准则。这些制度和准则背后所蕴含的会计思想与美国如出一辙，即只有夯实资产和负债，才能使报表上报告的利润真实、可靠。

客观地说，中、美两国最近几年会计准则和制度的变化极大地提高了会计信息的质量，但准则的变化难免会被少数上市公司所利用。当会计准则和制度发生重大变化时，一些过去做假账或采用不稳健会计政策导致资产负债表不实的上市公司，往往将其视为千载难逢的好机会，选择巨额冲销，并巧妙地将巨额亏损归咎于新的会计准则和制度。

（四）随意追溯调整，逃避监管

根据财政部颁布的《会计政策、会计估计变更和会计差错更正》，上市公司变更会计政策（包括自愿变更和强制变更）或发生重大会计差错时，必须采用追溯调整法，将会计政策变更的累计影响或重大会计差错的影响数在以前年度进行反映。而对于会计估计变更，则采用未来适用法，将变更的影响数在当期及以后各期反映。财政部颁布的这一准则与国际准则保持一致。然而，在实际工作中，会计政策变更、会计估计变更和会计差错更正区分界限有时并不是十分清楚，给一些上市公司滥用这个准则的规定以粉饰其报表提供了机会，典型的做法是，故意混淆会计政策和会计估计变更，或者将会计估计变更解释为重大会计差错，滥用追溯调整。

滥用追溯调整的另一种手法是将会计舞弊解释为会计差错，以逃避被监管部门处罚的命运，从而避免其股票被特别处理或退市。

（五）借助补贴收入编造经营业绩

出于种种原因，地方政府直接为上市公司提供财政补贴的现象屡见不鲜，有的财政补贴数额巨大，有的没有正当理由，往往是“业绩不够，补贴来凑”。

（六）利用收购兼并玩数字游戏

利用收购兼并玩数字游戏曾被美国证券交易管理委员会（SEC）前主席利维特严加斥责：“最近几年，各行各地都通过合并、收购和剥离进行再造。一些收购方已经将这样的环境作为从事另一种‘创造性’会计的机遇。我将之称为‘合并魔术’。”

收购兼并不仅在美国如火如荼，在我国也是日趋普遍。在我国，利用收购兼并玩数字游戏常见的手法包括：(1)规避购买法，选用权益结合法；(2)操纵收入和费用的确认时间，将被并购公司的利润转移到购买日后的会计期间；(3)在购买日前滥用减值准备，为购买日后业绩提升埋下伏笔；(4)在购买日前计提大量或有负债，在购买日后冲回或冲减经营费用。

第三节　财务报表粉饰的识别

一、财务报表粉饰的预警信号

科学技术日新月异，能够经得起几百年历史检验的技术和方法为数甚少，复式簿记便是其中之一。沿用了五百多年的复式簿记之所以长盛不衰，主要在于它固有的平衡机制和对经济交易和事项来踪去迹无与伦比的解释能力。也正因为这种独特的簿记方法，保持高度审慎的财务报表使用者往往能够发现财务报表舞弊和粉饰的征兆。此外，人类固有的局限注定使大多数财务报表舞弊和粉饰留下蛛丝马迹。这些征兆和蛛丝马迹在会计记录和财务报表上的异常表现就是所谓的预警信号。实践表明，关注预警信号是识别财务报表舞弊和粉饰的有效方法。财务报表粉饰的预警信号主要有以下几种：

(一)业绩不良时出现非预期的会计方法变更

在企业经营恶化的时候,管理者会利用会计政策,选择性地美化财务报表。当上市公司面临亏损的时候,更是会通过财务报表粉饰以避免被PT、ST乃至退市。因此,当上市公司出现突然的会计政策、会计方法的改变,应当予以充分关注。如果企业的会计利润与经营现金流量之间的差距扩大,说明企业的会计政策或会计估计发生变化,值得警惕。

(二)在企业的特殊计划期出现毛利率或净利润的大幅度上升

如前所述,企业对财务会计报告进行造假的动机之一就是最大限度地获得资本金,这既包括在证券市场上首次公开发行,也包括上市后的再融资。一些上市公司往往在经营业绩不佳时,采用虚增利润的方法取得或保留再融资资格。根据我国《证券法》及相关法律规定,企业上市以及上市后配股及增发新股都必须符合一定的条件,其前后年度的净资产收益率都必须达到一定的标准。在这种规定面前,当企业计划上市或再融资时,在实际净资产收益率无法达到规定标准的情况下,可能会通过人为粉饰财务会计报告的方式使净资产收益率各年度正好达到有关规定,从而制造虚假的会计信息。

(三)报表的主要项目金额前后各期出现异常

上市公司财务会计报告的主要项目金额会由于经营业务的影响而在不同会计期间发生变动。真实的财务会计报告主要项目金额的变动一般表现为有规律的正常变动,而且上市公司能就变动原因做出合理的解释。报表主要项目金额的前后各期发生异常变动往往意味着该财务会计报告存在人为造假的可能。虚假财务会计报告的主要项目金额变动较大,而且对这种异常变动上市公司很难做出合理的解释。在报表审计中,若发现报表主要项目金额前后各期发生异常变动,应引起特别注意,并将异常变动项目作为审计重点。

(四)高级管理层的无故离职

通常认为,财务危机会促使企业更换高管层。安然公司在危机爆发前的四五个月就相继出现CEO辞职、CFO离去的现象。管理层的重要人员突然或连续变更,尤其是集体辞职通常是企业存在财务危机的明显标志。

(五)非经常性损益占利润总额的比重较大

一些上市公司在经营业绩滑坡的情况下,往往利用资产置换、股权置换、内部关联交易、债务重组、非货币性交易等手段来增加非经常性利润,以此来粉饰财务会计报告。审计人员在审计财务会计报告时,若发现非经常性损益占利润总额的比重较大,就应注意该报告的真实性。

二、财务会计报告粉饰的识别方法

(一)审计意见分析法

企业的财务报表按是否经过审计来划分,可分为经注册会计师审计的财务报表和未经注册会计师审计的财务报表两类。一般来说,经注册会计师审计的财务报表的可信度要高于未经注册会计师审计的财务报表。在进行财务报表识别之前,要对财务报表进行可信度分析。在可信度分析中,要充分考虑注册会计师发表的审计意见,并对已经和未经注册会计师审计的财务报表进行详略程度不同的可信度分析。一般而言,对已经注册会计师审计的财务报表,需结合审计报告的意见,重点分析财务报表粉饰状况;对未经注册会计师审计的财务报表,除了分析财务报表粉饰状况外,还需要判断财务报表中是否存在技术性错误等。

审计报告是注册会计师根据独立审计准则的要求，在经过必要的审计程序后对被审计单位财务报表出具的审计意见的书面报告，是投资者判断企业财务报表的重要线索。阅读审计报告的第一步是判断审计报告的类型。如果注册会计师出具了无保留意见的标准审计报告，基本上可以排除报告粉饰的可能。当然，如果注册会计师与被审计单位串通一气、弄虚作假，则另当别论。如果注册会计师出具的是带有说明性无保留意见的审计报告，或有保留意见、否定意见或无法表示意见的审计报告，则有理由怀疑企业有粉饰报表、操纵利润行为的可能，应对审计报告说明段中所涉及的事项予以充分关注，从这些事项分析企业可能存在的粉饰财务报表的手段和方式，了解其对财务状况和经营成果的影响。

另外，在分析审计意见时，还应注意以下事项：一是有些注册会计师发表的审计意见可能不恰当，或是避重就轻、轻描淡写等；二是个别上市公司在对外报告时所披露的注册会计师的审计意见与实际发表的意见不一致；三是对审计报告说明段中的说明事项应认真阅读，因为这些事项直接反映了企业粉饰报表的方式及对财务报表数据的影响。

(二)主要项目分析法

企业在编制虚假财务报表时总是与某些重点科目关系密切。这些重点科目主要涉及应收账款、其他应收款、其他应付款、存货、投资收益、主营业务收入、营业外收入等。主要项目分析法是指通过对以上项目进行重点分析，发现粉饰财务报表行为的一种方法。如果这些会计科目的数值出现异常变动或科目之间的数值变动幅度不一致，则有可能存在会计造假行为。

例如，应收账款增长幅度与收入增长幅度不一致。一般情况下，主营业务收入增加的同时，应收账款也会增加，但由于各行业的特性和竞争程度不同，导致主营业务收入增长幅度与应收账款增长幅度之间存在差异。如果应收账款增幅惊人而收入增长幅度不明显甚至减少，则有可能是关联方占用企业的巨额款项，结果是应收账款的回收期比正常往来的回收期长，甚至应收账款永远无法收回。

又如，收入增幅与存货增幅不一致。伴随着主营业务收入的增加，应收账款或货币资金增加，主营业务成本和存货也必然增加。如果企业收入增幅巨大而存货增幅不明显甚至减少，则存在伪造收入和应收账款从而达到人为操纵利润的可能。

再如，企业的增值税和所得税与收入、利润不相符。按税法计算方式可知，企业的增值税和收入保持一定关系，利润和所得税保持一定关系，虽然应纳税所得额与利润之间有一定调整差异，但差异太大就要引起注意，如主营业务收入很大而应交缴税费却很少，这很可能存在企业虚构收入而又未缴纳税款，或支付的所得税与利润总额和所得税税率之积相差太远，说明企业的利润总额虚假的可能性较大。

(三)不良资产剔除法

虚假财务会计报告的一个共有特征是多计资产、少计负债或多计收入、收益，少计费用、成本和损失。因此，剔除资产负债表中的不良资产是识别虚假财务会计报告的有效方法之一。不良资产是指那些不能给企业带来经济利益的资源，包括待摊费用、待处理财产损失、开办费、长期待摊费用等虚拟资产，可能发生潜亏的资产，如超过 3 年的应收账款、存货跌价和积压损失、投资损失和固定资产损失等。在具体运用不良资产剔除法时，一是要将不良资产总额与净资产相比较，如果不良资产总额接近或超过净资产，表明企业利润或资产可能存在泡沫现象，同时表明企业的持续经营能力有问题；二是要将当期不良资产的增加额和增幅与当期利润总额和利润增幅相比较，如果前者超过后者，说明企业当期利润有水分。

(四)关联交易剔除法

据前所述，企业往往利用关联交易调节利润，编制虚假财务会计报告。关联交易中可能会滋生大量不等价交易、虚假交易，不仅损害大量中小投资者的利益，而且有可能造成国有资产流失。

关联交易剔除法就是将来自关联企业的营业收入和利润总额予以剔除，计算各种分析指标值。通过这种分析，可以了解某一特定企业自身获取利润能力的强弱，以判断这一企业的盈利在多大程度上依赖于关联方，从而分析其利润来源的稳定性、未来的成长性等。在实际工作中，应当根据实质重于形式原则合理判断是否存在关联方关系以及关联交易对财务状况和经营成果的影响；关注关联交易的定价政策，分析企业是否以不等价交换的方式进行关联交易，是否以公允价值进行交换。其分析要点如下：(1)是否存在购销价格反常、售后短期内又重新购回、低价售给无须经手的中间企业、货款久拖不还、货款未清又赊欠等购销业务；(2)是否存在资金拆借低于或高于市场利率、借给不具备偿债能力的企业、逾期不还等资金融通业务；(3)是否存在劳务、咨询、管理费价格不合理，对不存在或无法实现的咨询服务付费等费用支出业务；(4)是否存在反常的投资收益、利息收入、租金收入。

除转移价格和管理费用分摊外，其余调节利润的方法所产生的利润大多体现在"其他业务利润""投资收益""营业外收入""财务费用"等具体项目中，识别时，首先，计算各项目中关联交易产生的盈利分别占项目总额的百分比和这些项目占利润总额的比例，判断企业盈利能力对关联企业的依赖程度；其次，分析这些关联交易的必要性和公正性；最后，将非必要和欠公正的关联交易所产生的利润从企业利润总额中剔除，以反映这些项目的正常状况。

(五)偶然因素剔除法

企业利润的来源既包括营业收入，也包括投资收益、营业外收入和补贴收入。其中，主营业务收入直接涉及企业的核心竞争力，反映企业的主要盈利能力；而其他业务收入、投资收益、营业外收入和补贴收入往往受许多偶然因素的影响，不能为企业提供稳定、长期的利润来源，并且极易为企业所操纵。因此，偶然因素剔除法将来源不稳定、不可能经常发生的非经常性损益从企业利润总额中剔除，以分析和评价因偶然因素导致的非主营业务利润是否对企业利润增长的贡献过大，客观地判断和评价企业盈利能力的强弱和利润来源的稳定性。通过关注非经常性损益项目占利润总额的比重及其变化，判断企业是否拥有具备核心竞争力的主业，是否具有较好的发展前景。

本章小结

本章主要介绍了企业粉饰财务报表的根本动机和具体动机、财务报表粉饰的常用方法和主要手段，以及财务报表粉饰的识别。所谓企业财务报表粉饰，是指企业管理当局采用编造、变造、伪造等手法编制财务报表，掩盖企业真实财务状况、经营成果与现金流量情况的行为。通过研究粉饰财务报表的动机和手段，以及报表粉饰的识别方法，从中学习和掌握如何甄别会计信息。

练习题

一、单项选择题

1. 利用虚拟资产虚增利润的特点是(　　)。

A. 少记虚拟资产,少摊成本费用　　B. 多记虚拟资产,少摊成本费用

C. 少记虚拟资产,多摊成本费用　　D. 多记虚拟资产,多摊成本费用

2. 若以减少纳税、推卸责任等为目标,其财务报表粉饰一般以(　　)以及低估资产和高估负债的形式出现。

A. 企业价值最大化　　B. 企业价值最小化

C. 利润最大化　　D. 利润最小化

3. 财务状况粉饰的具体表现形式包括高估资产、低估负债和(　　)。

A. 或有资产　　B. 或有负债

C. 推迟确认收入　　D. 提前结转成本

4. 根据财政部颁布的《会计政策、会计估计变更和会计差错更正》,发生会计估计变更时,应采用(　　)。

A. 未来适用法　　B. 追溯调整法　　C. 权益法　　D. 成本法

5. 会计异常的预警信号主要包括原始凭证不合常规、会计分录存在瑕疵和(　　)。

A. 总账不准确　　B. 备查账不准确

C. 日记账不准确　　D. 记账凭证不准确

二、多项选择题

1. 我国企业财务报表粉饰的主要动机有(　　)。

A. 业绩考核动机　　B. 税收筹划动机

C. 政治利益动机　　D. 信贷资金获取动机

2. 为了推卸责任而粉饰财务报表的主要情形有(　　)。

A. 企业调动高级管理人员　　B. 会计准则、会计制度发生重大变化

C. 发生自然灾害　　D. 高级管理人员卷入经济案件

3. 根据粉饰对象的不同,财务报表粉饰可分为(　　)。

A. 经营业绩粉饰　　B. 财务状况粉饰

C. 现金流量粉饰　　D. 盈利能力粉饰

4. 利用关联交易虚增利润的方式有(　　)。

A. 商品购销交易或内部往来结算　　B. 资产交易

C. 资金融通　　D. 虚开发票

5. 一般而言,其他应收款余额特别巨大可能意味着(　　)。

A. 关联股东占用了上市公司的资金　　B. 变相的资金拆借

C. 隐性投资　　D. 费用挂账

三、判断题

1. 在其他条件相同的情况下，经营活动产生的现金流入净额越大，意味着企业的利润质量越低。（　　）

2. 基于纳税和推卸责任等目的，财务报表粉饰一般以利润最小化和利润清洗（巨额冲销）、低估资产、高估负债和或有负债、虚减经营活动现金流量等形式出现。（　　）

3. 关联方之间资源或义务的转移价格是了解关联方交易的关键。（　　）

4. 一般而言，“其他应付款”主要用于隐藏潜亏、高估利润，而“其他应收款”主要用于隐瞒收入、低估利润。（　　）

5. 根据财政部颁布的《会计政策、会计估计变更和会计差错更正》，上市公司变更会计政策（包括自愿变更和强制变更）或发生重大会计差错时，必须采用追溯调整法。（　　）

四、简答题

1. 简述财务报表粉饰的动机和手段。

2. 如何甄别虚假财务报表？

各章练习题参考答案

第一章　财务分析概论

一、单项选择题

BCCBC　ACCD

二、判断题

×√×√×

三、简答题

略

第二章　资产负债表分析

一、单项选择题

ACBDB　DDDAA

二、多项选择题

ABC　ABCD　ABCD　ABC　ABCD

三、判断题

×√√√×

四、简答题

略

五、业务题

1.(1)货币资金(61 650)元

(2)应付账款(29 500)元

(3)应收账款(28 500)元

(4)预收款项(11 500)元

(5)预付款项(7 500)元

(6)流动负债合计(111 000)元

(7)存货(98 000)元

(8)长期借款(50 000)元

(9)流动资产合计(195 650)元

(10)负债合计(161 000)元

(11)固定资产(475 000)元 (12)所有者权益合计(504 650)元

(13)非流动资产合计(470 000)元 (14)负债及所有者权益合计(665 650)元

(15)资产合计(665 650)元

2.

资产负债表变动情况分析(资产项目)

单位:元

资　产	期初余额	期末余额	变动情况		对资产的影响(%)
			变动额	变动率(%)	
流动资产:					
货币资产	40 000	50 000	10 000	25.00	1.02
短期投资	28 000	20 000	−8 000	−28.57	−0.80
应收款项	15 500	25 000	9 500	61.29	0.97
存货	97 000	85 000	−12 000	−12.37	−1.22
其他流动资产	37 910	48 510	10 600	27.96	1.06
流动资产合计	218 410	228 510	10 100	4.62	1.03
非流动资产:					
长期投资	42 200	51 000	8 800	20.85	0.90
固定资产净值	631 000	658 500	27 500	4.36	2.80
无形资产	91 000	94 000	3 000	3.30	0.30
总　计	982 610	1 032 010	49 400	5.03	5.03

资产负债表变动情况分析(负债及股东权益项目)

单位:元

负债及股东权益	期初余额	期末余额	变动情况		对负债及股东权益的影响(%)
			变动额	变动率(%)	
流动负债:					
短期借款	37 600	55 000	17 400	46.28	1.77
应付账款	13 600	15 500	1 900	13.97	0.19
应交款项	7 400	9 530	2 130	28.78	0.22
其他流动负债	4 487	3 300	−1 187	−26.45	−0.12
流动负债合计	63 087	83 330	20 243	32.09	2.06
非流动负债:					
长期借款	38 400	42 000	3 600	9.38	0.37
应付债券	181 000	181 000	0	0.00	0.00
长期负债合计	219 400	223 000	3 600	1.64	0.37
负债合计	282 487	306 330	23 843	8.44	2.43
股东权益:					

续表

负债及股东权益	期初余额	期末余额	变动情况		对负债及股东权益的影响(%)
			变动额	变动率(%)	
股本	500 000	500 000	0	0.00	0.00
资本公积	107 000	102 640	−4 360	−4.07	−0.44
盈余公积	82 423	85 320	2 897	3.51	0.29
未分配利润	10 700	37 720	27 020	252.52	2.75
股东权益合计	700 123	725 680	25 557	3.65	2.60
总　计	982 610	1 032 010	49 400	5.03	5.03

该企业本期总资产增加了49 400元，增长幅度为5.03%。从具体项目看：①固定资产原值增加了27 500元，增长幅度为2.8%，表明企业的生产能力有所增加。②流动资产增加了10 100元，增长幅度为1.03%，说明企业资产的流动性有所提高，特别是货币资金的大幅度增加对增强企业的偿债能力、满足资金流动性需要都是有利的。同时，本期存货大幅度减少应引起注意；应收账款的增加应结合企业销售收入的变动情况和收账政策进行分析。③长期投资增加了8 800元，对资产的影响为0.9%，应结合投资收益进行分析。

从权益方面分析：①企业本期生产经营卓有成效，提取盈余公积和保留未分配利润共计29 917元，使权益总额增长了3.04%。②流动负债增加20 243元，对权益总额的影响为2.06%，主要是短期借款增加引起的。

资产负债表变动情况分析

资　产	期初余额	期末余额	负债及股东权益	期初余额	期末余额	变动数
流动资产			负债	282 487	306 330	23 843
……			股本	500 000	500 000	0
固定资产			资本公积	107 000	102 640	−4 360
……			盈余公积	82 423	85 320	2 897
			未分配利润	10 700	37 720	27 020
合　计	982 610	1 032 010	合　计	982 610	1 032 010	49 400

企业本期生产经营规模扩大，总资产增加了 49 400 元，原因有两个：①通过举债，使生产经营规模扩大了23 843元，增长幅度为2.43%。②企业本期生产经营活动卓有成效，从当年盈利中提取盈余公积和保留未分配利润29 917元，使总资产增加了3.04%。

第三章　利润表分析

一、单项选择题

CABDB　BCBD

二、多项选择题

ABD　ABCD　ABD　CD　BCD

三、判断题

√×√×√

四、简答题

略

五、业务题

1.

华日公司 2014 年度利润水平分析 单位:元

项　目	实际数	计划数	增减额	增减(%)
产品销售利润	1 070 740	962 112	+108 628	+11.3
其他销售利润	32 000	38 000	−6 000	−15.8
投资净收益	75 000	70 000	+5 000	+7.1
营业外净收支	−28 514	−33 944	+5 430	+16.0
利润总额	149 226	1 036 168	+113 058	+10.9

通过上表计算可以看出,该公司 2014 年度利润任务完成情况较好,利润总额实际比计划超额完成 113 058元,增长 10.9%,主要原因在于产品销售利润增加了 108 628 元,超额 11.3%;投资净收益增加了 5 000元,增长了 7.1%;营业外支出减少了 5 430 元,降低了 16%。此三项共使利润增加了 119 058 元,但由于其他销售利润减少了 6 000 元,因此 2014 年度利润总额只增加 113 058 元。

2.

2014 年度欣欣公司利润垂直分析 单位:%

项　目	2014 年度比率	2013 年度比率
产品销售收入	100.00	100.00
减:产品销售成本	55.90	65.80
产品销售税金及附加	4.10	4.20
产品销售利润	40.00	30.00
加:其他销售利润	0.28	0.20
减:管理费用	9.75	7.74
财务费用	3.59	2.63
营业利润	26.94	19.83
加:投资净收益	2.19	1.36
营业外收入	3.11	3.63
减:营业外支出	1.50	1.00
利润总额	30.74	23.82
减:所得税	10.14	7.86
净利润	20.60	15.96

从上表可以看出，公司2014年度产品销售利润占销售收入的40%，比上年的30%上升了10%；营业利润的构成为26.94%，比上年的19.83%上升了7.11%；利润总额的构成为30.74%，比上年上升了6.92%；净利润构成为20.6%，比上年上升了4.64%。

从公司的利润构成情况看，2014年度的盈利能力比上年度有所提高，具体分析如下：2014年度该公司的营业利润构成比上年有较大幅度的上升，这主要是由于产品销售利润构成上升导致的，而引起产品销售利润构成上升的原因是产品销售成本构成的下降，也就是说，成本的下降是营业利润构成提高的根本原因。但由于2014年度的管理费用和财务费用构成比上年度有所提高，因此营业利润构成上升的幅度小于产品销售利润上升的幅度。

从上表还可以看出，2014年度公司对外投资略有改进，但营业外支出有增长趋势，值得注意。净利润构成的上升幅度小于利润总额构成的上升幅度，这主要是缴纳所得税的比重上升所致。

六、综合分析题

(1) **利润水平分析表** 单位：千元

项目	2015年度	2014年度	增减额	增减率(%)
一、产品销售收入	1 296 900	1 153 450	143 450	12.44
减：产品销售成本	1 070 955	968 091	102 864	9.78
产品销售税金及附加	14 396	6 805	7 591	111.55
二、产品销售利润	211 549	178 554	32 995	18.48
加：其他销售利润	−5 318	−2 192	−3 126	−142.61
减：存货跌价损失	2 095		2 095	
营业费用	2 723	1 961	762	38.86
管理费用	124 502	108 309	16 193	14.95
财务费用	−24 122	105 541	−129 663	−122.86
三、营业利润	101 033	−39 449	140 482	356.11
加：投资净收益	23 604	68 976	−45 372	−65.78
营业外收入	80		80	
减：营业外支出	3 113	1 961	1 152	58.75
四、利润总额	121 604	27 566	94 038	341.14
减：所得税	23 344	4 268	19 076	446.95
五、净利润	98 260	23 298	74 962	321.75

(2)利润增减变动情况评价：

①净利润分析

该公司2015年度实现净利润9 826万元，比上年增长了7 496万元，增长率为322%，增长幅度很高。从水平分析表来看，净利润增长的主要原因是利润总额比上年增长了9 404万元，由于所得税比上年增长了1 908万元，两者相抵，净利润增长7 496万元。

②利润总额分析

该公司2015年度实现利润总额1.21亿元，比上年增长了9 404万元，增长率为341%，主要由企业营业利润增加引起；营业利润比上年增长了1.4亿元，增长率为356%，但因投资损失和营业外支出的不利影响，使利润总额减少了4 000余万元。增减因素相抵，利润总额增加了9 404万元。

③营业利润分析

该公司营业利润较上年增长1.4亿元，主要原因是主营业务利润增加和财务费用的大幅下降；主营业务利润比上年增加3 300万元，财务费用下降约1.3亿元，但由于营业费用、管理费用和其他业务利润下降的影响，减利2 000余万元。增减相抵，营业利润增加1.4亿元。

④主营业务利润分析

该公司主营业务利润较上年增长3 300万元，增长率为18.48%。主营业务利润的增长变化可能受销售量、价格、质量、品种结构、成本等诸多因素影响，可通过对产品销售利润明细表进行因素分析得出结论。

从总体上看，该公司利润比上年有较大增长，如净利润、利润总额和营业利润都有较大幅度的增加。增利的主要原因：一是财务费用的大幅度下降，增利约1.3亿元；二是主营业务利润的增加，增利3 300万元。减利的主要原因：一是投资损失，减利4 500余万元；二是管理费用的增长，减利1 600余万元。因此，除了进一步分析主营业务利润和管理费用外，重点应对财务费用和投资收益变动情况进行分析。

⑤财务费用变动分析

华能公司财务费用分析表

单位：千元

项 目	2015年数额	2014年数额	增减额
利息支出	970	128 676	−127 706
减：利息收入	26 854	25 320	1 534
汇兑损失	3 108	2 809	299
减：汇兑收益	1 480	756	724
其他	134	132	2
财务费用	−24 122	105 541	−129 663

公司财务费用2015年比上年下降约1.3亿元，主要原因是利息支出减少、利息收入和汇兑收益增加，三者合计共减少支出129 964 000元；同时，汇兑损失增加299 000元。所以，财务费用下降约1.3亿元。

⑥投资收益变动分析

华能公司投资收益分析表

单位：千元

项 目	2015年数额	2014年数额	增减额
长期股权投资收益	26 274	21 176	5 098
长期股权投资差额摊销	−2 400	−2 200	−200
长期股权转让收益		50 000	−50 000
短期投资跌价损失	−270		−270
投资收益合计	23 604	68 976	−45 372

公司2015年投资收益较上年有大幅下降，原因是本年没有长期股权转让收益，而上年有5 000 000元的收益；同时，长期股权投资差额摊销和短期投资跌价损失使投资收益减少900 000元，但本年长期股权投资收益较上年增加5 098 000元。

(3) 利润垂直分析表 单位:千元

项目	2015 年度数额	2014 年度数额
一、主营业务收入	100.00	100.00
减:主营业务成本	82.58	83.93
主营业务税金及附加	1.11	0.59
二、主营业务利润	16.31	15.48
加:其他销售利润	−0.41	−0.19
减:存货跌价损失	0.15	
营业费用	0.21	0.17
管理费用	9.60	9.39
财务费用	−1.86	9.15
三、营业利润	7.80	−3.42
加:投资净收益	1.82	5.98
营业外收入	0.00	
减:营业外支出	0.24	0.17
四、利润总额	9.38	2.39
减:所得税	1.80	0.37
五、净利润	7.58	2.02

(4)从利润垂直表分析表可以看出,公司 2015 年度主营业务利润占主营业务收入的比重为 16.31%,比上年度的 15.48%上升了 0.83%,原因是主营业务成本下降,即成本下降是主营业务利润提高的根本原因;本年度营业利润的构成为 7.8%,比上年度的−3.42%上升了 11.22%,上升的原因除了主营业务利润的构成上升外,主要在于财务费用比重的大幅下降;利润总额的构成本年度为 9.38%,比上年度的 2.39%上升 6.99%,上升的原因是营业利润构成比重的上升,但由于投资净收益构成比重下降,因此利润总额构成的上升幅度小于营业利润构成的上升幅度;净利润构成本年度为 7.58%,比上年度的 2.02%上升 5.56%,净利润构成上升幅度小于利润总额构成的上升幅度,主要是实际缴纳所得税的比重下降所致。

第四章 现金流量表分析

一、单项选择题

CBBDD

二、多项选择题

ABC AD BC AC BCD

三、判断题

×××××

四、简答题

略

五、业务题

1. 本期销售商品、提供劳务收到的现金＝100＋17＋(20－5)＋(30－10)－4＝148(万元)

本期购买商品、接受劳务支付的现金＝80＋13.6＋9＝102.6(万元)

2. 支付的其他与经营活动有关的现金＝2 500－800－200－400＝1 100(万元)

3. 现金流动负债比率＝1 722÷1602＝1.07＞1，说明企业的偿债能力较强。

现金债务总额比率＝1 722÷1 717.2≈1，说明企业的偿债能力较强，财务风险较低。

销售现金比率＝1 722÷11 248.2×100％＝15.31％，说明每实现100元收入并付完所有该付的款项后，自己能收入口袋的是15.31元。

总资产净现率＝1 722÷3 274.5×100％＝52.59％，说明每100元资产中，能最终带来的"纯粹"现金有52.59元，企业盈利能力非常强。

4.

现金流量分析表

项　目	现金流量(万元)	现金流入结构(％)	现金流出结构(％)	现金净流量结构(％)
一、现金流入				
经营活动现金流入	52 140	49.66		
投资活动现金流入	1 410	1.34		
筹资活动现金流入	51 450	49.00		
现金流入合计	105 000	100.00		
二、现金流出	45 120		50.70	
经营活动现金流出	13 700		15.39	
投资活动现金流出	30 180		33.91	
筹资活动现金流出	89 000		100.00	
现金流出合计				
三、现金净流量				
经营活动现金净流量	7 020			43.88
投资活动现金净流量	－12 290			－76.82
筹资活动现金净流量	21 270			132.94
现金净流量合计	16 000			100.00

第五章　所有者权益变动表及会计报表附注分析

一、单项选择题

AABCC

二、多项选择题

ABCD　BCD　ABC　ABCD　ABC　AB

三、判断题

√√×√√

四、简答题

略

第六章　合并会计报表分析

一、单项选择题

ACACD　BBDDD　BCDAC

二、多项选择题

ABD　AB　BC　ABCD　ABCD　AC　ABCD　ABC　ABCD　ABCD

四、简答题

略

五、业务题

1.(1)A公司拥有B公司80%的股权，并且两者不具有关联关系，属于非同一控制下的控股合并，A公司在个别资产负债表中采用成本法核算该项长期股权投资。

借：长期股权投资　　2 500

　贷：股本　　1 000

　　资本公积　　1 200

　　银行存款　　300

(2)根据《企业会计准则》的规定，企业合并应以可辨认的公允价值为记账基础；财税〔2009〕59号文件规定，适用特殊性税务处理的重组，合并企业接受被合并企业全部资产的计税成本应以被合并企业原账面净值为基础。购买日，无形资产的公允价值大于账面价值，形成应纳税的暂时性差异，A公司应确认的递延所得税负债=(600－500)×25%=25(万元)。

借：无形资产　　100

　贷：递延所得税负债　　25

　　资本公积　　75

合并商誉=2 500－(3 000+100－25)×80%=40(万元)

少数股东权益=(3 000+100－25)×20%=615(万元)

非同一控制下的企业合并中，因企业合并成本大于合并中取得的被购买方可辨认净资产公允价值的份额，按照《企业会计准则》的规定应确认为商誉，但税法上特殊性税务重组不确认商誉，即商誉的计税基础为零，两者的差额形成应纳税暂时性差异。确认递延所得税负债会增加商誉的价值，违背会计核算的"历史成本"原则，故《企业会计准则》中规定对于该部分应纳税暂时性差异不确认商誉产生的递延所得税负债。

购买日编制合并会计报表时，需要抵销A公司的长期股权投资与B公司的所有者权益，并确认少数股东权益；将B公司可辨认净资产的账面价值调整为购买日的公允价值，并确认商誉。

借：股本　　2 000

资本公积(1 000+75)　　1 075
商誉　　40
贷:长期股权投资　　2 500
少数股东权益　　615

(3)按照合并报表准则的规定,合并财务报表应当以母公司及其子公司的财务报表为基础,根据其他有关资料,按照权益法调整对子公司的长期股权投资后,由母公司编制。

在合并工作底稿中,按权益法调整对子公司的长期股权投资时,应按照《企业会计准则第2号——长期股权投资》所规定的权益法进行调整。

合并报表准则也允许企业直接在对子公司的长期股权投资采用成本法核算的基础上编制合并会计报表,但是所生成的合并会计报表应当符合合并报表准则的相关规定。

本例直接采用成本法编制2014年末合并会计报表抵销分录,而不将A公司对B公司的长期股权投资由成本法调整为权益法后再进行合并抵销。

①抵销购买日母公司的长期股权投资账户与子公司的所有者权益账户,确认少数股东权益;将子公司的净资产调整为购买日的公允价值,确认商誉。

借:无形资产　　100
贷:递延所得税负债　　25
资本公积　　75
借:股本　　2 000
资本公积(1 000+75)　　1 075
商誉　　40
贷:长期股权投资　　2 500
少数股东权益　　615

②对购买日可辨认净资产的公允价值与账面价值的差额进行调整。

借:管理费用(100÷10)　　10
贷:无形资产　　10
借:递延所得税负债(10×25%)　　0.25
贷:所得税费用　　0.25

③确认子公司当年净利润中少数股东应享有的份额及对少数股东权益的影响。

少数股东损益=(子公司当年净利润-购买日可辨认净资产公允价值与账面价值差额的摊销)×少数股东权数=(800-10+0.25)×20%=158.05(万元)。

借:少数股东损益　　158.05
贷:少数股东权益　　158.05

④计算归属于少数股东的直接计入所有者权益的利得或损失(可供出售金融资产公允价值变动)=200×(1-25%)×20%=30(万元)。

借:资本公积　　30
贷:少数股东权益　　30

⑤抵销子公司当年计提的盈余公积。

借:盈余公积　　80
贷:提取盈余公积　　80

⑥抵销子公司当年分配的股利,以及子公司股利分配对少数股东权益的影响。

借:投资收益　　400
少数股东权益　　100
贷:对股东的分配　　500

2014 年少数股东权益的金额为 703.05 万元(615＋158.05＋30－100)。

2. 恒通公司 2015 年和 2016 年编制的与内部商品销售有关的抵销分录如下：

(1)2015 年抵销分录：

①抵销未实现的收入、成本和利润

借:营业收入(200×2)　400

　贷:营业成本　375

　　存货[50×(2－1.5)]　25

②因抵销存货中未实现内部销售利润而确认的递延所得税资产

借:递延所得税资产　6.25

　贷:所得税费用　6.25

③抵销计提的存货跌价准备

借:存货——存货跌价准备　10

　贷:资产减值损失　10

④抵销与计提存货跌价准备有关的递延所得税资产

借:所得税费用　2.5

　贷:递延所得税资产　2.5

(2)2016 年抵销分录

①抵销期初存货中的未实现内部销售利润及递延所得税资产

借:未分配利润——年初　25

　贷:营业成本　25

借:递延所得税资产　6.25

　贷:未分配利润——年初　6.25

②抵销期末存货中未实现的内部销售利润及递延所得税资产

借:营业成本　20

　贷:存货[40×(2－1.5)]　20

借:所得税费用　1.25

　贷:递延所得税资产　1.25

③抵销期初存货跌价准备及递延所得税资产

借:存货——存货跌价准备　10

　贷:未分配利润——年初　10

借:未分配利润——年初　2.5

　贷:递延所得税资产　2.5

④抵销本期销售商品结转的存货跌价准备

借:营业成本(10÷50×10)　2

　贷:存货——存货跌价准备　2

⑤调整本期存货跌价准备和递延所得税资产的抵销数

2016 年 12 月 31 日结存的存货中未实现的内部销售利润为 20 万元，存货跌价准备的期末余额为 24 万元，期末存货跌价准备可抵销的余额为 20 万元，本期应抵销的存货跌价准备＝20－(10－2)＝12(万元)。

借:存货——存货跌价准备　12

　贷:资产减值损失　12

2016 年 12 月 31 日存货跌价准备可抵销的余额为 20 万元，应抵销递延所得税资产的余额为 5 万元，本期抵销递延所得税资产计入所得税费用的金额为 2.5 万元。

借:所得税费用　2.5

贷:递延所得税资产 2.5

3.(1)2011～2014 年的抵销分录:

①2007 年的抵销分录

借:营业收入 100

贷:营业成本 80

固定资产 20

借:固定资产 4

贷:管理费用 4

②2012 年的抵销分录

借:未分配利润——年初 20

贷:固定资产 20

借:固定资产 4

贷:未分配利润——年初 4

借:固定资产 4

贷:管理费用 4

③2013 年的抵销分录

借:未分配利润——年初 20

贷:固定资产 20

借:固定资产 8

贷:未分配利润——年初 8

借:固定资产 4

贷:管理费用 4

④2014 年的抵销分录

借:未分配利润——年初 20

贷:固定资产 20

借:固定资产 12

贷:未分配利润——年初 12

借:固定资产 4

贷:管理费用 4

(2)如果 2015 年末不清理,则抵销分录如下:

借:未分配利润——年初 20

贷:固定资产 20

借:固定资产 16

贷:未分配利润——年初 16

借:固定资产 4

贷:管理费用 4

(3)如果 2015 年末清理该设备,则抵销分录如下:

借:未分配利润——年初 4

贷:管理费用 4

(4)如果乙公司使用该设备至 2016 年仍未清理,则 2016 年的抵销分录如下:

借:未分配利润——年初 20

贷:固定资产 20

借:固定资产 20

贷:未分配利润——年初 20

上面两笔分录可以抵销,即可以不用做抵销分录。

(5)如果乙公司于2014年末处置该设备,而且形成了处置收益,则当年的抵销分录如下:

①借:未分配利润——年初 20

贷:营业外收入 20

②借:营业外收入 8

贷:未分配利润——年初 8

③借:营业外收入 4

贷:管理费用 4

第七章 财务能力分析

一、单项选择题

CDDBB BACCB

二、多项选择题

AB AD ACD ABC ABCD ABC AB BD AC ABC

三、判断题

××××× √√×××

四、简答题

略

五、业务题

1. 流动比率=400÷200=2

$$速动比率=\frac{400-(90+2+7+200\times 0.005)}{200}=1.5$$

2. 总资产周转率=销售收入÷总资产=144÷90=1.6

总资产收益率=14.4÷90×100%=16%

权益乘数=资产总额÷股东权益总额=90÷(90-27)=1.428 6

六、综合分析题

(1)流动资产周转率=销售收入÷流动资产平均余额

$$2014年流动资产周转率=\frac{8\,875}{(1\,500+2\,050)\div 2}=5$$

$$2015年流动资产周转率=\frac{9\,260}{(2\,580+2\,050)\div 2}=4$$

$$(2)流动资产收益率=\frac{净利润}{流动资产平均余额}\times 100\%$$

$$2014年流动资产收益率=\frac{532.5}{(1\,500+2\,050)\div 2}\times 100\%=30\%$$

$$2015年流动资产收益率=\frac{578.75}{(2\,580+2\,050)\div 2}\times 100\%=25\%$$

(3)固定资产收益率$=\frac{\text{净利润}}{\text{固定资产平均余额}}\times 100\%$

2014 年固定资产收益率$=\frac{532.5}{(1\ 000+1\ 360)\div 2}\times 100\%=45.13\%$

2015 年固定资产收益率$=\frac{578.75}{(1\ 000+1\ 100)\div 2}\times 100\%=55.12\%$

简要分析:

该公司 2015 年流动资产周转率比 2014 年流动资产周转率低,说明 2015 年的流动资产周转速度下降。由于 2015 年销售收入高于 2014 年销售收入,因此,该公司流动资产周转率下降的主要原因是流动资产增长幅度较大,可能是由于大量赊销导致应收账款大幅度增加,具体原因需进一步分析。

该公司 2015 年流动资产收益率小于 2014 年流动资产收益率,而 2015 年固定资产收益率大于 2014 年固定资产收益率,主要原因是流动资产周转速度减慢导致了流动资产收益率下降,而固定资产周转速度加快导致了固定资产收益率上升,说明该公司流动资产获取收益的能力有所下降,而固定资产获取收益的能力有所上升。

该公司应提高流动资产的周转速度来提高流动资产的管理效果,从而提高流动资产收益率。

第八章　会计报表综合分析

一、单项选择题

BBCDA　BA

二、多项选择题

AC　ACD　ABCD　ABC　BC　ABCD

三、判断题

√√√√×

四、简答题

略

五、业务题

(1)2013 年初流动比率=225÷115=1.96

2013 年初速动比率=(225−95)÷115=1.13

2013 年初资产负债率=350÷700×100%=50%

2013 年初权益乘数=1÷(1−50%)=2

2013 年末流动比率=315÷140=2.25

2013 年末速动比率=(315−144)÷140=1.22

2013 年末资产负债率=370÷750×100%=49%

2013 年末权益乘数=1÷(1−49%)=1.96

(2)2013 年总资产周转率=400÷725=0.55

2013 年销售净利率=70÷400×100%=17.5%

2013 年权益净利率=17.5%×0.55×1.96=18.87%

(3)分析对象:18.87%−20%=−1.13%

由于销售净利率变动的影响:

(17.5%－16%)×0.5×2.5＝1.88%

由于总资产周转率变动的影响：

17.5%×(0.55－0.5)×2.5＝2.19%

由于权益乘数变动的影响：

17.5%×0.55×(1.96－2.5)＝5.2%

各因素影响额合计＝1.88%＋2.19%＋(－5.2%)＝－1.13%

杜邦分析图略。

第九章　财务分析报告

一、单项选择题

AADC

二、多项选择题

AC　ABCD　BC　ABCD

三、判断题

√√×√×

四、简答题

略

第十章　财务报表的粉饰与识别

一、单项选择题

BDBAC

二、多项选择题

ABCD　ABCD　ABC　ABCD　ABCD

三、判断题

×√√×√

四、简答题

略

参考文献

1. 杨华:《会计报表分析》,中国财政经济出版社 2014 年版。
2. 张远录:《会计报表分析》(第三版),机械工业出版社 2016 年版。
3. 鲁务顺、陆兴凤:《会计报表分析》,大连出版社 2014 年版。
4. 刘成竹、陈复昌:《企业会计报表分析》,中国人民大学出版社 2015 年版。
5. 杜晓光:《会计报表分析》(第五版),高等教育出版社 2014 年版。
6. 赵国忠:《会计报表编制与分析》(第三版),北京大学出版社 2015 年版。
7. 刘东辉、林丽、张忠华:《会计报表编制与分析》,科学出版社 2016 年版。
8. 刘凌冰:《会计报表阅读与分析》(第三版),东北财经大学出版社 2016 年版。
9. 鞠永红:《会计报表编制与分析》,电子工业出版社 2015 年版。